KB236881

광고의 진화

이원재

광고의 진화

인쇄 · 2012년 8월 29일 | 발행 · 2012년 9월 5일
지은이 · 이원재
펴낸이 · 한봉숙
펴낸곳 · 푸른사상
주간 · 맹문재 | 편집 · 김재호 | 마케팅 · 박강태

등록 · 1999년 7월 8일 제2-2876호
주소 · 서울시 중구 초동 42번지 아시아미디어타워 502호
대표전화 · 02) 2268-8706~7   팩시밀리 · 02) 2268-8708
이메일 · prun21c@hanmail.net / prun21c@yahoo.co.kr
홈페이지 · http://www.prun21c.com

ⓒ 이원재, 2012

ISBN 978-89-5640-942-9 93320
값 24,000원

광고의 진화

이원재_지음

Evolution of Advertisement

개인이
미디어가 되는 시대

잦은 해외출장을 갈 때마다 무엇보다 아이패드로 많은 도움을 받는다. 항공사 앱을 통해 출발시간과 도착예정시간, 탑승하는 게이트를 한눈에 볼 수 있기 때문이다. 뿐만 아니라 기업에 관련된 다양한 정보도 실시간으로 주고받는다. 이처럼 태블릿PC와 스마트폰은 생각 이상으로 요긴하다.

그런 기기들이 나오기 전의 인터넷은 편리한 반면 공간적 제약이 있었다. 그러나 모바일 기술은 인터넷이 되는 장소를 찾아다니는 수고를 덜어준다. 바야흐로 모바일 인터넷-포스트PC 시대가 도래했다. 앞으로 수많은 기기들이 공간의 제약 없이 인터넷에 접속할 것이다. 그런 기기로부터 생성되는 엄청난 정보는 클라우드를 중심으로 처리되고, 그로 인해 업무와 일상생활에 커다란 변화를 가져다 줄 것이다. 작금의 광고도 다양한 기기들의 출현과 더불어 성장해나갈 수밖에 없게 되었다.

그동안 컴퓨터가 해온 주된 역할은 업무처리였다. 물론 개인이 쇼핑이나 게임을 즐기는 경우도 있지만, 기업에서 문서 작업이나 정보의 저장과 검색, 교환과 처리가 큰 비중을 차지했다. 반면 음성통신 수단인 휴대전화와 여가를 즐기는 텔레비전은 소비적인 성격이 강하다. 이렇게 업무와 개인 용도로 각기 사용되던 정보 기기들이 디지털과 인터넷으로 융합되고 있다. 그런 기기가 보편화됨에 따라 삶의 방식은 새로운 변화에 따른 도전에 직면해 있다. 블로그 등을 통한 개인이 미디어가 되는 시대가 되었고, 광고업계에도 새로운 기회가 주어졌다. 그것을 어떻게 효율성 있게 만들어 나가느냐가 관건이다.

특히 스마트폰에서의 트위터, 페이스북 등 인맥 연결 서비스인 소셜네트워크서비스(SNS)의 이용자가 급격히 늘고 있다. 이젠 현실과 유리된 사이버 스페이스는 사라지고 있는 것이다. 나아가 사이버 공간에 흘러 다니는 정보나 광고가 실시간 소비자의 구매에 영향을 미친다. 2010년 3월 동일본 대지진 당시 후쿠시마 원전 사고에서 비롯된 방사능 공포는 트위터를 통해 전국을 혼란에 빠트렸다. "한국에 방사성 비가 온다. 바람도 한국 쪽으로 바뀌었다"는 글이 삽시간에 퍼지면서 근거 없는 말들이 SNS를 점령했다. 대형마트마다 방사능을 해독한다는 미역과 다시마가 날개 돋친 듯 팔려나갔다.

이제 컴퓨터와 네트워크는 단순한 도구 이상인 시대가 되었다. 우리의 삶을 규정하면서도 종종 예측과 의도를 거부한다. 과거 이메일 시대에는 출퇴근 시간 무렵이면 의례히 메일함을 확인했다. 그리고 답장도 충분히 생각한 후에 쓸 수 있었다. 하지만 이제는 늘 '온(on)' 상태다. 때문에 손안의 스마트폰을 수시로 확인한다. 이메일을 확인하러 인터넷이 가능한 특정 장소에 가는 것이 아니라 이메일이 자신에게 온다. 따라서 실시간 쏟아져 들어오는 메시지에 답해야 한다. 가정에서도 업무를 병행하는 스마트 워크는 우리가 꿈꾸는 미래의 모습이다. 직장과 가정이 융합된 형태는 산업화 사회에서 정보화 사회로 나아감을 의미한다. 그 과정에서 생활에 필요한 정보를 이들 기기에 의존할 수밖에 없게 되었다.

한편으로 우리나라 기업의 평균 수명은 27년이고, 전 세계 기업의 평균 수명이 13년 정도라고 한다. 빛의 속도로 발전하는 기술, 조변석개(朝變夕改)하는 시장, 치열한 경쟁으로 백년 장수기업을 찾아보기 힘든 세상이다. 예를 들어 '이스트먼 코닥'은 누가 뭐래도 대표적 장수기업이었다. 1881년 사진기술자 조지 이스트먼이 설립한 코닥은 131년의 역사를 자랑했다. 코카콜라, 월마트 등과 함께 미국을 상징하는 기업이던 코닥이 2012년 신년 벽두에 파산보호신청을 했다. 이스트먼이 타계한 지 80년 만에 생사의 갈림길에 섰던 것이다. "사진으로 남기고 싶은 인생의 소중한 순간을 코닥의 순간이라고 합니다"는 코닥의 전성기에 나온 유명한 광고문구다. 한때 코닥은 독자적 기술개발을 주도해 세계시장의 대부분을 점유했다. 1970년대는 미국 필름시장의 90%, 카메라시장의 85%를 차지한 거대기업이었다. 하지만 1980년대 들어 디지털 대세를 간과했다가 치명타를 맞았다. 1975년 최초로 디지털 카메라 기술을 개발하고도 세계시장의 3분의 2를 장악한 필름 사업에 안주했기 때문이다. 눈앞의 달콤한 수익에 탐닉할 때 소니 등은 '디카'의 대중화 시대를 열었다.

코닥 반대편에 IBM과 애플이 있다. 컴퓨터업계의 선두주자였던 IBM은 후발업체들이 맹렬하게 추격하자 1990년대 이후 범용PC에서 과감하게 손을 떼고 소프트웨어와 시스템 설계 등을 특화해 세계 정상의 통합 솔루션기업으로 변신했다. 애플은 IBM, HP 등에 밀려 PC시장에선 재미를 못 봤으나, 아이팟 · 아이폰 · 아이패드로 연이어 히트를 쳤다. 인문학과 과학기술의 교차점을 추구하며 "다르게 생각하라"를 강조한 스티브 잡스의 창조적 혁신 덕분이다. 1990년대 후반 애플의 광고 카피로 유명해진 이 말이야말로 잡스의 철학과 특별함을 가장 압축적으로 표현해준다.

이제 기업도 하나의 아이디어에 의해 만들어진 제품을 오랜 기간 고집하는 시대는 지났다. 유교적 전통의 사회적인 분위기는 윗사람이 시키면 그저 수동적으로 따라가는 경우가 많다. 상사 역시 잘못된 판단을 했어도 체면 내지 권위 때문에 고집스럽게 이끌다가 곤경에 처하는 경우를 보아왔다. 이제는 소통능력 그리고 융통성이 개방 수준으로 나아가야 혁신을 이룰 수 있다.

광고 역시도 오전의 회의에서 내려진 결정이 다음날 바뀔 수도 있다는, 인터넷만큼이나 빠른 변화에 적절히 대응해야 한다. 현대를 대중문화사회라고 하지만 광고의 시대라고도 한다. 그만큼 광고가 차지하는 비중이 크다. 이제 광고는 삶의 일부로 일상의 모든 영역에 걸쳐 산재해 있다. 그렇다면 이처럼 우리의 생활 전반에 영향을 끼치는 광고란 무엇일까. 한마디로 제품을 몰랐거나 흥미를 갖지 않은 사람에게도 갖가지 정보를 제공함으로써 제품을 구입하게 만드는 것이다. 따라서 제품의 정보를 가능한 흥미롭거나 재미있게 만들어 기업의 이익에 기여해야 한다.

처음 이 글을 시작했을 때 욕심만큼이나 더뎌 몇 번이나 그만두고 싶었다. 생활에 적잖은 변화도 많았다. 그럴 때마다 많은 조언을 아끼지 않은 가족과 동료들의 격려가 큰 힘이 되었다. 그 사이 틈틈이 남겨둔 메모 노트가 보완을 거듭하며 어느덧 한 권의 책으로 엮어졌다. 광고에 관심 있는 이들의 길잡이가 될 수 있다면 그것으로 행복하다. 덧붙여 흔쾌히 출간을 맡아주신 푸른사상사 한봉숙 대표님께 감사드린다.

2012년 9월
이 원 재

제1부 설득의 예술, 광고

01   광고의 역사

02   커뮤니케이션의 확장

제2부 광고의 변신

설득의 예술, 광고

01 | 광고의 역사

 세계 광고의 단초

광고의 영문인 'advertising'은 라틴어 'advertere'에서 왔다. 'advertere'는 '~으로 향하게 하다' 또는 '주의를 돌리다'라는 뜻이다. 즉 사람들의 관심을 끌어 무엇인가를 알리는 행위다. 광고의 역사는 고대 이집트로 거슬러 올라간다. 벽에 붙이는 공지 수준의 광고는 문명의 시작부터 인류와 함께해 왔다. 대략 오천 년 전부터이다.[1]

당시 수메르인이 문자를 발명했고 그것에서 비롯된 광고의 역사가 여러 형태의 기록으로 남아 있다. 지금껏 존재하는 가장 오래된 광고의 흔적은 기원전 천 년 즉 12, 13세기에 번성했던 테베의 유적에서 발굴된

---

[1] 분명치 않은 사실에 왜 숫자를 붙였는지 궁금할 것이다. 이것도 일종의 광고기법으로 숫자를 제시하면 왠지 모르게 그럴듯해 보일 수 있다. 예를 들어 '비타 500' 같은 것이다.

파피루스(Papyrus) 문서로, "도망친 노예를 찾아주는 사람에게 보상금을 드립니다"라는 사람을 찾는 광고로 알려져 있다. 직물장인 하부가 쓴 광고지는 사람을 찾아달라고 하면서도 자신에 대한 광고를 하고 있는 걸작이다. 그렇지만 이전에도 유사한 기록들이 남아 있지 않을까 추측된다. 어쨌든 노예였던 샘이 괜찮은 주인이었던 직물장인 하부에게서 도망치면서 테베의 시민 모두가 그를 찾아 데려오는 일에 협력했다. 그가 어디에 있는지 알려주는 사람에게 금화 반 개를 주고 직접 데려 오는 사람에게는 한 개를 주었기 때문이다. 기록에 따르면 노예인 샘을 잡아온 사람은 히타이트 사람으로 키는 5피트 2인치, 불그레한 얼굴에 노란 눈을 지니고 있었다.

뿐만 아니라 바빌론 왕의 위대함을 새긴 석비에도 흔적이 남아 있는데 이것 역시 대단한 광고물이다. 그리고 함무라비 석주(石柱)에도 함무라비 왕이 태양신으로부터 법전을 받고 있는 그림이 새겨져 있다. 자신이 얼마나 위대한지 세간에 널리 과시하기 위한 광고라고 봐도 무관하다. 좀 더 구체적인 흔적은 나일강변에서 발견된 고대 이집트의 '로제타의 돌(Rosetta Stone)'이다. 돌에 적혀있는 글은 1820년대 이르러서야 해석되었다. 이것은 정치적 또는 종교적 고지(告知)거나 이집트 톨레미(Ptolemy) 왕조에 대한 칭송의 글이었다. 단, 광고 같은 상업적인 성격을 띠고 있지는 않다. '로제타의 돌'은 프톨레마이오스 5세 때 만들어진 검은색 비석을 지칭한다. 1799년 7월 15일 로제타[2]에서 나

---

2 지금의 아랍어 이름은 아르 라쉬드(Ar-Rashid)이다.

폴레옹의 이집트 원정군 장교인 피에르 부샤르에 의해 발견되었으며, 1802년부터 지금까지 영국 대영박물관에 소장되어 있다.

그러나 실제적인 광고의 시작은 바빌로니아에서 호객하는 사람을 따로 두어 행인에게 상품을 선전하고 내용을 알리는 간판을 세워둔 데서 비롯된다. 오늘날과 같이 문자화된 광고는 로마 시대에 처음 등장했는데 그림이나 기호로 만든 공공에 대한 안내문이나 구인을 위한 홍보물이 그것이다. 이후 얼마간 상업적 내용의 광고가 유행했으나 중세 때에 잠시 쇠퇴하였다.

한편으로 대량 인쇄술의 발달과 함께 15세기의 목판 인쇄술이 유럽 전역에 전파되면서 최초의 인쇄물로 평가받는 책이 출간되었다. 교회에서 발간한 『죽음의 기술(Ars Moriendi)』로 죽음을 맞는 이들을 돕기 위한 것이었다. 13개의 목판화 중 하나에는 죽음이 임박한 한 사람이 있고 주변의 악마가 '너의 재산을 잘 지켜라' 라고 충동한다. 그러나 본문 그림 옆의 글은 지상에서 모은 전 재산을 교회에 헌납하라고 쓰여 있다. 한마디로 이미지와 글은 죽음 뒤의 행복을 '약속'하며, '설득'하고 있는 것이다. 그 밖에 다른 기록에 대해선 확인할 길이 없지만 광고는 인류가 존재하는 한 어떤 형태로든 분명 있었을 것이다. 그것은 광고는 인류의 역사와 함께해 왔다고 해도 과언이 아니기 때문이다. 인간에게는 본래 자신을 보여주고 싶거나 돌아봐줬으면 하는 욕구가 있다. 지배하고 싶은 본능도 분명 있을 것이다. 그런 욕망이 언어나 그림 혹은 음악이라는 심볼과 결합해 광고 같은 방법으로 성립되었다.

고대에는 광고가 원시종교에서 비롯되어 주술적인 성격을 지니지 않았을까 여겨진다. 이는 어쩌면 종교 광고의 일종이다. 언어가 단지 정보를 전달하기 위해 있었던 것은 아니다. 공수라는 말이 있듯, 본래 주술적인 성격도 내포하고 있어서 원시적인 사회에서는 오히려 그쪽에 더 큰 믿음을 가졌을 것이다. 그림도 마찬가지다. 라스코 동굴에 그려져 있는 소·사슴의 벽화 역시 단순히 수렵한 동물의 숫자를 기록하기 위해 그렸다고 보이진 않는다. 내일도 사냥감을 많이 잡을 수 있게 되길 바란다는 주술적인 의미가 담겼다고 여겨진다. 라스코 동굴의 벽화에서 주술사의 모습이 선명하게 보인다는 점은 이러한 의견을 뒷받침해준다.

2 ▶▶ 설득의 기술

한편으로 광고의 단초가 종교에서 비롯되었다는 가설도 있다. 역사적으로 뛰어난 광고의 천재들이 차례로 등장해 광고의 기술을 세련되게 만든 경우다. 대표적인 인물이 바로 예수이다. 미국의 브루스 바튼은 예수를 천재적인 광고인이라는 관점에서 그의 행동을 해석한 『예수의 광고술』이란 책을 썼다. 예수는 우선 여기저기서 기적이라는 이벤트를 일으켰다. 그것을 보고 깜짝 놀란 사람들의 입소문을 통해 화제를 이끌었다. 그런 식으로 '신(神)'이라는 상품을 확고하게 광고했다. 덧붙여 카피라이터로서도 천재였다고 말한다. 예수의 광고 문구는 압축, 심플, 성실, 반복이라는 네 가지로 요약되는데 이것은 오늘날 카피 작법의 기본이기도 하다.

마태복음에 의하면 마태는 예수의 "나를 따르라"는 한마디에 제자가 되지만 "나를 따르라"라는 말이야말로 사실 광고의 전부라 할 수 있다. 지금의 모든 광고가 이 말의 변형에 지나지 않는다. 그밖에도 종교 광고의 천재들이 많았다. 이들의 기법에 의해 정치 광고도 조금씩 발전해갔다. 종교 광고는 사실 '내세의 복음' 같은 눈에 보이지 않는 이미지다. 그에 반해 정치가들은 '현세의 복음'으로 대중을 선동했다. 자신이 정치가가 되면 국민의 생명과 재산을 지켜주는 것은 물론, 이런저런 복지가 주어질 것이라는 행복의 이미지를 제시한다. 함무라비 왕도 그랬고, 태양의 왕 루이 14세 역시 권위의 이미지를 멋지게 광고한 명인이었다.

그러나 최고의 실력을 발휘했던 사람은 누가 뭐래도 히틀러다. 정치 선전의 기술이라는 측면으로 보면 히틀러보다 뛰어난 사람은 없을 것이다. 히틀러는 연설에 능한 웅변가로 현대적 정치 선전의 시조다. 알다시피 히틀러에게는 괴벨스라는 참모가 지혜를 빌려주었다. 괴벨스도 히틀러의 연설에 감동해 나치운동에 참가했다. "나를 따르라"는 히틀러의 한마디에 이끌린 셈이다. 그는 2차 세계대전 당시 불리한 전황 속에서도 국민들에게 희망을 주는 낙관적이고 강렬한 메시지로, 나치 정부의 정당성을 뒷받침하는 데 지대한 공헌을 했다. 나아가 점령한 적국의 여론을 무마시키는 데도 천부적인 재능을 발휘했다. 유명한 어록으로 "100%의 거짓보다 99%의 거짓과 1%의 진실을 섞는 것이 효과적이다"라는 말을 남기기도 했다. 그런 그가 히틀러의 연설을 들으며 이렇게 말했다.

"그의 연설은 처음에는 자꾸만 주저해 수줍어하는 것처럼 보였다. 마치 사상이 너무 위대해 보통의 말로는 표현할 수 없어 어울리는 단어를 손으로 더듬는 듯했다. 잠시 후, 조금씩 말에 여운을 갖기 시작했다. 그러자 청중들이 흥분하며 주먹을 불끈 쥐어 올리거나 울부짖기 시작했다. 나 역시 냉정하다가도 조금씩 가슴이 뜨거워짐을 느꼈고, 정신을 차려보니 이성을 잃고 만세를 부르고 있었다. 순간 멀리 단상에 서 있는 남자, 히틀러가 일순간 나를 쳐다봤다. 파란 눈은 불꽃과도 같이 내 눈을 불살랐다. 신의 목소리였다. 난 자신이 나아가야 할 길을 깨달았다."

정치라기보다 신흥종교에 가깝다. 히틀러의 연설은 문장으로 읽어서는 감동시킬 만한 내용이나 깊이가 없다. 마치 속임수 같은 말이라는 생각이 들 정도다. 그렇지만 연설의 녹음을 들으면 그야말로 대단하다. 사람을 움직이는 것은 논리가 아니라 감성이고, 언어가 아니라 음악이라는 사실을 정확히 알고 있었다. 연설의 내용을 음미하거나 생각하는 사람은 극히 소수의 지식인뿐이라는 사실을 숙지하고 있었으며 그것으로 대중 조작을 훌륭하게 소화해내었다.

그런 일을 히틀러가 처음으로 하진 않았다. 셰익스피어도 〈줄리어스 시저〉에서 이성적 설득과 감화적 선동의 대비를 잘 활용하고 있다. 시저를 죽인 브루투스가 로마 시민 앞에서 왜 자신이 위대한 시저를 죽일 수밖에 없었는지 논리 정연하게 연설하는 장면이 있다. 모반자라고 생각하던 시민들은 나라를 생각하는 브루투스의 주장에 설득당해 마침내 "브루투스는 고결한 전사며, 정의로운 사람이다. 브루투스 만세"라고 외친다.

그리고 시저에게 총애를 받던 안토니에게 추도문을 부탁한다. 안토니는 브루투스에게 절대로 비판하지 않겠다고 약속한다. 연설에서 브루투스는 고결한 사람이며 행동은 옳았지만, 시저 역시 위대했기에 그의 죽음이 로마 시민에게 얼마나 커다란 손실인지를 말했다. 논리적이지 않은 오로지 감정에 호소한 연설로, 그런 일이 있었으니 함께 슬퍼하자는 식이었다. 그러나 내용을 듣던 시민들은 점차 동요를 일으켜 "시저는 위대했다, 시저 만세, 브루투스는 로마에 대한 반역자"라고 외치며 폭도로 변했다. 이 연극에 의하면 어느 시대든 대중을 움직이는 것은 논리적인 설득이 아니라 감화적인 선동이라는 사실을 알 수 있다. 이를 히틀러는 연극이 아닌 현실의 세계에서 화려하게 일궈냈다. 심리학과 정신분석학의 성과를 철저히 응용해 정치 선전의 기술을 창조한 것이다. 대중의 심리가 선전을 통해 어떻게 조작되는지를 정치와 기업 활동의 관점에서 분석하고 예시해주는 글이 있다. 에드워드 버네이스는 저서 『프로파간다』에서 "현재 우리의 사회조직 안에서 뭔가 큰일을 하려면 대중의 동의가 반드시 필요하다. 아무리 명분이 훌륭한 운동도 대중의 마음을 감동시키지 못하면 실패하기 쉽다"고 했다. 대중은 언제라도 홍보의 힘에 의해 휘둘릴 수 있음을 가르쳐준다.

정치 선전이 겨우 이런 것이냐고 묻는다면 그렇지는 않다. 그러나 우리의 정치 선전과 비교하면 확연히 구분된다. 아직도 외국 정상과 찍은 사진의 대부분이 천편일률적인 것처럼 재미없지 않은가. 그나마 기억에 남는 건 어느 대선에서 인터넷을 통해 대중의 감성을 적절히 이용해 성과를 거둔 정도이다.

이러한 정치 광고 혹은 정치 선전의 양태는 시대적인 영향도 없지 않다. 히틀러 시대에는 텔레비전이나 인터넷이 없었다. 그것은 상당한 차이다. 캐나다의 사회학자이며 커뮤니케이션 이론가인 맥루한은 활자나 라디오는 사람들의 체온을 높이지만, 반대로 텔레비전은 낮추는 미디어라고 했다. 그래서 텔레비전의 시대는 위대한 영웅이나 스타가 탄생하기 어렵다. 모두가 탤런트, 즉 등신대의 인간이 될 수 있기 때문이다. 텔레비전은 결코 허구와 친할 수 없으며 신비나 환상을 저해하는 독특한 성질을 지니고 있다. 그는 만약 히틀러 시대에 텔레비전이 있었다면 그토록 성공하지 못했을 것이라고 단언한다. 이 말은 곧 시대에 따라 급격히 변화하고 새롭게 출현하는 미디어에 의해 앞으로 종교 광고, 정치 광고를 포함한 광고 영역의 양태가 크게 변화할 것임을 의미한다.

3 ▶▶▶　　　**최초의 광고대행사**

1741년에 벤자민 프랭클린은 최초로 일러스트까지 포함한 잡지에 광고를 냈다. 1925년에는 광고를 담은 최초의 뉴스북 『더 위클리 뉴스(The Weekly News)』가 간행되었는데, 선전을 위한 간

　　　　　　　　　　　　　　　　　　　　　　　　광고의 진화

판이 미술품의 수준에 이르는 예술적 현상이 일어났다. 광고도 신문처럼 정기적이고 대량으로 살포되는 미디어로 출현하여 폭발적인 성장을 거듭하게 되었다. 그러다가 19세기 중엽에 이르러 광고대행업이 생겨났다. 초창기 광고대행사는 신문에 실어주는 대가로 수수료를 받는 정도였고, 광고 제작까지 하진 않았다.

최초의 광고대행사는 1841년 미국 필라델피아에서 파머(B.B.Palmer)에 의해 창립되었는데 초기 40~50년간은 신문의 지면을 광고주에게 판매하는 정도였다. 그러다가 광고주의 요망과 업자 간의 경쟁으로 인해 아이디어의 제공과 크리에이티브 측면의 협력이 이루어졌다. 지금처럼 업무의 분야가 넓어진 것이다. 1869년에 필라델피아에서 설립된 'N.W.에이어 & 손(N.W.Ayer & Son)'은 최초로 광고대행업에 제작도 함께 했다. 전문적인 광고기획안을 만들고 스텝진을 제공하는 등의 서비스를 확대하며 영역을 확대시켰다.

1899년에는 역사적인 '유니더 비스킷' 광고를 제작했고, 처음으로 백만 달러 이상이 소요된 엄청난 캠페인을 전개했다. 그 결과 한 달에 천만 개가 넘게 팔리는 성공을 일구었다. 제작부터 선정과 집행에 이르는 풀 서비스가 순조로운 첫발을 내딛자 광고 산업은 비약적인 발전을 거듭하게 되었다.

결국 광고가 기하급수적으로 늘어나고 경쟁도 치열해지자 광고주와 대행사들 역시 광고를 과학적이며 예술적으로 제작하기에 이르렀다. 특정 제품에 대한 소비자의 태도와 요구를 알아내고자 면밀한 시장조사를 기반으로 전략 또한 치밀해졌다. 새로운 이론에서도 깊이를 더해갔다. 광고나 마케팅에 관한 새로운 용어를 모르면 만들 수 없는 시대가 되었고, 조사와 연구에 따른 전략이 세워짐과 동시에 독창적인 영감이 필수적인 것이 되었다.

요즘 현대인은 하루에도 수백 개의 광고물을 보며 살아간다. 인터넷이나 스마트폰, 텔레비전을 비롯해 신문, 잡지, 라디오, 사인보드와 같은 전통적인 미디어뿐만 아니라 버스나 지하철, 운동경기장, 백화점, 심지어 종이컵에 이르기까지 사람이 모이거나 시선을 끄는 장소와 물건이면 무엇이든 매체가 되는 시대가 되었다. 따라서 대중은 웬만한 자극에 꿈적도 하지 않는다. 이제는 과학의 논리보다 예술에 의존하고 있다고는 하지만 그런 방식마저 진부해졌다. 창의성의 소재는 고갈되었고 판매하려는 제품 또한 과잉이다. 급기야 아름다움과 풍요로움 그리고 유머와 섹슈얼리티를 넘어 엽기적이며 불쾌한 자극을 주는 광고까지 넘쳐나고 있다.

광고의 역사란 불특정 다수의 욕망을 자극해 수요를 창출하려는 기술의 역사다. 사람들이 잠시 잊고 있던 욕망까지 들추는 놀라운 능력을 발휘한다. 그래서 광고에 반응하지 않을 수 없다. 기업은 어떤 방법을 동원해서라도 팔고자 하는 제품과 브랜드에 관심을 갖도록 한다. 카우보이가 등장하는 말보로 담배는 거칠고 야성적인 남자가 될 수 있음의 약속이고, 그런 남성이 되어보라는 설득이다. 대부분의 신용카드 광고는 가정의 행복, 연인과의 즐거운 시간, 그리고 멋진 여행을 약속한다. 담배는 폐암을, 신용카드는 재정 파탄의 원인이 될 수 있지만 광고란 일단 사람들의 관심을 끌고 그들의 지갑을 여는 것이 목적이다.

광고는 이미지와 글을 이용해 이익과 행복을 약속하고 그들의 마음을 설득하여 물건이나 서비스를 사거나 생각이나 사상에 동조하게 하는 기술이다. 미국의 광고학자인 제임스 트윗첼은 기업의 광고 전략은 종교를 전파하는 것과 같다고 했다. 종교는 내세의 행복을 약속하지만 광고는 살면서 누릴 행복을 약속한다는 점이 다를 뿐이다. 그러나 제품이 재치 있는 메시지에 미치지 못하면 아무리 광고를 많이 해도 팔리지 않는다. 제품의 본질은 품질이다. 다시 말해 광고는 좋은 품질의 제품이 더 잘 팔릴 수 있게 도와주는 역할이다. 치밀한 시장조사와 과학적인 전략으로 소비자에게 약속하며 재치와 아름다움으로 설득하는 예술인 것이다.

4 ▶▶ 한국 광고의 출범과 배경

고려와 조선조 시대에도 광고가 있었으나 이에 대한 연구는 아직까지 별반 이루어진 바가 없다. 다만 근대 광고의 발달은 신문의 발달과 맥을 함께해왔다.

문헌에 의하면 1886년 창간된 『한성주보(漢城週報)』는 관보였으나 한국 최초의 근대 신문인 『한성순보(漢城旬報)』(1883년 창간)의 후신 격으로 1886년 창간되었다. 이전의 『한성순보』가 열흘에 한 번씩 발간된 데 비해 『한성주보』는 일주일에 한 번씩 발행되었는데 요즘의 주간지인 셈이다. 특히 때때로 국한문(國漢文) 혼용의 기사를 게재하는가 하면 최초로 상업 광고를 싣는 등 매우 진보적인 신문이었다. 특히 1986년 2월 22일자(제4호) 15~16면에는 한국 최초의 근대 광고가 게재되었다. 광고주는 세창양행(世昌洋行)이었는데, 당시 한국에서 무역을 하던 독일 회사로 본명은 'Edward Meyer & Co.'였다. '덕상세창양행고백(德商世昌洋行告白)'이라는 표현으로 보아 그때까지 광고란 말이 널리 쓰이지는 않았던 것 같다. 지면에는 독일에서 수입된 각종 물품에 대한 정보가 실려 있다. 그 외에도 일본인의 광고가 여럿 실려 있다. 광고가 정기적으로 게재된 것은 1896년 서재필(徐載弼)이 『독립신문』을 창간한 뒤부터이다. 그 밖에 여러 민간신문에도 많은 광고가 실렸고, 1910년에는 광고대행업자가 나타날 만큼 발전하였다. 서재필, E.T.베델[3] 등은 미국과 영국의 영향을 받아 광고요금의 구조를 서양식으로 바꾸기도 했다.

한국의 식민통치 시기는 크게 세 부분으로 나눠볼 수 있다. 한국병탄(韓國併呑)에서 3·1운동까지의 제1기(1910~1919), 3·1운동 이후부터 만주사변 전까지의 제2기(1919~1931), 그리고 제3기가 1931년 만주사변 이후 패망기인 1945년 8월 14일까지이다. 특히 제3기는 일본의 군국주의 시대로 만주와 중국 등 대륙침략을 일삼던 1937년 소위 중일전쟁이 본격화되던 때이다. 전쟁이 장기화되면서 제2차 세계대전이 시발되었고 극을 향해 치달았다.

일제는 1919년 3·1운동을 기점으로 무단통치에서 문화통치로 정

---

3 한국명 裵說.

                                                광고의 진화

책을 수정하게 된다. 한편으로 민족자본을 억제하고자 제한을 두었던 소위 회사령을 철폐한다. 일본 기업과 자본이 좀 더 쉽게 진출할 수 있도록 한 조치였다. 1920년대 일제의 기업들이 지부를 설치해 경제적 예속을 심화시켰다. 기업인들은 수차례 총독부에 건의하고 탄원서를 올렸지만 오히려 관세를 철폐하는 조치를 내려 자신들에 유리하도록 만들었다. 결국 지식인들과 규합한 물산장려운동이 일어난다.

경제활동을 제한하기 위해 조선총독부가 공포한(1910. 12. 29) '회사설립에 관한 조령(條令)'은 1920년 3월 31일까지 존속되었다. 경제를 통제하고 일제강점하의 경제체제를 재편하기 위한 수단으로 '토지조사사업(土地調査事業)'과 함께 경제 탄압과 수탈을 위한 조치였다. 회사의 설립도 허가제로 두어 엄격히 통제하였다. 또 운영과정에서 공공의 질서 및 풍속에 위반될 때에는 폐쇄한다고 규정했다. 회사령의 근본 취지는 국내 자본과 성장을 억제한, 단순히 원료 공급 내지 시장으로 이용하려는 것뿐, 결과적으로 식민통치의 효율성을 극대화하려는 목적이었다.

광고는 시대와 호흡하는 매스커뮤니케이션이기에 표현양식에 있어 당대의 지배적 가치관의 투영은 당연하다. 제품과 광고의 역사는 자본주의와 욕망의 역사이기도 하다. 우리의 광고도 일제강점기라는 배경과 당대 사회의 경제구조와 소비, 유행의 스펙트럼을 담고 있다. 근대 형성과정에서 주요 담론을 형성하고 유포한 각종 인쇄매체의 발달과 필연적으로 병행해왔다. 따라서 사회적 현상으로서의 문화와 유행을 반영한다는 점에서 유입과 수용을 살펴봐야 한다. 단지 제품의 정보 전달에 그치는 것을 넘어 한 사회의 경제구조와 교역상황, 그리고 문화적 가치까지 지니고 있기 때문이다.

 일제강점기의 광고

한국 근대 광고는 개화기에 출범했다. 당시 광고들 대부분은 신문에 게재됐으며, 『소년』 같은 잡지에 실리기도 했다. 1901년의 광고 중에는 시내를 오가는 전차에 제품명을 표기한 사례도 있었다. 오늘날의 버스나 지하철 광고인 셈이다. 고혹적인 표정과 포즈로 담배를 피우는 여성의 그림을 활용한 담배 광고도 이채롭다. 1914년에 제작되었는데, 당시 신(新)문물 유입의 영향으로 전통적 여성관이 바뀌는 시대상을 반영한 것으로 추정된다.

광고를 제작하기 위해서는 필수적으로 광고대행사가 필요했다. 한국에서는 1910년 '한성광고사(漢城廣告舍)'가 낸 자체광고 '제신문잡지 광고취급(諸新聞雜誌廣告取扱)'으로 미루어 이 무렵에 대행사가 존재했음을 알 수 있다. 그러나 1910년의 국권피탈에 따른 민간신문의 강제 폐간으로 인해 자취를 감추었다. 일제강점기 시대부터 1920년 『조선일보』와 『동아일보』가 창간될 때까지 10년간은 조선총독부의 기관지인 『매일신보』가 유일한 우리말 신문으로 광고매체 역할까지 했다. 이 기간의 광고 관례는 모두 일본식으로 변했다. 1925년에 이르러서는 일본 광고가 우리 광고보다 많아져 식민지화한 현상이 광고량에서도 그대로 드러났다. 1921년에는 안내 광고가 시작되었고, 1926년에는 광고상 모집이 있었으며, 1932년에는 『조선일보』에 광고에 관한 기사가 14회에 걸쳐 연재되었고, 1937년에는 광고강연회를 주최하기도 했다. 1938년에는 상업학교 학생을 대상으로 한 상업 광고 작품모집이 있었다. 그러나 광고단체나 간행물 내지 광고대행사 그 어떤 것도 없었던 것이 해방 전의 상황이었다.

역설적이지만 일제강점기 시기는 근대 광고의 발달기이기도 했다. 3·1운동 이후 저항을 무마하려 펼친 이른바 문화통치는 신문시장의 성장을 가져왔고 결과적으로 광고수주의 증가로 이어졌다. 당시 신문들은 대부분 4면 체제였지만 광고가 늘면서 12면 체제로 증면되었다. 인쇄매체 광고들은 1920년대 초부터 기법 면에서 근대적 세련미를 갖춰가기 시작했다. 구한말 신문 광고의 아무런 그림이나 헤드라인도 없이 그저 '광고'라는 제목을 달고 빼곡한 활자로만 투박하게 알린 것에서 벗어나게 된 것이다. 1922년 고무신 광고는 고종의 아들이자 순종의 아우였던 의친왕(義親王) 이강(李堈)이 한국 고무신을 최초로 신었음을 내세웠다. 소위 '광고모델' 개념을 도입한 셈이다. 왕족 중 항일의식이 가장 강했던 이강을 끌어들여 동포들에게 어필하려고 했던 것이다.

초창기 신문 광고들은 사진 대신 그림을 많이 차용했다. 구두 판매점은 '소가죽' 구두임을 강조하려고 구두 광고에 소 그림을 큼지막하게 넣기도 했다. 그림 중에서도 미녀 그림을 곁들인 광고도 있었다. 화장품이나 비누, 치약 등 여성과 관련 있는 광고는 물론 소화제·고혈압 약 등 약 광고까지 선정적인 모습의 그림을 차용하고 있다. 1923년

9월 17일자『조선일보』에 실린 ‘인단(仁丹)’ 치마분(齒磨粉)[4] 광고엔 가슴을 드러낸 여성이 이를 닦는 모습의 삽화가 그려져 있다. 호기심을 지극해 소비자의 시선을 끌어보려는 섹스어필 마케팅의 초보적 형태가 등장한 것이다. 그리고 1927년 11월 21일자에는 소화제인 ‘활명액(活命液)’과 23일자의 피부병 약 ‘요찌수(水)’ 광고가 약속이나 한 듯 가슴을 노출한 여성의 삽화를 곁들였다.

‘활명액’ 광고는 여성의 벗은 몸을 그리는 게 민망했던지 ‘위장내벽을 강건하게 하는 양약’ 등의 캐치프레이즈 두 개로 그림 일부분을 슬쩍 가렸다. 그러나 몇 해 뒤 실린 동맥경화 예방약 광고는 과감하게도 가로 6cm, 세로 12단 전단을 차지하는 지면에 두 팔을 치켜든 가슴 노출 여성의 그림을 게재했다(『조선일보』 1927년 3월 26일자). 그러나 이 광고는 이것을 끝으로 더 이상 보이지 않는다.

지금껏 여성의 사진을 쓴 광고는 찾아보기 쉽지 않다. 정확한 이유는 알 수 없지만 여성을 상품 마케팅에 쓰는 것에 대한 당시 사회의 거부감이 컸기 때문이 아닌가 여겨진다. 실제로 1928년 독일 베를린의 어느 과일 가게가 미인을 과일 좌판에 세워 판촉하는 외신 사진을 보도한 기사는 ‘아조 제일 어엽분 미인을 택해서 상품과 함께 진렬’했다며 ‘참 야릇한 장사치의 광고법’이라고 비판적으로 썼다(『조선일보』 1928년 1월 25일자). 1929년 9월 일본인 상인들이 ‘마네킹 걸’을 도입해, 젊은 여성 모델로 하여금 거리에서 광고피켓을 들고 꼼짝 않고 서

---

4 오늘날의 치약.

광고의 진화

서 행인들 시선을 받게 하자 '라체(裸體) 모델보다도 보기에 미안한 직업', '목불인견(目不忍見)의 참극'이라고 비난했다.

　그밖에 광고물 가운데는 극장 광고나 자동차 광고가 많았다. 1928년 9월 21일자로 발행된 단성사의 『홍보주보(弘報週報)』는 개봉영화를 세세히 안내하고 있다. 1938년 전면광고로 게재됐던 미국 GM사의 '시보레' 자동차 판촉 광고도 흥미롭다. 이전의 광고가 대부분 글자로 이뤄진 광고였다면 각종 도안과 그림 등 예술적 요소를 가미한 광고가 등장했다. 광고시장뿐 아니라 형식미에서도 크게 성장한 시대였다. 개화기 초 광고에 나타나는 무역물품과 광고상품은 당시 교역 상황을 잘 보여준다. 국내에서는 외래 문물에 신기해하는 동안 열강들은 쌀과 금을 실어 날랐으며, 이 원자재로 비싼 공산품을 만들어 되팔았다. 최대 광고였던 약품 광고는 신약과 양약의 도입을 통해 근대병리학과 계몽의 담론을 적절히 담았다.

　1920년대는 광고의 황금기라 할 수 있다. 신문 광고에 가장 많이 등장한 것은 의약품 광고로서 우리나라 질병의 역사를 뒤돌아 볼 수 있게 한다. 우리 약품 광고의 효시는 '금계랍' 광고다. 금계랍은 말라리아 치료약을 뜻한다. 약 광고의 흐름은 전염병 예방이 보신으로, 자양강장은 성병 치료제로 넘어왔다. 이 시기의 약품 광고는 실제적 효능보다 '개명'이라는 일종의 기호이자 상징으로 동원되었다. 우리나라 최장수 의약품인 '활명수'가 이때 출시되었다. 간결하고 유행을 타지 않는 브랜드 네임과 로고로 어느새 100년의 세월을 뛰어넘은 셈이다. '이명래고약'은 자체 이름을 최초로 사용한 브랜드로 기록된다.

두 번째가 화장품 광고이며 표현에 있어 창의성의 다양화를 시도했다. 최초의 화장품 광고는 '박가분(朴家粉)'(1922년)이다. 광고에는 '부인 화장계의 폐왕(覇王)'이라는 익살이 담겨있다. 덧붙여 '조선 사람은 조선 것을 많이 씁시다'라는 문구와 함께 한복 입은 여인이 그려져 있다. '하루나'표 피부미백제는 "먹고 고쳐서 미인이 되자"고 하는데 아무려면 미백제를 먹는다고 예뻐질 수 있을까. 이런 과장을 익살로서 받아들이는 문화가 저변에 깔려 있었다. 최초로 연예인이 등장한 광고 역시 일본의 유명 여배우가 출연한 화장품 시리즈 광고였으며, 방물장수 방문 판매로 유행되기도 했다. 뿐만 아니라 획기적인 포장방법의 도입으로 판매량을 올렸고, '라이온 치마분'은 영화사와 타이 마케팅을 실시하기도 했다.

그리고 거센 반발을 일으켰던 단발령은 어쩔 수 없이 외래문화를 받아들일 수밖에 없었던 현실을 잘 보여준다. 단발이 점차 변혁의 상징으로 받아들여지고 있는 것은 모자 광고를 통해서다. 단발령이 시행됨에 따라 모자 광고가 성행하고, 흰 옷 금지 조치에 따라 염색제 광고가 등장했다. 그러나 흰 옷에 대한 한국인의 생활습관을 바꾸진 못해 더욱 희게 입기 위한 표백제 광고가 나오게 되었다. 여기서 목판화 기법으로 카툰 형식을 쓴 염료 광고는 평범한 주부의 증언을 보여줌으로써 추장(推獎), 즉 '증언 광고(Testimonial AD)'의 원조라 말할 수 있다. 증언 광고는 유명인이나 암시 혹은 명시적으로 제품을 사용하는 것을 보여주는 광고를 말한다.

근대화의 진행과 식민지배가 자리 잡아 갈수록 사람들의 외양은 점차 서구화되었다. 광고 역시 다양한 재미를 담은 제품을 보여준다. 특히 1920~30년대는 제품이 다양해졌을 뿐더러 광고도 표현이나 심리적 요구를 실어 보다 세밀해졌다. 위생과 청결 개념이 생기고 화장품 사용이 일상화되었고, 밀려오는 외래 제품에 조선물산장려운동은 빛을 잃고 만다. 짚신에서 고무신으로, 고무신에서 구두로 변해가는 광고를 통해 근대화의 물결을 유추해볼 수 있다.

근대의 광고라는 것은 제품의 품질을 알려주기보다 대중을 계몽하거나 선전하는 겉만 번지르르한 것들이 대부분이었다. 그러나 가끔은 지금 읽어도 제법 재미있는 것도 있다. "강철은 부서질지언정 별표고무신은 찢어지지 아니한다"는 '별표고무신'의 광고다. 당시는 전등을 켜면 화재가 난다든지, 전화로 이야기를 해도 병이 옮는다든지 하는 과학이나 기술에 대한 미신이 많이 나돌던 시기였다. 광고는 그것을 열과 성을 다해 계몽하는 것으로, 광고를 보고 있자면 당시의 분위기가 떠올라 재미있다. 또한 철도와 우편마차의 등장으로 인위적인 시간이 근대적 개념으로 바뀌었다. 계몽을 위한 사립학교도 많이 지어졌는데 이는 나아가 서적, 출판시장을 활발하게 하였다. 개화기 광고의 특징은 외래 문물을 받아들이되 민족을 계몽하자는 성격이 강했다. 그런데 의외로 성 관련 책 광고가 많은 것이 인상적이다.

최초의 백화점은 일본 자본에 의해 건립된 '미쓰코시 백화점(三越百貨店)'이다. 이후 민족자본에 의한 '화신 백화점(和信百貨店)'이 종로2가에 건립되었는데 백화점 풍경을 묘사한 글을 보면 소비에 대한 갈망과 환상이 지금과 다를 바 없음을 엿볼 수 있다. "일원어치 물건을 사면

소 한 마리"라는 경품 광고도 있다. 또한 할리우드 영화 주인공을 모방한 모던보이, 모던걸들의 활보는 퇴폐의 상징으로 지탄받기도 했지만 근대인의 정체성과 모더니스트들의 고뇌도 엿보게 한다. 식민지배가 길어지면서 모더니스트들은 근대적 상품과 소비를 통해 일상에서 먼저 근대화를 체감했다. 이들은 거리를 밝힌 휘황한 네온사인과 백화점을 바라보며 욕망의 시대를 열어갔다.

한국의 본격적인 맥주회사의 설립은 1933년 일본의 대일본맥주회사가 '조선맥주회사'를 설립한 것이 시초이며, 뒤이어 같은 해 12월에 기린맥주주식회사가 '소화기린맥주'를 설립하였다. "전(前) 미국 검사총장 다하데 씨 선언에 '맥주는 술이 아니다'라고, 그러면 무엇인가, 왈 자양품이다. 그럴 듯한 표현이다. 누가 비어(Beer)를 맥주(麥酒)라고 번역했는지 모르겠지만 '주(酒)'자를 붙인 것은 잘못이었던 듯하다. 맥주는 비어(Beer)이다." 당시 맥주의 광고문구다. 우리에게 맥주에 대한 소개는 1876년 개항 후 일본인들의 거주지가 늘어나고 일본 맥주가 들어오기 시작한 데서 비롯되었다. 1940년에는 최초의 맥주 광고에 여성 모델 김필이가 나와 상당한 인기를 누리기도 했다.

이즈음 근대적 광고작법이 완성됐다는 느낌이 든다. 적어도 광고주의 시각에서 봐왔던 제품을 대중의 관점으로 보는 것으로 대중적인 광고를 시도했다. 제품을 소비자의 시각에서 포착해 근대적인 화법으로 실천한 것이다. 광고는 제품 위에서 연기하는 기예다. 어설픈 광고는 제품의 면(面)으로 보이지만, 멋진 광고는 점(点)으로 연결되어 있다. 제품과 하나의 점으로 연결될 수만 있다면 이미지의 날개를 펼치기만 해

　　　　　　　　　　　　　　　　　　　　　　광고의 진화

도 효과적으로 전달된다.

1970년대 이후는 미국으로부터 다양한 마케팅 이론이 도입되자 광고 역시 미국식 기법을 많이 받아들였다. 제품을 사는 것에 의해 얻어지는 윤택한 삶의 이미지를 동화시켜나가는 방법이다. 그럼에도 불구하고 어딘가 모르게 식민지 시대 계몽 광고의 정취가 묻어나 있다. 해방에 이은 6·25전쟁 과정에서 서구의 제품들이 여러 통로로 엄청나게 들어왔다. 더불어 미국의 문화와 생활양식이 빠르게 유입되었던 것이다. 이런 환경에서 광고는 어떻게 해도 계몽적이기에 그런 광고가 유효했다고 볼 수 있다.

6 ▸▸ 해방 이후의 광고 산업

일제강점하에서 한국인이 경영하는 광고대행사는 없었지만, 해방 이후 『한국일보』 광고국장이던 윤동현(尹東鉉)이 최초의 광고대행사인 '한국광고사'를 설립하였다. 1959년 무렵으로 추정되는데, 한국광고사도 오늘날의 광고대행사와는 달리 매체와 지면 중개인에 가까웠다. 1960년에는 『새광고』라는 월간 광고전문지도 발행되었다. 1960년대 초기는 미국인 K.브루스와 J.C.스티클러가 '임팩트(Impact)'와 'S/K Associates'라는 광고대행사를 설립하여 한동안 국내에 있는 외국 기업의 광고를 대행했다.

이보다 앞서 1956년에는 HLKZ-TV가 민간 상업방송으로 창립되었으나 오래가지 못했다. 1959년에는 부산 MBC 라디오 방송이 시작되고, 1963년에는 국영인 KBS가 광고방송을 개시하였다. 뒤이어 동양방송, 동아방송이 창설되어 이른바 네 매체가 경쟁했다. 1968~1969년에 이르러서는 한국 광고계도 국제 광고계의 영향을 받기 시작했다.

전문적인 광고대행사의 효시는 1967년에 민간통신사인 '합동통신(合同通信)'이 광고기획실을 만들어 탄생한 '합동광고(合同廣告)'다. 『합동광고』란 전문 월간지도 발행했으며, 해방 후 처음으로 본격적인 광고량 조사를 실시하였다. 그 결과가 국제광고협회의 세계 광고비 조사보고에 수록되어서 1968년에 처음으로 해외에 소개되기도 했다. 다음 해인 1969년에 '만보사(萬報社)'의 출범과 더불어 IAA 한국지부창립, 양대(兩大) 콜라의 한국 진출, 일본의 TV · 라디오 광고상 'ACC'의 국내 소개, 세계적인 광고상 '클리오(CLIO)' 소개, 광고세미나 개최, 신문의 컬러 인쇄, 광고인의 국제광고회의 참석, 경인고속도로 완공과 야립(野立)간판의 출현, 신문잡지 구독 실태조사 등 다양한 변화가 연이어 일어났다.

그러나 광고대행업이 본격화된 것은 1970년대에 들어와 '제일기획', 'MBC 애드컴', '만보사'의 합병으로 된 '오리콤'이 생긴 뒤부터다. 뿐만 아니라 경제성장과 함께 광고도 질과 양의 측면에서 엄청난 발전을 보았다. 1971년에는 '한국광고협의회'가 창설되었고, 1974년까지 3개의 대형 광고대행사와 5개의 광고상이 생겼으며, 광고에 대한 연구도 활발해졌다. 광고의 중심도 대행사로 옮겨가는 시대로 접어들었던 것이다. 1970년대 후반부터는 한국이 게재하는 국제 광고도 연간

광고의 진화

수백만 달러에 이르렀다. 1976년부터는 대한항공이 미국의 광고대행 사에 광고를 대행시킬 만큼 성장도 빨랐다. 이즈음 출범한 광고대행사 는 1973년의 '제일기획', 1974년의 '연합광고', 1978년의 '엘지애드' 등으로 이른바 1970년대의 태동기에 출범한 현대적 규모의 회사들이 다. 1980년대는 광고업계가 더욱 융성해 1981년 '코래드', 1982년 '대 홍기획', 1983년에는 '동방기획'과 '금강기획' 그리고 1984년에 '삼희 기획'이 태동하여 현재의 주요 기업으로 성장, 발전하였다.

1980년 12월은 언론통폐합과 방송의 공영화에 따라 방송 광고는 또 다른 급격한 변화를 겪었다. 공영화된 KBS가 유럽 방식인 블록 광고 를 함으로써 종래의 미국 방식과는 다른 제도로 전환하고 신문은 하루 12면으로 늘어났다. 1981년 1월 언론통폐합에 따른 지원책으로 '한국 방송광고공사'가 설립되면서 공공성을 띤 광고를 주관하도록 만듦으 로써 한국 광고계에 변혁을 가져왔다. 한국의 광고대행사는 매체 또는 광고주와의 관계 및 외적 제약 등으로 아직도 중립성이 부족한 실정이 다. 대규모 광고대행사들 역시 재벌그룹이나 매스미디어를 배경으로 출범하였다. 따라서 계열사의 성격을 띤 경우가 대부분이었다.

군사정권의 강력한 산업화 정책 덕분에 경제가 급성장하던 1960년 대 후반에서 1980년까지는 한강의 기적과 맞물려 국내의 광고산업도 비약적으로 발전을 거듭했다. 텔레비전 광고가 보편화되고 현대적 기 법의 광고가 서서히 정착한 것도 이 무렵부터다. 하지만 광고의 내용 이나 형식에서 보면 여전히 진부한 수준을 벗어나지 못했던 것은 사실 이다. 그러다가 컬러텔레비전이 등장한 1981년은 국내 광고사에 한 획을 긋는 해다. 광고의 표현기법이 다양해지면서 텔레비전이 라디오나 인쇄매체에 비해 광고채널로서 우위를 점한 계기를 마련했다. 게다가 1986년 아시안게임, 1988년 서울올림픽 등 국제적 이벤트의 후광으로 어쨌든 1980년대는 한국 광고의 초고도 성장기였다. 지속적인 경제성 장 덕택에 일정한 구매력을 갖춘 중산층이 두터워졌다는 점도 간과할 수 없다. 1987년 언론기본법 폐기에 따라 일간신문을 포함한 정기간 행물의 수는 급격히 증가했고, 일간지 발행 면수도 늘어났다. 광고시 장도 1987년부터 부분 개방했고 1991년에는 완전 개방이 되어 급기야 민영 방송까지 출범하기에 이르렀다.

문민정부가 탄생한 90년대 초반 이후 한국 광고를 이끈 핵심 트렌 드는 '표현의 자유' 신장이었다. 이즈음 권위적이고 경직된 사회 분위 기가 완화되면서 참신하고 혁신적인 아이디어를 담은 광고물이 대거 쏟아져 나왔다. "정복당할 것인가, 정복할 것인가"라는 유명한 광고 문구와 함께 정신대 여성의 이미지를 채택한 제품 광고를 비롯해 남과 북의 어린이가 어깨동무를 하고 활짝 웃는 모습을 담은 기업 광고는 광고인들의 머릿속에 해빙기가 왔음을 알린 작품들이다.

지난 역사를 뒤돌아보면 한국에 광고가 등장한 지도 벌써 120여 년 이 지났다. 그렇다면 한 세기도 훨씬 전에 닻을 올린 광고가 어떤 단계 를 거치며 발전해 왔을까. 광고는 숙명적으로 생명이 짧다. 항상 새로 운 내용을 담아야 하는 이유 때문이다. 애초 설정한 목표를 달성하면 더 이상의 효용가치가 없어지기에 더욱 그렇다. 하지만 짧게는 며칠에 서 길게는 한두 달 동안 대중을 찾아가는 한 편의 광고 속에는 당대의 가치관과 라이프스타일 그리고 시대상이 함축되어 있다. 그런 점에서 광고는 단순한 상업적 도구를 넘어 하나의 문화 현상으로 볼 수 있다.

　요즘 우리의 일상을 지배하는 광고 역시 21세기적 최신 트렌드를 적극 반영하고 있다. 디자인이나 상상력을 마음껏 발휘하거나 건강 및 웰빙을 추구하는 크리에이티브 경향이 그런 사례다. 광고는 시대와의 창조적 소통이자 교감이다. 광고라는 창을 통해 읽는 역사는 그래서 더욱 흥미롭고 멋지다. 그렇다면 글로벌 시대의 광고는 어떠한가. 단순히 제품 자체를 광고하는 게 아니라 이미지를 소비하고 있다는 느낌을 준다. 광고는 정해진 원칙에서 더욱 파격과 도발을 꿈꾼다. 따라서 '팔지 못하면 광고가 아니다'란 고전적 정의에서 떠나 '새롭지 않으면 광고가 아니다'라는 키워드로 변했다. 상업 광고의 역사도 오래되었다. 그렇더라도 본격적인 것은 종교 광고나 정치 광고 이후가 아닌가 생각한다. 정확히 알 수 없지만 상업 광고에는 종교와 정치 광고적인 요소 모두가 포함되어 있다. 머리 좋은 상인들이 양쪽의 지혜를 재빨리 차용해 상업 광고의 방법을 만들었던 것이다. 그런 관점에서 보면 상업 광고는 인간이 지닌 욕구를 반영하고 있다고 말할 수 있다.

　이 승용차를 타면 멋진 삶이 펼쳐진다는 광고가 있다. 당연히 새 차를 타면 일상이 즐겁게 변할 수 있다. 그렇다고 멋진 삶일 것이라는 보장은 어디에도 없다. 그저 즐거운 일이 일어날 것 같은 막연한 이미지로 일종의 주술적인 효과다. 시중에 알려진 건강음료도 마찬가지다. 광고가 재미있는 점은 드링크제의 효과 따위는 어차피 자기 최면이라고 스스로 고백한다. 힘든 일상에서 누구에게라도 권하면 힘과 용기를 북돋아줄 수 있다는 지극히 자의적인 표현이다. 마시면서 한 번도 '힘이 솟는다'는 기분을 실감한 적은 없었지만 그래도 제목 때문인지 좋은 기분은 든다. 과학적인 효과보다는 주술적인 효과 때문이다. 상업 광고라는 것도 결국 많든 적든 이 두 가지의 요소가 적절히 배합되어 있는 것이다.

광고의 역사라는 것은 종교와 정치, 그리고 상업을 한 가닥으로 꼬아 고대부터 현대까지 지금껏 이어져왔다. 앞으로도 이러한 경향이 바뀌지는 않을 것이다. 덧붙여 지금은 누가 뭐래도 경제주도형 사회니까 광고라면 당연히 경제를 가리킬 정도로 상업 광고가 대세다. 그렇다고 단순히 장사를 위한 수단으로 보기보다 인간이 서로에게 어떤 작용을 하고 반응하는지에 대한 관심이 요구된다. 그 속에는 반드시 광고라는 커뮤니케이션 행위가 있다. 종교나 정치, 그리고 상업 광고의 뿌리도 하나같이 인간의 욕망에 의한 것이라는 넓은 의미의 광고관이 있음을 이해할 필요가 있다.

7 ▶▶▶ 광고의 원칙

광고의 역사에서 보여지는 것 중에 가장 오래된 것은 간판이나 물건을 판다는 목소리다. 물건을 사달라고 외치는 소리의 역사도 알고보면 오래됐다. 고대 그리스에도 있었고 지금도 마찬가지다. 자세히 듣다보면 제품의 존재를 알리는 것만이 아니라 동시에 어떤 상징을 드러낸다. 제품의 이름을 넘어 이미지까지 표현하고 있다는 점이 놀랍다.

광고의 원칙을 보면, ①제품은 그냥 가만히 있는 것만으로는 물건에 지나지 않는다는 것이다. 음식점이 밀집한 지역에는 특이하게도 '원조'라는 이름을 붙인 곳이 여럿 있다. 덧붙여 방송의 '맛집'으로 나왔던 곳이라며 출연한 모습의 사진까지 붙여놓는다. 일종의 광고행위다. 만약 그런 이름을 붙이지 않았다면 흔한 식당의 한 곳에 불과했을 것이다. 하지만 '원조'라는 이름을 붙인 순간 특별한 의미를 갖는다.

춘천에는 닭갈비집이, 서울 신당동에는 떡볶이집이 많다. 그렇다면 사람들은 많은 가게들 중 어느 집으로 가게 될까. 크게 맛 차이가 나지 않아도 심리적으로 맛있는 집을 가고 싶어 한다. 그래서 당연히 '원조'라는 간판이 붙은 가게로 향한다. 선택에 따른 위험부담을 조금은 줄일 수 있을 것이라는 생각 때문이다. 저마다 원조라는 간판을 붙이는 이유다. 그러다보니 한동네에 있는 가게의 전부가 자신들이 원조라고 말한다.

원조라는 단어는 처음 시작한 사람이나 사물을 지칭한다. 그러므로 '원조집'이라는 말은 특정 메뉴를 가장 먼저 시작했다는 의미를 지닌다. 다시 말해 '가장 먼저 시작했다'는 말은 성공에 이를 가능성이 그만큼 크다는 의미도 포함되어 있다. 그러나 아무나 원조가 될 수는 없다. 의미를 명확하게 하는 행동이 덧붙여 실천되어야 한다.

광고의 다음 단계는 다른 말로 제품과 사람의 관계에 신뢰를 주는 행위다. 자체로는 단순한 것에 지나지 않지만 그것에 아이디어가 더해지면서 새로운 이름이 달린 이미지가 생겨나는 것이다. 점차 제품은 스스로 움직이기 시작하면서 사람과의 사이에서 특별한 관계를 맺는다. 지금도 외식업체들은 '원조'라는 용어를 이용한 광고효과를 한껏 누리고 있다.

가정마다 아이들에게 양치질을 꼼꼼히 잘 하면 치과에 갈 일이 없다는 잔소리를 한다. 광고에서 치약을 듬뿍 묻혀 양치질을 하는 아이들의 모습이 익살스럽다. 누구나 평생 동안 해왔으며 앞으로도 계속하게 될 양치질을 위해 꼭 만나게 되는 필수품이 치약이다. "20개의 치아를 80세까지"라는 숫자 마케팅으로 성공한 '덴탈클리닉 2080'이라는 제품이 있다. 숫자로 이뤄진 브랜드 명칭을 통해 기존 제품들과의 차별화에 성공했으며, 이른바 숫자 마케팅에 의해 성공적인 결과를 낳은 사례다. 브랜드 자체에서 다른 많은 이야기를 연상시켜 결과적으로 치약의 효능을 효과적으로 전달한다. 사실 치약이란 무엇이든 대부분 비슷하지만 본심은 어떡하든 자신의 것이 경쟁회사 제품보다 앞선다는 속내가 포함되어 있다. 독특한 문구가 마음에 들었다면 제품을 사달라고 하는 메시지이다. 자고 있던 제품을 카피 하나로 세울 수 있다는 의미에서 광고의 윗몸일으키기라고 말할 수 있다.

근대에 카피라이터들은 제품이 무엇이든 표현에 있어 대부분 익살로 뒤틀었다. 그렇다고 제품으로부터 이탈되어 재미있고 우스꽝스러운 방향으로만 나아가진 않았다. 무척 중요한 부분이다. 광고가 오로지 제품만 알린다면 그것도 문제다. 표현이라는 것은 설명과는 조금 먼 곳에 있고, 그 힘을 빌리지 않는다면 제품을 선명하게 살려내는 일

　　　　　　　　　　　　　　　　　　　　광고의 진화

은 불가능하다. 덧붙여 ②광고는 제품의 위에서 연기하는 예술이다. 역사적으로 광고는 물건을 파는 재주로 발전해왔다. 그래서 기예를 제품과 떨어져 보여주면 안 된다. 한때 "비암~, 이것이 무엇이냐 비암~. 애들은 저리 가라. 애들은 집에 가라." 어린 학생들은 듣지 말아야 할 말이라고 너스레를 떨면서 욕설 섞인 음담패설을 늘어놓아 구경꾼들의 호기심을 한껏 자극한 약장수들이 있었다. 그리고는 정체불명의 약을 허무맹랑한 말로 만병통치약이라고 선전하며 파는 목소리가 1980년대까지만 해도 시골장터는 물론, 대도시의 공원 등지에서도 흔했다. 장터 좌판에서만 볼 수 있는 재치 있는 화술이다. 듣자면 오로지 약 자체만을 설명하는 것도 아니다. 같은 어조로 반복하며 마치 익살처럼 이어가는 호흡이 일품이다. 그런 기예가 커다란 꽃을 피운 시기라면 6·25전쟁 이후로, 모두들 어렵고 헐벗었던 시절이었다. 해방 전에는 장터문화가 성숙기이기도 했다. 그렇지만 당시는 여유 있는 계층의 전유물이었다. 그것이 점차 일상의 문화로 드러나게 되었다.

그러다가 1970년대에 들어서면서 대중문화가 성숙하게 됨에 따라 방식이 조금씩 바뀌게 된다. 텔레비전의 대중화로 소비자의 눈에는 모두가 그럴싸하고 그럴듯한 것으로밖에 비춰지지 않았다. 그러다가 1980년대는 1960년대의 광고로 대별되는 근대주의적 기법을 철저히 무시하는 방향으로 옮겨갔다. 그럴싸함 내지 그럴듯함의 모습에서 벗어나 표현의 재미를 찾으려고 노력했다.

광고라는 것은 제품 꼭대기에서 연기하는 기예이기에 ③재미있지 않으면 안 된다는 것이 기본이다. 광고가 아무리 기업의 성취에 기여한다고 말해봤자 다른 쪽에서 들으면 조금도 흥미롭지 않다.

광고는 초대받지 않은 손님이기에 재미있지 않으면 누구도 봐주지 않는다. 애드버타이징(advertising)의 어원은 돌아보게 하거나 주의를 끈다는 뜻이다. 가만히 두면 그냥 지나쳐버릴 통행인의 시선을 어떻게든 한쪽으로 돌리게 해야 한다. 괴성을 질러 놀라게 할 수도 있겠지만 그다지 좋은 방법은 아니다. 재미있는 짓을 해서 돌아보게 하는 것이 효과적이다. 재미라는 것도 그저 재미있기만 한 것과는 뭔가 다르다. 본래 재미라는 말은 얼굴이 하얗게 된다는 것에서 유래되었다. 지금껏 보이지 않았던 것이 갑자기 잘 보이거나 눈앞의 안개가 걷히고 빛이 비춰져 순간적으로 하얗게 되는 것을 사람들은 재미있다고 느끼는 것이다.

재미라는 말에는 '어뮤징(amusing)'과 '인터레스팅(interesting)' 두 가지가 있다. '어뮤징'은 재미있고 흥미로운 것이며, '인터레스팅'은 주의를 끈다는 말이다. 그리고 '인터레스트(interest)'라는 단어는 이익이라는 뜻도 내포되어 있다. 그래서 재미란 단어에는 무의식적으로 이득을 보는 기분이 드는 것이다. 소비자가 물건을 살 때 우선은 싸거나 비싸다는 기준으로 고른다. 같은 물건을 조금이라도 싸게 살 수 있다면 그것만으로도 이익을 보는 것이라고 생각하기에 바겐세일이 재미있는 것이다. 이것도 경쟁의 시대에는 그다지 도움이 되지 않는다. 사람들이 제품을 고르는 기준이 좋거나 나쁘다는 쪽으로 옮겨가기 마련이고, 가격에 별 차이가 없다면 품질이나 기능을 따져 고르게 된다. 1980년대 이후 우리의 마켓에서도 이런 기준이 도입되었다.

점차 기술이 고도화되면서 기법에도 평준화가 생겼다. 같은 가격대

 광고의 진화

의 제품일 경우 품질이나 기능의 차이가 줄어들었다. 전문가의 눈에는 차이가 있을지 모르겠지만 소비자는 거의 실감하지 못한다. 그야말로 요즘이 그런 시대다. 제품을 단순히 좋다거나 나쁘다는 기준으로 고를 수는 없다. 대신 사용하면서 좋다거나 싫다는 기준이 생긴다. 재미있는 광고와 재미없는 광고를 보면 누구라도 재미있는 광고를 보여준 쪽을 좋아하기 마련이다. 점차 대중문화도 서서히 꽃을 피워갔다. 그렇다고 광고가 있고 대중문화가 있었던 것은 아니다. 성숙한 대중문화가 수준 높은 광고를 만들었다. 그런 점에서 광고는 기업의 일방적인 제작물이 아니다. 멋진 광고는 기업과 대중의 합작품이다. 상업 광고에 국한된 말은 아니며 종교나 정치 광고 역시 대중과의 만남에 의해 창조된 것이다.

1 ▶▶ 공익성의 이미지

광고의 역사를 보면 홍보와 광고는 마치 쌍둥이처럼 상호간 깊은 연관성을 갖고 발전해왔다. 그러나 전자는 공공성을 추구했고 후자는 상업주의를 기반으로 발전해왔다. 근대 홍보의 배경이 되는 것들은 모두 정당이나 종교 등 각종 공공단체의 비상업적 수단에서 비롯되었다. 특히 포스터 등에서 사용된 그래픽은 변천을 거듭해 지금과 같은 스타일로 탄생되었다.

광고라는 것은 처음부터 공익성보다 사적 이익을 위해 성장해왔기에 상거래가 급속히 산업화로 이행된 시점부터 광고에의 투자도 대형화되었다. 전단지나 간판 같은 올드미디어에서 기술의 발전과 함께 거대한 매스미디어로 성장을 거듭했다. 공익성을 무시한 제품은 사회적으로 부각되지 못했다. 따라서 대중에게 거부감 없이 다가가기 위해 광고의 기법이나 표현이 공익활동까지 흡수하였다. 지금은 기업의 여러 사회적 기여에 따른 공익과 상업성의 호환에 의해 양자의 경계가 거의 없어졌다.

광고도 기업의 사적 이윤을 위해 전력하면 금세 여론의 반감을 사니까 나름의 공익적 성격은 필요했다. 그렇다고 평소부터 의식하고 있었던 것은 아니다. 말하자면 광고에서의 공익성은 사회적 관습으로 자연스럽게 몸에 밴 유전자와 비슷하다. 공익성은 법률로 규제되는 것보다는 사회적 책무이며 일종의 룰 같은 것이다.

근대 그래픽의 원조는 로트렉(Lautrec)의 포스터로, 프랑스의 벨 에포크(La belle époque)[1]가 기원이라고 알려져 있다. 표현의 방법에서 그렇다. 하지만 근대 그래픽의 성격이 벨 에포크 시대의 회고적 취미와 다른 점은 공공성이 명제가 되었기 때문이다. 근대 그래픽은 20세기 초에 등장했다. 무대는 프랑스가 아닌 유럽 중부의 독일어 문화권으로 출현 시기는 제1차와 2차 세계대전의 사이다. 제1차 세계대전에서 독일이 패한 혼란했던 시기에 근대 그래픽의 특징인 공익성의 씨앗이 뿌려졌던 것이다. 패전국 독일은 전승국인 프랑스, 영국 등으로부터 청구 받은 파산할 정도의 천문학적 피해보상금으로 힘겨운 생활을 겪어야 했다. 사회적 격변 상황에서 자신들이야 말로 구세주라고 하는 실로 다양한 그룹들이 우후죽순처럼 생겼다.

---

1 '좋은 시대'라는 뜻으로 19세기 말에서 20세기 초에 걸쳐 프랑스 파리는 과거에 볼 수 없었던 풍요와 평화를 누렸다. 예술·문화가 번창하고 거리에는 우아한 복장을 한 신사 숙녀가 넘쳐흘렀다. 물랭루즈로 대표되는 최고의 아름다움을 즐겼던 시기다.

   광고의 진화

우파나 좌파는 물론 각종 종교나 작은 가게들이 연합한 이익단체까지 난립해 기회 평등의 제도를 만들자고 요구했다. 주로 시위나 연설로 주장했지만, 가두에 부착된 포스터는 텔레비전이 없었던 당시 시각적인 전달 수단으로서 상당히 유효했다. 참신한 이미지로 대중에게 어필했던 것이다. 서로가 구세주라고 소리치는 아수라장에서 포스터가 보여준 이미지나 수사법은 표현의 수준을 한 단계 올려주었다. 19세기를 상징하는 공익성의 콘셉트가 명확하게 보인 것이다.

독일에서 발현된 개념과 이미지는 전승국인 프랑스나 영국에도 임팩트를 주었다. 특히 러시아는 패전 후 독일을 시발로 한 표현기법을 혁명의 프로파간다로서 도입했다. 우리의 해방공간에서 좌우익 이데올로기가 첨예하게 대립하던 시기에 포스터의 표현과 비슷했다. 중국의 항일 포스터도 마찬가지였다. 하지만 결정적인 영향을 준 것은 점차 세계적인 규모로 성장한 광고에서다. 제1차 세계대전으로 정체되었던 상공업은 전쟁 종료와 더불어 봇물터진 것처럼 확대되었다. 광고는 전후 독일에서 출현한 공익성의 이미지를 담은 표현이나 설득의 기법을 마음껏 인용했다. 거기서 실행된 대부분의 기법이 오늘날 광고의 원전이다.

2 ▸▸   공익성과 광고

유럽에서의 공익성은 중세부터 법률과는 별개의 사

회적인 관습으로 뿌리내려 있었다. 당시 사회적인 틀을 규정하고 계승하는 것 모두 교회였다. 당연히 사회 구성원은 종교가 정한 공공의 법칙에 구속되었다. 그런데 교회의 권위가 쇠퇴하면서 이변이 일어났다. 종교를 대신해 그간 득세했던 왕이나 귀족들이 세속적인 권력의 대표가 되면서 새로운 형태의 권력이 탄생한 것이다.

그래도 교회의 힘은 여전히 막강했다. 그에 대항한 왕이나 귀족들은 자신들이 더 고귀한 신분임을 세간에 과시하기 위해 웅장한 종교 시설물을 다투어 건립했다. 거기에 자신의 권력을 과시하기 위해 화려하게 장식된 의상으로 치장하여 악단까지 거느리고 매일같이 퍼레이드를 벌였다. 대중의 시선을 붙잡기 위해 연출된 화려한 쇼에 의해 대중들은 매료되었고 그들을 새로운 공적 상징으로 받아들이게 되었다.[2] 결국 왕을 따라 줄지어 행진하는 것이야말로 공공의 질서이며 신분의 증거가 되었다. 규칙을 잘 따르면 빵을 준다는 걸 대중에게 보여주며 과시했던 것이다.

유럽에서의 왕과 귀족은 일종의 사회계약이지 가문이나 혈통이 아니다. 그래서 왕이나 귀족은 단순한 모방에 그치지 않고 자신들의 모습을 세간에 '보여주기'와 '보기'라는 두 개의 전시효과로 사이를 구분했다. 그런 묵시적 계약에 의해 대중은 왕으로서의 신분을 인정했고 지배와 피지배의 관계가 성립되었던 것이다. 물론 귀족의 입장에서도 마찬가지였다. 교회 권력이 막강했던 시절의 공공성은 종교에 내포된

---

2 연극이나 미술이 일종의 사회적 공공성이라 간주되는 것도 중세 왕권 쇼에 의한 자취 때문이다.

광고의 진화

주술성에 의해 발휘될 수 있었던 것에 반해 17세기 유럽에서 갑작스럽게 일어난 상징의 이면은 숨겨진 신비성이 아니라 왕권 쇼와 같이 뭔가를 시각적으로 보여주는 전시효과에서 비롯되었다. 보여준다는 행위 자체가 사회적 역할이었던 셈이다. 왕관을 금고에 숨겨두고 아무에게도 보여주지 않겠다는 것은 일종의 계약 불이행으로 지위를 박탈당할 수밖에 없었다. 또한 보여주는 방식과 표현이 조잡했던 왕도 삼류로 취급받았다. 그런데 르네상스 시기에 이르러 보여주는 행위는 조금씩 자신들의 재산을 보존하거나 신분 상승을 위해 남용되었다.

서양사 속의 왕권 쇼는 오늘날 예술 행위의 원형이 된다. 왕과 귀족, 이들이 펼친 화려했던 쇼의 구조가 현대 공연예술을 비롯한 그래픽과 광고 등의 원리를 이루는 요소가 되었다. 또한 실제로 대중들을 위해 행한 군주들의 쇼에 의해 그림이나 연극이 발달했고 화려한 왕의 행렬에 뒤따르는 연행은 연기의 원조이며, 악사로부터 모차르트가 출현했고, 과시적인 귀족의 모습을 담은 코스튬은 오늘날 패션쇼의 원형이 되었다. 행렬의 선두에 있던 어떤 왕가 일행이라는 팻말은 일종의 광고라고 할 수 있다.

르네상스 시기에는 다양한 예술이 일제히 만개했다. 그 사이 경제권을 쥔 후원자도 예술을 지원하며 보여주기와 보는 것에서 벗어나, 또 다른 공익성의 힘을 획득했다. 한편에서는 예술을 도구로 한 기득권층의 방법을 소상인이나 서민까지 흉내 내기 시작해 회화에 아무런 지식이 없는 사람도 자신들의 욕망을 투영했다. 실제로 르네상스 시기에는 춘화와 모조품인 포르노 회화가 범람했다. 벌거벗은 여자의 나신이 예술작품의 모티브가 되기도 했다. 보티첼리의 〈비너스의 탄생〉은 포르노에서 비롯된 나부(裸婦)로, 그리스 역사에서 최고의 미의식을 담은 작품으로 평가된다.

중요한 문제는 르네상스 시기 상인들이 그들의 힘에 의해 획득한 규칙을 마음대로 날조하여 부를 독점하거나 차별했다는 점이다. 상인들의 편의에 의해 만들어진 암묵적인 제도가 점차 대중을 속박해 나간 것이다. 결국 패전 독일에서 부분적이나마 형성되어 유럽 전체로 풍미하던 공공성을 뒤엎는 사태로 나아갔다.

공익성은 하나의 사회적 관습으로 일상에서 느끼지 못하는 무의식적인 것이다. 입으로는 대단한 의미가 담긴 말을 해도 사소한 몸짓이나 표정에서 속마음이 드러나는 경우가 많다. 사회적인 관습은 사람들의 표정이나 몸짓에 침전하고 있는 것이다. 우리의 경우 사회적인 관습은 유럽처럼 노골적인 것이 아니라, 그윽함이나 고상함 같은 감춰진 것이었다. 실제로 유교적 전통에서의 행위는 모습이 잘 드러나지 않는다. 사람들 앞에 내보이는 것은 광대나 천박한 신분뿐이었으며, 그들이 화려하게 비춰지는 것은 사실상 불가능했다. 당시의 사회가 용인한 제도 때문이다.

이는 광고에서 더욱 명확해진다. 광고하지 않는 제품은 사회적으로 인정받지 못한다. 제품을 전시한다는 목적 자체에 이미 공익성이 내포된다. 전시로 인해 제품은 개인을 넘어 공적 존재가 되어 소비자와 암묵적인 계약을 하게 된다. 그 계약을 전제로 사용방법에 따른 부차적인 설명이 뒤따른다. 그렇다고 설명이 전부는 아니다. 신문 광고나 포스터에 제품의 실물을 붙일 수 있다면 모르지만 그렇지 않다면 오로지 광고다. 무작정 사회적 규칙에 따르는 것도 아니다. 광고 따위는 필요 없고 보여주지 않아도 사줄 것이라는 믿음만으론 부족하다. 사회에 널리 알려준다는 것만으로 의지를 표명하진 못한다.

전통 있는 가게나 특산품은 어떨까. 그런 가게는 결코 외형적으로 화려하지 않고 관습에 따라 묵묵히 자신의 일을 계승한다. 그래서 오래된 가게는 특별한 사회적 가치 평가를 해 준다. 하지만 속을 들여다보면 하나같이 후계자 문제에 봉착해 있다. 요즘은 화려한 대기업이 임금이나 경력에 있어서 훨씬 나은 공적 위치를 점한다. 공공성의 전시는 일종의 정보 공개로 제도를 오픈해 보여주는 것이다. 그렇다고 전통 있는 가게의 비전이나 정보를 모두 공개한다면 그나마 있던 호기심마저 줄어들지 모른다. 어떻든 유럽의 왕권 쇼나 감춘다는 제도 모두가 지금껏 내려온 관습이다. 이것과는 다르게 21세기에 이르러 이변을 일으켜 파생한 것이 비판적 공공성이다.

독일에서 평등의 기회를 추구하며 탄생한 이념은 이윽고 유럽을 넘어 세계적으로 보편화되었다. 패전의 비참한 현실 아래 재건의 구세주는 좌파나 우파로 나뉘었다. 하지만 잡다하고 다양한 입장을 가진 구세주에게도 공통점이 있었다. 전승국이었던 프랑스나 영국을 향한 이의 제기였다. 제1차 세계대전까지 프랑스나 영국은 독일이 로마 문명의 계승자라는 것을 두고 다투고 있었다. 이것이 종전으로 인해 전승국 일변도로 변했고, 독일은 로마를 멸망시킨 야만족이 되어 삼류 국가 취급을 받기에 이르렀다. 이윽고 독일인은 유럽인으로서 기회 평등의 룰을 추구하게 된 것이고, 이런 요구는 대중들에게 공감을 불러일으켰다. 그러나 전승국들은 기득권을 지키려는 사람들로 인해 빈부의 격차가 날로 심화되었다. 이러한 현상은 비단 독일과 유럽의 다른 국가 사이에서만 벌어진 일은 아니다. 유럽 전역에 널리 퍼져있던 불만들은 결국 독일에서 일어난 시위와 합류하여 유럽은 위기에 처하게 되었다. 이윽고 독일의 이의 제기에서 비롯된 비판적 공공성이 보편화되기에 이르는데 현대 사회에서 공익성의 의미와 배경을 비판하는 것만으로도 정당화될 수 있다는 역설적인 룰이 탄생한 것이다. 전통적인 사회에서는 위에서부터 내려주는 사회적 룰을 일방적으로 받아들이기만 했다. 그러나 그와 반대로 위로부터 내려진 룰을 아래에서 비판적으로 수용하고 의견을 제시하는 역설적인 힘이 나타난 것이다.

근대 그래픽은 비판적 공공성, 즉 역설적인 룰으로부터 출현한 비판적 성격을 특징으로 삼고 있다. 그런 시각에서 보면 광고에는 공통점이 있다. 비판적 공공성을 주장한 사람은 독과점을 노리며 세운 장벽에서 따돌림 당한 사람들이다. 여당보다는 야당, 건강한 사람보다 여성이나 노약자들이다. 제1차 세계대전 당시 독일의 여성들은 하나같이 전쟁에 참가한 남자들의 뒤치다꺼리로 고생했다. 이런 여성들의 분노가 이의 제기라는 역설로서의 룰을 만들 빌미를 주었는데 그것이 점차 남성의 강제와 지배의 모순을 넘어 사회적 평등으로 자리 잡았다. 그럼에도 보여준다는 기능은 하나도 변하지 않았다. 오히려 남성보다 여성이 보는 것과 보여주는 것을 좋아해 전시의 기능이 한 단계 높아졌을 뿐이다.

비판적 포스터라면 전시(戰時)의 과격한 포스터 같은 것을 연상할지

광고의 진화

모르겠지만 사회적인 룰을 규정하는 쪽에서 보면 다른 한쪽을 돌아보는 패러디나 풍자이기도 하다. 흥미로운 것은 여성은 전혀 다른 쪽을 보고 있다는 점이다. 광고는 사람들에게 공개적으로 보여주는 것이며, 감추어진 귓속말이나 소문이 아니다. 그래서 보여주지 않는 것은 광고일 수 없다. 왜 보여주며, 무엇을 보여주는가를 묻는 것이 광고의 원칙이다.

현대의 모든 공공성은 삶에 필요한 최소한의 것으로 비판적 역설에서 비롯되었다. 인류 역사가 시작된 이래 비록 하나의 법칙이 시대를 반영했지만 무효가 된 것도 있다. 중세 이래 시민사회는 비판에 의해 길고 긴 역사의 종지부를 찍었다. 뒤돌아보면 완성의 시대라고 말할 수 있다. 그러나 완료된 다음에 오는 것은 무엇일까. 그것은 아마도 소외되었던 동물이나 생물 또는 자연환경을 주권자로 하는 룰일 것이다. 미래에는 사람뿐만이 아니라 환경이 중심이 된 쪽에서부터 만들어진 법칙이 새로운 공공성을 지니게 될 것이다.

3 ▶▶ 광고와 다양성

르네상스 시기의 메디치 가(Medici family)는 예술 후원자로 잘 알려진 가문이다. 그들은 15~16세기 피렌체공화국에서 가장 유력하고 영향력이 높았던 가문이며 공화국의 실제적인 통치자였다. 특히 학문과 예술을 후원하여 르네상스 시대가 피렌체에서 열리는

데 결정적인 역할을 했다. 일찍이 메디치 가가 실행한 문화, 예술에의 지원을 오늘날 기업들이 '메세나'라는 이름으로 실행하고 있다. 메세나의 문화 후원자적 역할에서 비롯된 가치 추구는 지금껏 우리의 기업도 상당수 참여하고 있지만 아직은 그렇게 활발하진 못한 것 같다.

요즘 들어 상업 광고는 물론 공익적 광고도 메세나적인 요소를 적당히 섞어 다층적인 방향으로 나아가고 있다. 그러나 아무리 CI(Corporate Identity)나 메세나 등을 포함시켜 복합적인 관계로 포장해도 결국은 제품에 대한 소개라는 수준밖에 되지 못한다. 광고를 개념화하는 것은 무리다. 광고가 제품과 CI, 그리고 메세나까지 융합해 전개한다는 것은 경제적 이익을 넘어 초경제적인 단계로 이동하는 것이다. 광고라는 비즈니스의 한계로는 감당할 수 없는 일이다. 고도의 지식산업으로 이동하고 있는 것은 분명하지만, 광고는 제품에서 비롯된 사회적 인식의 산물이다. 인간의 행동양식을 심리학이나 정신적인 작업을 통해 소개하는 심볼릭 애널리스트 서비스인 셈이다. 마케팅이나 세일즈는 거대한 비즈니스로부터 조금 떨어진 곳에 위치한 지적인 작업이다. 제품이라는 창을 통해 사회의 이면을 들여다보는 행위인 것이다. 그런데 아직도 광고를 단순히 제품을 팔기 위한 경제활동이라고 인식하고 있다. 물론 틀린 말은 아니며 그것이 광고의 역할일 것이다.

과거 개발 시대에는 무조건 경제만 있으면 된다고 믿고 그것이 최선이라 생각했다. 물론 경제가 사회의 한 분야인 이상 당연히 종교를 비롯한 정치나 예술 등이 포함되어야 했다. 광고도 마찬가지다. 광고 제작자도 다른 장르를 아우르는 포괄적 수준의 넓은 사회학적 사고를 필

  광고의 진화

요로 한다. 그런데 한 가지 문제점은 아무리 광고가 지식산업이라 말해도 너무 추상적이어서 현장에서 보면 어떻게 하면 좋을지 난감하다는 데에 있다. 어떤 수식어를 붙여도 물건을 파는 행위에 다름 아니기 때문이다. 광고도 인포메이션과 애드버타이징(advertising)을 혼동해 왔다. 예를 들어 매일 아침 현관에 놓여있는 신문 속의 전단지를 보자. 아파트 분양 광고나 인근 마켓의 바겐세일 광고가 대부분이다. 전단지는 물건을 파는 매체이며 일종의 인포메이션, 즉 안내다. 아파트 주민들의 안내판과 같다. 어떤 주관적 감정이 조금도 섞이지 않은 오로지 객관적인 내용으로 되어있다.

과거 대량 생산 시대의 광고는 그야말로 안내판으로 어떠한 주관이나 개성도 없이 제품의 효율성을 홍보하던 것에서 머물러 있었다. 그것은 엄밀한 의미에서 광고가 아닌 일종의 설명서이다. 대량 생산 방식을 광고의 표현에서도 모방하는 것에 지나지 않았기에 기업도 창의력이나 독창성을 요구하지 않았다. 제품설명서 같은 안내판의 제작에서 개성을 주장한다면 공적인 미디어를 사물화하는 이상한 사람이 되어버린다. 그런 시대의 창의력은 광고와 맞지 않았다.

대량 생산만을 추구했던 생산중심주의 사회가 짧게나마 있었다. 구 러시아는 한때 생산만이 중요한 의미를 부여받던 사회였다. 국영공장은 정부로부터 신발을 만들라는 지시를 받으면 아동용과 어른용 두 종류의 사이즈만 부지런히 백만 족을 만들었다. 그것으로 할당량을 달성해봤자 실상은 겨우 백 족이나 팔린 다음 대부분이 재고 처리되고 말았다. 한마디로 엄청난 자원낭비다. 극단적인 예지만 우리도 잠시 비슷한 구조의 시기가 있었다. 1960년대 산업화가 한참이던 시대에 나온 옷이나 신발 등의 제품들은 크기가 몇 개로 한정되어 있어서 제품에 소비자가 맞춰 입거나 신어야 했던 적이 있다. 사회 전체가 비슷한 중산층으로 되어있다면 만족이라는 것도 같은 모양의 신발처럼 받아들일 수 있었을 것이다. 부분적이어야 할 대량 생산이 전체를 포괄하는 전제로 가능하다는 말이다. 하지만 수요가 공급에서 떨어져 다양화한다는 것은 소비 욕구가 상승했다기보다 대량 생산의 한계에 봉착했음을 나타낸 것이다.

요즘의 시장은 전체가 아니라 개인의 주관적 개성에 의지한 시대이다. 다시 말해서 일정한 규격에 맞춘 비개성적인 중산의식을 담은 전체상은 몰락하고 만다. 광고가 요구받는 것은 대량 생산의 타입으로부터 탈출한 개인의 주관적 감성을 만족시키는 것이다. 어떤 대단한 아이디어로 제품을 만들어도 모두를 만족시킬 수는 없다. 금융 산업이나 IT 산업처럼 정보에 의한 고부가 서비스 산업도 마찬가지다. 광고도 지금까지 당연하게 여겨졌던 대량 생산 방식을 묘사한 방식에서 벗어나야 한다. 급속히 변화하는 사회에서의 역할은 사회학적 창의력을 비롯해 수익까지 창출해야 하는 것이다. 제품의 가격이나 기능은 제품에 붙은 라벨로도 충분하다. 하지만 일각에선 여전히 전통적인 방식으로 만든 광고를 요구하는 것 또한 사실이다.

광고는 표현에 있어 인간의 사회적 활동에 초점을 맞춘다. 문명사나 예술의 사이클을 생각해도 최종단계에 이르면 마지막 단계가 춤 등의 신체표현으로 응축되어 나타난다. 문화유산의 측면에서 보았을 때 예술의 출발은 우선 건축물이다. 그리고 조각에서 회화, 음악으로 이동한다.

르네상스 시대를 보면 쉽게 이해된다. 새로운 문명에 어울리는 건축물이 먼저 생기고 지금껏 없었던 구조로 주변을 장식하는 조각이 만들어졌다. 그리고 내부의 벽에 그려진 회화를 배경으로 연주된 오케스트라에 어울리는 춤이 탄생되었다. 하나의 문명이 출범한 최종단계에 이르면 여지없이 춤이라는 육체적 언어가 만들어졌던 것이다. 백화점 역시 신규 개점 광고는 건물 자체가 하나의 테마다. 먼저 건물의 표면에 어울리는 전광판이나 간판을 붙이고 거기에 입체적인 장식물을 배치하여 개성적인 건물로 보강해 나간다. 다음으로 회화나 영상물을 덧붙인다.

텔레비전을 켜면 많은 제품에서 기묘한 신체적 퍼포먼스의 몸짓 광고가 시선을 끈다. 남녀가 들판에서 춤을 추는 노트북컴퓨터 광고나 아파트 창틀 광고에도 멋진 춤이 등장한다. 광고가 문명과 예술 사이를 넘나들고 있는 것이다.

문명과 예술의 순환을 다른 각도에서 보면 언어와도 관련이 있다. 문명은 다양한 민족끼리 서로 침략 내지 정복되면서 개개의 문화나 언어가 융합하여 하나로 나타난다. 한마디로 하나의 언어로 지배당하면 몸짓까지도 그것에 의해 종속된다. 그러나 탑[3]의 붕괴로 인해 문명의 공용어로서의 표준어가 분해되면서 세계는 다원화됨과 동시에 몸짓이나 태도도 각기 자신이 태어나고 자란 국가의 고유한 정서로 나눠진

---

3 바벨탑은 한때나마 문명의 전체성을 상징했다. 인간은 종교적 신념으로 하늘까지 맞닿게 거대한 탑을 건조했던 것이다. 그런 교만함에 신(神)은 분노하여 탑을 붕괴시켰다. 그때까지 건설 현장에서 공통의 언어로 대화하며 작업했던 모두가 갑자기 말이 통하지 않게 되었다. 전체의 언어가 쪼개져 다원화된 것이다.

것이다. 신체성이라는 것도 공용어나 표준어처럼 자국어와 관련해 한 번쯤은 생각해볼 문제다. 왜냐하면 의식화된 언어보다 드러나지 않는 몸짓 안에 숨겨진 경우가 더 많기 때문이다.

〈모던 타임즈(Modern Times)〉는 1936년에 제작된 찰리 채플린의 코미디물로 당시 산업혁명을 날카롭게 비판한 무성영화다. 채플린은 부품 조립 과정에서 나사를 돌리는 단순한 작업을 반복한다. 결국에는 습관적으로 여성의 엉덩이를 나사처럼 돌리고 만다. 단순하고 반복된 작업으로 인해 관절마저 망가져 몸짓도 하나의 반응밖에 하지 못한다. 신체뿐 아니라 사고마저 부러진 나사처럼 망가진 것이다.

우리나라에서 사회적 규칙으로 여겨지는 표준어에 빗대어 이야기해보자. 경상도나 호남의 방언은 같은 말도 의미가 다르다. 그밖에 독특한 방언도 많고 뜻도 다양하다. 그러나 표준화된 문법에 의해 한정된 의미로 제한당한다. 표준화된 언어는 곧 다양한 몸짓 언어를 제한하게 되었고 결과적으로 다양했던 신체 표현은 천편일률적으로 변해버렸다.

채플린이 대량 생산의 단조로운 반복 작업에 의해 이윽고 하나의 동작 밖에 하지 못하게 된 것과 유사하다. 일상어가 중요한 것은 자신이 자란 환경과 문화의 내포라는 데에 있다. 개인의 감정이나 정서를 담은 일상어는 문명 혹은 문화의 다양성을 상징한다. 호남의 방언은 글(文)보다는 노래(歌)에 가깝다. 그래서인지 판소리의 창법을 구사하는 데는 더할 나위 없이 잘 어울린다. 그럼에도 표준어라는 인위적이며 형식적인 언어만 정확한 표현이 가능하다고 말한다.

4 ▶▶ 커뮤니케이션의 기술

우리나라의 근대는 소위 일제강점기로 모국어로서의 한국어는 생각조차 할 수 없었다. 그렇다고 일본어를 표준어로 강제해도 통일되진 않았다. 지역과 계층마다 다양한 방언을 쓰고 있어서 지금처럼 공통의 언어라는 개념이 없었다. 저마다 일본어와 사투리였고, 서로 다른 방언의 집합체로써 다언어의 사회를 이루었다. 그 당시 커뮤니케이션은 우리의 언어와 몸짓이 담긴 놀이에서 이루어졌다. 해학이 담긴 독특한 표정과 몸짓을 동반한 민담이나 설화는 저마다 의미가 풍부했고, 민족적 정서가 스며 있었다.

판소리나 탈놀이의 대사나 몸짓은 그야말로 최고의 퍼포먼스였다. 민화도 마찬가지다. 경직됐던 유교적 언어가 아니라 다양한 민중들의 의식을 내포한 커뮤니케이션에서 탄생된 것이다. 언어가 같지 않으면 누구와도 타인이었기에 커뮤니케이션이 발달할 수밖에 없었다. 탈놀이 같은 연희(演戲)나 풍속화의 출현이 앞당겨진 이유다. 고유의 언어를 지키기 위한 일종의 소통 방식이 예술로 승화된 것이다.

같은 언어를 쓴다는 동일한 민족의식이 있다면 구태여 별도의 장치가 필요치 않다. 내용을 알리는 안내만으로도 충분하다. 결국 커뮤니케이션이라는 것은 서로가 타자이고 이방인일 때 이루어진다. 비동일이라는 이종교신을 전제로 전개되는 것이다. 공통적인 문제를 나누는 등가교환이 아니라 정 반대의 상황을 위한 것이다.

광고는 그야말로 이종교신의 비등가교환을 위한 기술이다. 실제로 기업이나 제품이 세계화된 요즘은 이심전심이라는 폐쇄적인 커뮤니케이션 시스템으로서는 앞으로 나아갈 수 없다. 초창기 우리의 광고는 마치 가족이나 친척을 위한 인포메이션에 지나지 않았다. 역사 이래로 동일민족에 대한 환상이 있어 폐쇄적인 가치교환을 광고라도 믿었던 것이다.

형식언어라는 것도 극단적으로 말해 대량 생산에 있어서 최적의 수준이 최고의 상품이라는 것과 닮아 있다. 합리적인 적합성만이 최선이라는 것 역시 근대의 합리성에 지나지 않는다. 대량 생산을 최적화하는 방식도 어쩌면 형식에 지나지 않는다. 그래서 소비의 수요가 다양해졌다는 것은 자신들이 제품에 고유한 감정을 부여하고 있음을 나타낸다. 그런 점에서 광고에서 요구되는 고부가가치는 다의적이며 중첩적인 의미를 지닌다.

소비자의 욕구가 다양화되었다는 것은 대량 생산의 방식뿐 아니라 표준어에 대한 절대적인 신뢰가 과거의 것이 되고 있다는 증거이다. 자신의 지역에서 통용되는 언어의 다의성이야말로 사고의 에센스(essence)를 이룬다는 사실을 자각하게 된 것이다. 예전의 카피라이터는 그런 사실을 알면서도 사투리를 무리하게 표준어로 고쳐 객관적 사실로서의 제품에 대한 설명이라고 여겼다. 그러나 요즘 인기 있는 개그프로그램에서 경상도 청년들이 등장해 사투리와 표준어와의 차이에서 오는 오해로 시청자를 웃게 만들고 급기야 광고로까지 등장했다. 사투리는 실로 부정확하여 논리성이 결여될 수 있겠지만 표준어에서는 결코 느낄 수 없는 지역의 정서적 공감과 친밀감은 부인할 수 없다.

광고를 수익을 도모하기 위한 최고의 가치로 여기는 기업 집단은 항상 사회적 특성을 분석하고 재구성한다. 거기서 상징을 감각적이거나 선동적으로 이끄는 행위를 찾는다. 자칫 조작하는 측과 조작당하는 대중과의 사이에 격차가 해소되지 못할 만큼 확대될 위험도 있다. 상징을 조작했던 수치에 밝은 무리가 역으로 미디어에 농락당해 너덜해지는 경우다. 하지만 상징을 조작하는 애널리스트의 일은 치밀한 계산에 의해 치료의 영역에 들어가 소비자가 원하는 다양한 요구를 순화시킨다. 때때로 품질만이 전부라고 여기는 감각조차 흐트러트린다. 결과적으로 지금까지의 광고는 기업 다음의 포스트 프로덕션에 위치하는 것이 당연했다. 하지만 서비스 자체가 제품이 되는 사회에서의 광고는 오히려 뒤쪽으로 옮겨진 상황이 현실화되었다.

5 ▸▸　　그림으로 표현된 상징

광고인의 업무를 테마로 만든 미국의 드라마 〈매드맨〉이 한때 국내에서도 한껏 인기를 누렸지만, 오래전에 이와 유사한 영화가 있었다. 1961년 델버트 만이 감독한 코미디물인 〈연인이여 돌아오라(Lover Come Back)〉이다. 주인공은 락 허드슨(제리 웨버 역)과 도리스 데이(캐롤 템플턴 역)였다. 영화를 통해 제품과 광고의 사이를 패러디 터치로 풍자하고 있다.

락 허드슨은 뉴욕의 커다란 광고대리점의 중역이며 도리스 데이는 라이벌 회사의 커리어 우먼이다. 허드슨은 비도덕적인 방법으로 거래 처에서 광고를 수주하는 반면 데이는 전문성과 성실함으로 고객을 대 한다. 그러나 현실에서 그녀는 번번이 고객들을 놓치기 일쑤였다. 허 드슨의 향응이 고객들에게 더 잘 먹혔기 때문이다.

그러던 두 사람은 타임스퀘어의 거대한 벽면 광고의 간판, 즉 지금 은 삼성이나 소니 등이 등장하는 전광판의 권리를 갖기 위해 치열하게 경쟁한다. 이 매체의 획득은 단순한 수익을 넘어 광고회사로서의 상당 한 파워를 상징했다. 하지만 어느 쪽도 이 매체의 광고주를 찾지 못하 고 있었다. 거기서 허드슨은 지혜를 짜내 가공의 제품 광고를 타임스 퀘어에 건다. "드디어 수수께끼의 'X'가 발매된다"라며 화려한 네온 으로 장식했지만 제품에 대해서는 감춰져 있었다. 뉴욕 사람들은 모두 가 X가 무엇일까 궁금해 했고 급기야 내기까지 걸었다. 권리를 빼앗긴 도리스 데이는 아무래도 수상하다며 뒷조사에 착수한다.

반면 허드슨은 'X'를 실체화시킬 제품이 없을까 하고 고심했지만 발매일이 가까워져도 좀처럼 찾을 수가 없었다. 그러다가 우연히 전날 에 뉴욕의 뒷골목에서 겉으로는 달콤한 과자지만 먹으면 즉각 취해버 리는 물건을 찾아내 이것이 'X'라고 공표해 위기를 넘긴다. 그러나 데 이는 복수의 일환으로 허드슨의 회사에서 추진한 비밀 프로젝트를 빼 앗아 오기로 결심하고 미스터리한 천재 발명가에게 접근한다. 그렇지 만 그녀가 만났던 인물 역시 허드슨이었다. 그는 교묘하게 데이를 속 이며 멋진 데이트와 서비스를 즐겼다. 그러다가 데이가 무심결에 과자 를 집어 먹고 취해 허드슨에게 사랑을 고백하게 된다는 내용이다.

이 러브 코미디가 제시한 교훈은 정보화 시대에서는 광고 자체가 제품의 형식 내지 시스템까지 결정한다는 사실이다. 광고가 기업에서 만든 제품의 우위에 있게 될 것이라는 예측을 이미 오십 년 전에 영화가 예견했던 셈이다.

말할 것도 없이 제품이라는 개념은 시장에 많이 파는 것에서 성립된다. 아무리 좋은 것이라 해도 시장에 두셋 밖에 없는 물건은 제품이 아니다. 유명한 사람이 히트제품을 만들었어도 시장에 널리 팔리지 않는다면 수제품에 지나지 않는다. 광고는 제품을 널리 팔기 위한 일종의 정보활동이며 필수 불가결한 행위다. 앞서 영화 〈연인이여 돌아오라〉에서도 볼 수 있듯 실제 물건이 없더라도 판다는 광고 자체가 이미 제품을 의미한다.

그래도 정보 자체가 물건은 아니다. 그림으로 표현된 과자는 실제가 아니지만 만약 그 그림이 소비자에게 직접적인 제품으로 전달된다면 어떨까.[4] 그렇게 된다면 제품 자체가 정보라는 해석이 맞을지도 모른다. 혹 공상과학 영화에 나오던 상상들이 실제 기술들로 시현되는 현실에서 우리가 보는 광고의 제품이 실제 물질로서 소비자들에게 전달될 수 있다면 말이다.

물론 아직까지 그림으로 그린 과자가 실물이 될 수 있는 기술은 없다. 상징이라는 것도 물건에 직접적으로 부여한 기호가 아니라 '이를테면'인 것이다. 신문 광고에 제품의 실물을 붙일 수는 없다. 제품의

---

4 이러한 개념을 카달로그 기법이라고 한다.

샘플은 작지만 실체가 있는 물건이다. 그렇지만 광고는 '이를테면'이란 상징으로 제품을 전달한다. 대중은 실제의 물건이나 이성이 아닌 '이를테면'이라는 상징에 의해 움직여진다.

이라크 전쟁은 그야말로 '이를테면' 전쟁이었다. 옛날처럼 토지나 재산을 강탈하기 위한 것이 아니라 미국과 아랍이라는 두 상징 간의 전쟁이었다. 현대의 전쟁이나 분쟁의 대부분은 종교적 역사성에 의해 마치 시뮬레이션 게임 같은 형태로 일어난다. 거기에는 당연히 국민과 국가라는 상징까지도 포함된다. 또 최근에 국내외를 막론하고 대통령 선거에서 상당한 역할을 하는 이들이 바로 상징을 만드는 홍보전문가들이다. 그들에 의해 진부한 것도 새로운 의미를 가지는 탈바꿈이 가능하게 된다.

6 ▶▶▶ 텔레비전은 마이너한 미디어

텔레비전은 우리에게 소개된 지 사실 60여 년도 되지 않은 미디어이다. 처음 텔레비전 방송이 출현한 시기가 1956년 5월 12일로, 세계에서는 15번째였고 아시아에서는 필리핀, 일본, 태국에 이어 네 번째였다. 당연히 텔레비전 광고도 비슷한 역사를 지닌다. 텔레비전은 국내에 처음 소개되었을 때는 마이너한 취급을 받은 미디어였다. 물론 지금까지도 장년층이나 활자를 신뢰하는 쪽에서는 마이너라고 취급한다. 오죽했으면 아파트 거실마다 의례히 놓여있던 텔레비전

대신 서재로 꾸민 집들이 늘어날까.

텔레비전이 일반화되기 시작한 시절에 나온 유명한 은어가 '바보상자'였다. 이 말은 한때 텔레비전의 대명사로 쓰였다. "텔레비전을 보면 바보가 된다"고 말하던 시절이 어느새 반세기를 지났기에 지금쯤 엄청난 바보가 되어 있을지도 모르겠다. 역으로 말하면 영리한 면도 생겼다. 텔레비전은 인쇄매체와 비교했을 때 나름의 많은 특징을 지닌 미디어이다. 그래서 활자매체만을 접한 것과 텔레비전과 활자의 양쪽에 의해 성장한 사람과는 상상력과 감각에 있어 뭔가 다를 수도 있다.

초기의 텔레비전에는 재미있게도 하나같이 장식 문이 달려 있었다. 텔레비전을 소중하게 여겼다기보다 아이들에게는 현실의 밖에 있는 것을 보여줘서는 안 된다는 의미가 더 컸다. 다시 말해 교육적인 요소를 텔레비전에서 요구했다. 처음부터 텔레비전을 아이들에게 보이면 안 된다는 마이너한 것에서 출발했다는 것이 흥미롭다.

민간방송의 마이너함은 지금도 계속된다. 메이저가 되려고 하면서도 표현상으로 더욱 마이너한 프로그램을 만든다. EBS가 교육적인 측면에서 다양한 정보를 제공하지만 재미없다는 식과 같다. 따라서 광고는 그런 마이너한 가운데서도 한층 더 마이너한 존재라고 할 수 있다. 오죽하면 광고시간은 화장실을 다녀오는 시간이라고 할까. 누구라도 광고가 메이저였다고 기억하는 사람은 없을 것이다.

본격적인 산업화가 이루어지기 전 궁핍했던 1960~70년대의 필수 혼수품목 1위는 단연 재봉틀이었다. 싱어사에서 나온 튼튼한 미국 제품 재봉틀은 '싱가미싱'으로 불리며 고급 혼수품 대접을 받았다. 재봉질을 잘해 직접 옷을 지어 입는 것이 알뜰한 신부의 기본 소양이었다. 요즘 혼수가전으로 '3D TV'를 고르는 딸에게 "나 시집 올 땐 컬러 텔레비전만 가져가도 인기였는데"라며 회상하는 어머니도 많다. 특히 흑백 텔레비전 앞에 동네사람들이 모여 연속극을 보며 좋아했던 시절을 기억하는 세대에게 요즘 전자대리점 앞 내레이터 모델들이 건네주는 3D TV용 안경이 낯설 수밖에 없다.

1970년대 후반에 나온 샛별 텔레비전은 "핀트가 맞는 텔레비전, 선명한 텔레비전은 눈을 보호해 준다"는 광고 멘트와 함께 "순간의 선택이 10년을 좌우합니다"라는 메인 카피를 내보였고 아직도 많은 사람들의 기억 속에 있다. 1980년대는 컬러 텔레비전의 등장과 함께 전자산업이 본격적으로 성장하던 시기로 컬러 방송 출범에 힘입어 컬러 텔레비전이 인기 혼수품으로 떠올랐다. 더불어 대중의 곁에 있던 광고도 나날이 발전했다. 인쇄 미디어는 논리적으로 시대를 담았지만 텔레비전 광고는 일상적이면서도 개그적인 요소로 재미있게 만들어졌다.

그렇지만 텔레비전 광고는 순식간에 나오고 사라지기 때문에 소비자의 기억에 남기지 못하면 무용지물이다. 되도록 오래 기억되게 해야 한다는 전제가 광고에 요구하는 주문이었고 이는 텔레비전 광고의 일시적 특징 때문에 특별히 강조되었다. 그러다보니 쉽고 재미있는 것이 대중들의 기억 속에 오래 남았다. 그런 경향은 지금껏 이어지고 있다.

커뮤니케이션의 단초는 요컨대 상대방의 입장이 되어 생각하는 것이다. 사람과 소통하려면 먼저 상대방에 대해 관심을 갖고 경청해야 한다. 자기 멋대로 생각 없이 지껄이기만 해서는 어떤 친구도 생기지 않는다. 광고도 마찬가지다. 궁극적으로 소비자에게 물건을 팔기 위한 것이니까 이런 점이 좋지만 저런 쪽은 부족하다고 말할 수 있다. 하지만 그것뿐이라면 물건을 사라고 소리치는 소음과 다를 바 없다.

1980년대는 그나마도 경제 성장기였다. 컬러 텔레비전과 함께 언론통폐합에 의해 방송 및 광고의 공영화가 이뤄졌다. 광고계도 새로운 국면을 맞이했다. 컬러 텔레비전 방송이 실시되면서 색채 광고의 시대가 열렸기 때문이다. 기업이나 광고계에서도 컬러 시스템의 도입을 서둘렀다. 모두들 컬러가 지닌 의미를 기업의 이미지와 연결시켜 활용했다. 구매력을 증가시키는 가장 중요한 변수를 색으로 정해서 제품 선택을 결정짓게 하는 마케팅 기법이었다. 처음에는 제품의 색깔에서 시작했으나 1950년대 중반부터 기획의 중심이 되어 비로소 마케팅이란 용어를 붙였다. 보통 1~3가지 색을 회사의 고유 컬러로 지정하고 심벌마크나 제품포장지, 유니폼 등 폭넓게 적용했다. 색상을 이용하여 판매를 극대화시키는 전략이었다. 기업도 제조기술이 평준화되면서 색상이 제품을 선택하는 요인이란 것을 알았고 대중도 색채에 대해 감성적인 반응을 보이며 소비로 연결되었다.

기업에서 시도한 최초의 마케팅은 1920년 미국에서 나온 파커의 빨간색 만년필에 대한 것이었다. 당시만 해도 여성용 만년필은 크기가 조금 가늘었을 뿐 남성용처럼 검은색과 갈색이 전부였다. 그런데 파격적인 빨간색을 도입하여 여성용 만년필시장을 석권하였다. 컬러 텔레비전이 국내 모든 가정에 등장하면서 컬러가 생활 곳곳에 스며들어 빨간색 파커 만년필의 유통에 영향을 미쳤던 것이다.

코카콜라의 성공 이면을 보면 특유한 맛보다는 병의 모양과 로고 등에 의한 광고가 상당한 영향을 주었다. 125년의 역사와 함께한 서체나 병의 모양 그리고 광고 카피까지 지금껏 거의 변함없이 그대로 사용하고 있다. 이렇듯 다른 제품과 구별되는 독특한 브랜드 상표를 만듦으로써 사람들에게 오래 기억시키며 친숙함까지 느끼게 한다. 마케팅 영역에서도 빨간색만 고집하고 있다. 심지어 산타클로스 하면 떠오르는 빨간색 외투와 흰 콧수염도 코카콜라가 마케팅을 위해 만들어 낸 이미지였다. 그전까지는 전 세계의 산타클로스에 대한 전설과 그를 부르는 이름과 옷이 지역마다 조금씩 달랐다.

펩시콜라의 파란색과 코닥의 노란색 역시 널리 알려진 전형적인 제품의 상징색이다. 흰색은 순결의 색으로 웨딩드레스에서 즐겨 입고, 검정은 고급스러운 색이며, 파랑 리본은 지도력을, 자주색은 영국에서 충성도를 나타낸다. 그리고 녹색은 그린피스나 건강 등을 표현하는 환경과 건강의 색으로 인식되어 있다. 제품에 있어 샤넬의 노란색은 자부심을 나타내고, 티파니의 파랑은 고급스런 품질을, 풀무원의 녹색은 깨끗함과 신선함을 드러낸다.

흥미로운 것은 실제로 광고를 보지 않은 사람들도 그 제품에 대해 말한다는 것이다. 재미있는 광고라는 입소문이 많이 나면 "그거 재미있던데, 봤어?"라는 대화로 알려지는 것이다. 입소문을 탄다는 것은 광고에 있어 매우 중요한 요소다. 간혹 그런 광고를 어떻게 클라이언트에게 승낙을 받았냐는 질문을 받는다. 사실은 하나만 만든 것이 아니고 몇 가지 버전을 만들어서 한꺼번에 보여주었더니 의외로 아리송

한 것이 선정된 경우였다. 그다지 대단할 것은 없는 평범한 것보다는 차라리 다양한 이미지를 가져다붙인 모호한 것이 재미있게 전달된다는 사실이다. 텔레비전 광고에 있어 진정으로 중요한 것은 극도의 상징성을 함축된 한마디와 색채감 있는 장면이다. 사람들의 입에 오르내릴 한마디로 인해 순식간에 널리 알려질 수 있다.

7 ▸▸ 광고음악

광고음악은 텔레비전이나 라디오를 비롯한 여러 모바일 기기에서 광고 효과를 높이기 위해 제작된 음악으로 가사에 제품 이름이 들어가지 않은 이미지 송과는 구별된다. 지금은 창작보다는 팝송이나 해외 유명 뮤지션의 음악들이 대신하지만 한때 광고에 있어 중요한 부분을 차지하던 것이 제품에 맞춰 창작된 광고음악이었다. 1959년 4월 'ABC 청춘신보'와 'ABC 행진'이라는 광고음악을 통해 "ABC 오백 번 크림 바르면 비단같이 분결같이 고와집니다" 등의 가사로 코믹하게 화장품과 포마드를 선전한 것이 최초였다. 당시의 광고를 위한 음악은 오리지널 곡을 쓰는 방식이 주류였다. 그렇지만 지금은 작곡가가 중심이 되는 것이 아니라 광고의 제작사나 연출자가 기존의 음악 중에서 선택해 덧붙이는 방식을 택하고 있다.

광고음악이 부각된 시점은 민간방송이 출범하고 광고가 본격적으로 시작한 때부터다. 지금까지도 귀에 익은 유행가 같은 광고음악은 모두 그 당시에 나온 것이다. 멜로디가 단조로워 그다지 음악적인 맛은 없지만 제품명이 들어있다는 것이 특징이다. 신상품이 시장에 나오는 즉시 이목이 모아지던 시대의 얘기다. 예를 들어 세탁기만 해도 주부들의 노동시간을 단축해주는 편리한 제품이기 때문에 당시에는 이런 물건은 누구나 갖고 싶어 했으니까 브랜드의 경쟁이라기보다는 독특한 성능이 있다고 알려주는 것만으로도 광고가 되었다. 광고가 편리함의 홍보로 통했던 시대였다.

광고음악은 라디오나 텔레비전이 일상생활에 뿌리 내리게 되면서 탄생되었지만 단순한 음률과 재미있는 가사로 인해 유행처럼 시중에 널리 퍼졌다. 그러자 대중가요를 만들던 음악인들이 점차 광고음악에 손을 대었다. 대중적 인기와 경제성으로 인해 경쟁하듯 뛰어들었던 것이다. 그런 과정에서 광고음악이라는 장르가 확립되었다. 대부분은 제품이나 기업명을 알리기 위한 반복기법을 사용했다. 가사의 내용에서도 "하늘에서 별을 따다 하늘에서 달을 따다 두 손에 담아드려요. 오~란~씨" 같이 예쁘고 동화적인 요소를 많이 담았다. 제품에 관해 편리성을 설명하던 것에서 유사 제품들이 쏟아져 나오자 어떻게든 자신들의 제품을 상기시키기에 매달린 것이다. 소비자의 시선을 끌고 효율성을 높이기 위한 수단으로써 광고음악의 부각은 지금도 여전히 계속되고 있다.

1970년대 소위 비틀즈 붐이 일면서 한국에서도 통기타를 치며 노래하는 세대가 등장했다. 당시에는 멜로디를 오선지에 쓸 수 있는 사람이 많지 않았고 그래서 음악들이 대체로 통속적이었다. 포크송은 분위기를 만드는 형식인데 한편으로 인간다움을 되찾고자 하는 철학에 기초한 유사한 형태의 광고음악이 등장했다. 이른바 발성을 배우지 않은 그대로의 순수한 목소리였다. 군사정권이라는 엄혹한 시대의 저항 문화가 광고음악을 포크 조(調)로 만들었던 것이다.

전후 세대는 경제개발과 함께 아파트라는 주거공간과 핵가족화로 인해 새로운 마켓이 생겨났다. 이것도 포크의 흐름에서 보면 가족적이고 따사로운 음악을 붙이게 된 배경이라 할 수 있다. 맥주 광고는 패기 넘치는 청년들이 등장하고 음악도 발랄해졌다. 파워 넘치는 배경음악이나 젊은이들의 자유롭고 활기찬 모습으로 시선을 끌고자 한 것이다. 1980년대 이후는 오락적인 재미를 추구한 엔터테인먼트도 등장한다. 간혹 넌센스류의 코믹에서 철학적인 광고음악도 나왔지만 모두가 사운드 로고 정도였다. 광고문구도 음악 같은 리듬을 지니고 있었다. 무엇보다 대사로 전달하는 메시지가 있었기에 그다지 음악이 필요하지 않았다.

사람들에게 있어 과거나 현재도 변하지 않는 갈망은 먹는 즐거움이다. 편리하고 손쉽게 취할 수 있기 때문에 친숙한 패스트푸드처럼, 대중에게 사전에 잘 알려져 있고 매출에 결부시켜도 효과가 높기에 창작된 광고음악보다 다양한 음악에서 재편집된 배경음악을 차용했다. 이때 음악은 제품을 부각시키려는 목적을 가졌다기보다 배경으로서의 역할에 충실했다. 음악이 중심이 되어 제품을 기억하기 쉽게 선전하는 것이 멜로디라면 일종의 하모니로서의 역할을 지녔던 것이다.

광고음악을 선택할 경우에 그것을 중심으로 할지 아니면 배경으로 할지에 대해 여러 단계의 숙고를 거듭한다. 제품명을 어떻게든 부각시키려 할 경우에 손쉽게 차용하는 것이 노래이다. 이럴 땐 가사나 멜로디 안에 제품명이나 회사명을 집어넣으면 된다. 멜로디의 테마에 제품 혹은 기업을 결부시키는 것이다. 무심코 한 번만 들어도 기억할 만한 쉬운 멜로디로 마치 예전부터 들었던 것 같은 친근한 기분을 주지만 제품이 음악 안에 완전히 스며들어 광고라는 기분이 그다지 들지 않게 하는 경우다. 제품에 따라 조금씩 다르지만 오로지 이름만을 부각시키는 경우와 느낌 내지 이미지만으로도 전달하는 방법이 있다.

대중들의 머릿속에는 다양한 정보들이 잔뜩 들어있어서 음악을 들으면 어떤 풍인지 금세 알아챈다. 그래서 특별히 지역성이 강한 것은 유의하는 데 순간적인 착각으로 내보내는 경우가 있다. 음악을 듣고 그것이 동해안이라거나 혹은 밝거나 우울한 분위기라는 미세한 감각까지도 안다. 그래서 음악을 세분하여 느끼지 않도록 만든다는 것은 사실상 어렵다.

그러나 방송에서의 테마곡처럼 대사가 없는 음악은 멜로디에 개성을 뚜렷이 각인시킬 필요가 있다. 대사가 없는 만큼 짧은 시간에 소비자의 호기심을 끌기 위해 강하게 어필하는 경우다. 대사가 없는 음악이어도 개성이 강하면 곤란한 예도 있다. 설명적인 내용이 필요해 내레이션을 넣을 때도 음악이 전면에 나서면 곤란하다. 광고의 구성이나 방송에의 노출 빈도가 지나치게 많을 때 개성이 너무 강하면 받는 쪽에서 거부반응을 보이기 때문에 적당한 조절이 필요하다.

다른 방법으로 음악으로 표현하지 않고 배경음악으로서만 사용할 때를 들 수 있는데 요즘의 트렌드인 자연풍의 음악이 이런 용도로 주로 사용된다. 식품도 자연식품을 선호하듯 음악도 환경음악이 대세다. 이는 생활여건이 점차 산업화, 도시화되기에 광고에서나마 가능한 한 자연과 가까이 다가가려는 움직임으로 20세기 전반에 나타난 '신고전주의'[5]는 조성체계를 포함한 전통적 음악양식과 음악관을 현대적으로 수용한 경향이다.

지금까지 광고음악을 멜로디가 강한 것부터 배경적 분위기가 높은 것까지 나눠봤다. 배경음악 즉, 백그라운드 음악도 하나의 포인트다. 배경음악에는 여러 가지가 있어서 음악요법과 테라피에도 쓰인다. 자연지향의 환경음악과 동의어처럼 쓰이는 경우도 있다. 배경음악만을 모아 호텔의 로비나 거실 등에서 틀어주기도 하며 바로크 음악류를 편집해 항상 틀어놓는다. 현대인들은 무언가 소리가 나지 않으면 마음이 안정되질 않는다. 배경음악도 일상생활에서 음악을 듣고 싶어 하는 사람을 위해 존재하는 셈이다.

현대인은 다소 주장이 강한 음악보다는 분위기에 어울리는 음악을 좋아한다. 그러나 광고주인 기업 측은 이러한 특성에 대체로 무반응하

---

5 낭만파의 감정과다(感情過多)한 예술에 대한 반동으로서 발생한 20세기 음악의 한 경향으로 대표적인 인물을 꼽는다면 프랑스 출신의 6명의 작곡가 그룹인 '6인조'를 들 수 있다. 1918년 '새로운 젊은이(Nouveaux Jeunes)'란 이름 아래 발표회를 열었는데 러시아의 '5인조'에 빗대어 '6인조'라는 명칭을 사용한 이후 대중적으로 널리 알려졌다. '6인조'란 에릭 사티(Eric Satie)를 정신적 스승으로 하여 프랑스의 진보적인 젊은 작곡가로 구성된 그룹을 일컫는 용어다. 6인조에 커다란 영향을 준 에릭 사티는 '가구의 음악(musique d'ameublement)'을 만들었는데 감상을 위한 것이 아니라 가구처럼 있는지 없는지 모를 음악을 지향했다. 예술의 일상성을 강조했으며 지나친 감성적 성향을 멀리하고 일반인들도 이해할 수 있는 단순함을 추구하였던 것이다. 그래서 거대한 편성이나 복잡한 화성학 대신 소규모의 편성이나 단순한 화성만을 사용했다. 음악이 표현의 중심이 되어서는 안 된다는 것은 오로지 감정에 호소하는 식의 멜로디는 곤란하다는 뜻이다.

다. 오히려 성격이 강한 멜로디나 효율성이 높은 음악에 관심을 기울인다. 그러나 소비자의 감각 채널은 다양화되어 있다. 광고에는 먼저 영상이 있고 표현의 중심에는 제품을 비롯해 탤런트나 동물, 애니메이션 등 비주얼적인 요소들이 뒤섞여 있다. 그 다음에 음악과 SE(sound effect), 즉 효과음이 뒤따른다. 혹은 ME(music effect)라 불리우는 음악과 SE의 중간적인 것이 전면에 나올 경우도 있다. 내레이션과 대사는 물론 음악과 효과음을 살려 외국어 더빙도 가능하다. 적어도 하나의 광고 안에 이만큼이나 다양한 요소들이 숨어있다.

결과적으로 제품, 탤런트, 배경의 풍경, 음악, 내레이션 등이 겹쳐져 시청자에게 다가온다. 애초에는 전체가 하나로 정리된 구조였다. 제품의 곁에는 멋진 탤런트가 있고 아름다운 풍경을 담은 배경과 분위기 있는 음악이 그럴듯한 내레이션과 함께 실린 일종의 모노채널이었다. 그러나 이제 이런 식의 광고는 먹히지 않는다. 진부해 소비자들이 관심을 갖지 않는다. 가능하면 세분하여 조각내보자. 그림과 음악이 조화를 이뤄 멋진 이미지로 통일되어 있다면 그것을 내레이션으로 어긋나게 하는 식이다. 이 그림 속에 어째서 삽입되었을까 싶을 정도의 음악을 붙이는 방법도 있다. 그렇게 토막 내면 받아들이는 쪽에서 호기심이 유발된다. 보여주는 게 하나가 아니라 여러 가지라 더욱 재미있고 보는 쪽도 세세하게 읽어 주기에 그런 구조가 효율성 측면에서 훨씬 낫다.

현대인은 여러 채널을 동시에 공유하길 좋아한다. 스마트폰을 보며 회의를 하거나 음악을 들으면서 책을 읽는, 이른바 멀티족이다. 다양한 기기와 채널이 생겼고 그것을 받아들이는 능력 또한 뛰어나 하나의

   광고의 진화

방식으로 전달하는 것은 비효율적이다. 이전에는 행복한 가족의 풍경이면 오늘보다 내일이 더 낫다는 희망찬 내레이션이 반드시 들어갔다. 지금은 그런 것이 아무런 자극도 되지 않기에 그냥 의문 부호로 남겨두는 편이 그나마 사소한 주의라도 끌 수 있다.

채널 안에서 그나마 주의를 끌 수 있는 요소는 말이라고 할 수 있다. 말은 음악과 마찬가지로 귀로 받아들이는 청각적 요소로서 비교적 직접적인 의미를 가지고 있지만 '소리' 자체로서의 실체도 가지고 있다. 물론 사람들은 말(언어)의 의미 영역을 크게 여기다 보니 정보를 전달하기 위한 도구라는 선입관을 가지고 있어 '소리'라는 실체를 간혹 잊기도 한다. 하지만 인근 아시아 국가들의 말과 영어를 비롯한 프랑스나 독일 등 유럽 각국의 언어를 듣다보면 자신이 잘 모르는 쪽의 언어에 특별한 관심을 기울이게 된다. 의미를 알 수 없는 언어이지만 하나의 소리로서 주의를 끌게 되는 것이다. 이때 언어는 의미를 전달하기 위한 도구로써의 실체라기 보다 소리로서의 실체로 부각된다. 이러한 말이 갖는 힘을 재인식한다면 음악이 광고에서 유용하게 활용될 수 있다. 말은 소리 그 자체로 특별한 무엇이 될 수 있다는 것이다. 이러한 특징을 반영해 실제로 최근 목소리 광고가 많이 나오고 있다. 인기 연예인들이 직접 얼굴을 내밀지 않고 목소리 출연만 하는 스타 내레이션 광고가 그것이다. 어느 신차 광고에서는 목소리만의 광고영상을 내보내 화제가 되기도 했다. 스타의 목소리를 내세우는 광고의 장점은 신뢰성과 친근감이다. 이를 통해 언어가 단지 도구가 아니라 그 울림만으로도 음악처럼 전달될 수 있는 가능성을 엿볼 수 있다.

03 | 광고의 요소

1 ▶▶ 광고의 네 가지 요소

광고는 한 사람에 의해 만들어지는 것이 아니다. 광고는 각 파트의 전문가들이 이루어 낸 협업의 산물이다. 간혹 이러한 점을 잊고 지나치게 자신의 생각에 몰입해 주관에 치우치는 경우가 있다. 이때 처음부터 이런 문제를 의식하고 있으면 많은 도움이 된다. 그리고 광고가 어떤 작업을 거치고 어떻게 만들어져 소비자를 만나게 되는지 전체상을 파악할 필요도 있다.

광고를 만드는 데 필요한 네 가지 요소에 있어서 가장 주의해야 할 점도 지나친 주관과 편견이다. 시작은 자료의 확보이다. 이것은 발매 단계에 놓인 기업에 있어서 비밀에 속한 사항으로 가공되지 않은 자료가 가능한 많이 필요하다. 두 번째가 대상이며 누구에게 전달할 것인가를 파악하는 일이다. 세 번째는 어떤 매체를 통해서 전달할 것인가를 결정하는 것이다. 그리고 마지막으로 어떻게 나타낼 것인가 하는 기술적인 부분으로 이는 ‘표현’의 측면에 있어 매우 중요하다.

그럼 광고를 제작하는 데 있어서 염두해야 할 것을 대략적으로 살펴보자. 제품에는 나름의 정보와 소비할 대상이 있다. 누군가 구입하고 사용하길 바라는 유저(user), 즉 예상 손님이다. 이들에게 어떤 채널로 전달할 것인가에 대해 선택을 하는 것이다. 인터넷을 비롯한 텔레비전과 신문, 그리고 잡지도 있지만 요즘은 전광판이나 포스터의 가치도 상당하다. 그밖에도 여러 매체가 있다. 특히 온라인상에서는 너무나 많은 방식이 새롭게 선보인다. 한편 오프라인에서는 제품을 배달하는 직원에게 입힌 유니폼이 매체가 되기도 한다. 직접 사람의 눈과 마음에 기억을 남길 수 있는 기법이다.

기술적인 부분에서 또한 중요한 것은 광고문구이다. 그런 의미에서 카피라이터의 언어도 중요하지만 개성이 살아있지 않은 문장이라면 조잡한 대사와 다름없다.

하나의 예를 들어 설명하면 주류회사에서 새로운 위스키를 발매한다고 하자. 먼저 이 제품이 언제 시판되며 가격과 용량 그리고 맛이나 향 등의 질적 특징과 병의 형태나 라벨 등 외장에서부터 타사의 경합제품과의 차별성을 따지게 된다. 그리고 자사 안에서 제품의 자리는 어느 위치에 둬야할지 혹은 판매 방법에 따른 차별화의 방안도 고심하게 된다. 그밖에 패키지 제품으로 3병을 산다면 1병은 덤으로 주는 캠페인이 있는지 등도 중요한 정보가 될 수 있다. 덧붙여 네이밍, 즉 제품명은 어떻게 할 것인지에 대한 결정도 해야 한다. 한편 이러한 결과

    광고의 진화

는 모두 기업 측에서 발표하지만 관련된 내용은 광고회사에서 만들어진 것들이다. 물론 이러한 작업의 목적은 제품을 구입할 대상, 소비자임을 잊지 않아야 한다.

그렇다면 제품마다 판매대상이 있다는 것은 어떤 의미인가. 먼저 컴퓨터는 젊은 층이 중심이다. 화장품은 피부관리에 관심이 많은 여성이며 세탁기는 여성, 그보다 더 구체적으로 주부를 타겟으로 할 수 있다. 실제로 각 제품이 필요한 세대나 계층을 대상으로 하는 것이다. 컴퓨터는 실시간의 정보교환과 업무의 효율성을 중요하게 생각하는 사람, 화장품은 멋 내기를 좋아하는 사람, 세탁기는 그것으로 가사의 편리함을 원하는 소비자를 향해 광고를 하는 것이다.

앞서 예로 든 위스키의 경우는 어떨까. 크게는 가격이나 순도로 나뉠 수 있다. 대단히 고급스러운 위스키라면 사회 1년차의 초년생을 대상으로 삼지 않고 어느 정도 경제적인 여유와 사회적 지위에 있는 소비자를 향할 것이다. 소주처럼 가볍게 마실 수 있는 술이라면 샐러리맨들이나 서민에게 집중한다. 이처럼 정보의 목적과 방향에 따라 대상은 바뀌게 되는 것이다.

우리는 대상을 보통 타겟이라고 부른다. 이 단어의 본래 뜻은 '목표'로서 한마디로 정보가 향할 표적이다. 제품 타겟에 대한 예측이 맞았다면 정보가 타겟의 마음에 인상 깊게 남아 한 번쯤 사고 싶다는 욕심을 갖게 된다. 따라서 표적을 정해 광고한다는 것은 이미 목표를 알고 있는 것이나 다름없다. 이때 광고 및 홍보의 방법은 인쇄매체를 비롯해 인터넷이나 방송, 전시나 견본, 경품 증정과 같은 이벤트 등 여러 가지가 있다. 광고는 심지어 텔레비전 스포츠중계를 통해 볼 수 있는 운동선수의 유니폼으로도 진행된다. 그 결과 우리는 주변에 광고매체가 아닌 것이 없을 정도의 광고의 홍수 속에 살고 있다.

매체라고 불리는 미디어란 단어는 '미디엄(medium)'이라는 단어의 복수형으로 중간에 있는 것이라는 뜻이다. 즉 중립에 선다는 의미로 벌이나 나비처럼 꽃가루를 붙이고 이쪽저쪽으로 돌아다니는 것이 미디어다. 민들레의 씨는 바람이, 나무열매는 새가 미디어다.

그렇다면 어떻게 효과적인 매체를 만들 수 있을까. 필자는 지난 총선에서 한 후보자의 아내가 서민성을 부각하기 위해 매일 공중목욕탕에서 사람들의 등을 밀었다는 기사를 읽은 적이 있다. 이 경우 공중목욕탕이 매체가 되는데 지금은 이 정도 유연성을 갖고 접근해야 한다. 인터넷이나 방송 그리고 인쇄물에 집착하지 않는, 그야말로 경계가 없는 매체를 생각해야 하는 시대다.

광고를 제작하는 데 있어서 앞서 이야기한 과정보다 가장 먼저 선행되어야 하는 것은 시장을 조사하는 것이다. 신제품이 왜 필요한지에 대한 배경을 설정하는 것이다. 다음은 대상에 대한 조사와 미래를 예측하는 작업이다. 매 순간 소비자의 취향을 파악하는 것이 결코 쉬운 일이 아니다. 많은 자료와 데이터를 통해 시장을 조사, 분석하겠지만 완벽할 순 없기 때문이다. 하지만 가능한 정확도를 높이고 시시때때로 변화하는 환경에 대처하기 위해 온갖 매체를 최대한 활용하여 정보를 수합하고 분석, 측정한다. 한편 이 과정에서는 어떤 시간대에 내보내면 어떤 계층과 세대가 보고 효과를 얻을 수 있는지에 대한 분석도 진행된다.

사실 많은 사람들이 광고를 카피라이터나 디자이너들의 작업으로 떠올리지만 알고 보면 정보취합을 포함해 각 분야에서 여러 파트의 사람들이 함께 진행한다. 물론 예전에는 카피라이터와 디자이너만으로 광고를 만들었다. 하지만 텔레비전에 이어 컴퓨터나 모바일 기기 등 소비자들이 광고를 접할 채널이 많아지면서 역할도 세분화되고 다양화되었다. 아트 디렉터를 비롯해 카피라이터, 디자이너, 일러스트레이터, 촬영기사, 조명기사, 사진작가, 스타일리스트, 플래너, 엔지니어, 모델, 메이크업, 내레이터, 편집자 등 수없이 많은 파트의 인원이 동원되어 하나의 광고가 만들어진다. 특히 세분화가 가장 두드러지는 대표적인 파트는 연출 분야이다.

한편 '표현'이란 소비자에게 기억하기 쉽고 동시에 재미있으며 창의적인 아이디어를 통해 메시지를 전달하는 것이 목적이다. 이 '표현'은 광고의 네 요소 중 세 가지 요소, 정보(What), 대상(Whom), 매체(How)를 포괄하여 고려해야 한다. 수많은 표현 방법 중 이 요소들을 통해 선택되는 것은 한정되어 있거나 특수하기 때문일 것이다.

결과적으로 광고는 눈에 잘 띄며, 이해하기 쉽고 타인의 시선을 잘 이끌어야 한다. 아무리 잘 만들어도 소비자가 관심을 기울이지 않으면 소용이 없다. 되도록 많은 사람들이 보는 것이 중요하다. 한때 잠시나마 난해한 광고가 유행한 적이 있긴 했다. 보기 어려워 사람들이 무엇일까 생각하게 만드는, 즉 단순하게 정보를 메시지로 던지는 것이 아니라 보는 사람으로 하여금 생각하게 하는 방식이다. 하지만 대중은 두 번 생각하게 하거나 귀찮은 광고에 관심을 기울여주지 않는다. 또 아무리 눈에 잘 띄고 이해하기 쉬워도 멋진 화면을 통해 호감을 안겨주지 않으면 안 된다. '무드 광고(Mood AD)'처럼 광고 수용자의 기분에 알맞도록 맞춰 제품을 소유하거나 서비스를 받음으로써 느낄 수 있는 만족감, 즐거움, 쾌감 등을 담아야 한다. 주로 화장품이나 패션, 의류, 음료 등 인간의 원초적인 욕망에 호소하는 동기에 의해 만들어지며, 제품의 필요성을 논리적으로 설득시키는 광고와 대립된다.

다양한 정보에 의미 있는 가치와 형식을 부여하는 것이 표현이다. 거기에는 전문적인 기술이 필요하며 그 역할을 광고인이 한다. 그래서 광고인에게는 상당한 전문성과 기량이 요구된다. 멋진 광고를 만들고 싶다는 일념에 엄청난 열정을 쏟아도 기분만으로는 만들어지지 않는다. 머릿속에 기막힌 표현이나 문구가 떠올라도 막상 써보면 의외로 진부한 경우가 많은데 이를 그림이나 영상으로 떠올려 보았을 때 비로소 깨닫게 된다.

머릿속에서 그려지는 아이디어의 잔영은 아무것도 아니다. 영상이나 인쇄물로 재탄생되어 사람들의 눈에 맞닥뜨려야 비로소 광고가 되기 때문이다. 이미지는 금세 바뀌며 마음만으로 그 어떤 것도 전달되거나 남겨지지 않는다. 그것을 기술적으로 표현하는 것이 광고다. 그러므로 카피라이터는 항상 자신과 언어 사이에 놓인 거리를 좁히려는 자세가 필요하다. 유연한 사고로 고정관념이나 상투적인 단어에 사로잡히지 않도록 매번 자신을 컨트롤해야 한다.

덧붙여 광고는 지극히 경제적이면서도 문화적인 것이다. 즉흥적인 발상으로 하루아침에 만들어지는 것이 결코 아니다. 치밀한 계획 아래 하나의 콘셉트를 기준으로 다수의 전문가에 의해 만들어져 기업의 수익을 도모할 수 있어야 하는 일종의 경제 행위다. 수익이라는 것은 경제적인 것은 물론 사회적인 평판이나 호감 같은 비물질적인 것까지 포함한다.

이는 공공성을 지닌 공익 광고 역시 마찬가지이다. 예를 들어 공공기관에서 공익적 성격의 캠페인 포스터를 제작한다고 하자. 이럴 경우 카피라이터나 디자이너 혹은 모델을 비롯한 카메라맨에 대한 경비나 인쇄에 소요되는 비용 등 모든 경비는 국민의 세금으로 지불된다. 한편 경제적인 이득을 추구하는 기업 역시 광고 제작비용은 남아도는 돈으로 예산을 편성하여 지불하는 것이 아니라 주주를 비롯한 종사원들에 대한 커다란 책임 아래 비용을 지불한다. 정리하자면 광고 제작은 어떠한 경우라도 경제행위와 맞물리며 그에 대한 책임이 뒤따른다.

또한 경제행위는 기업이 요구하는 나름의 문화성과도 관련이 있다. 우리의 전통문화를 알리거나 세계 여러 나라의 문화를 소개하는 것처럼 다시 보고 싶은 마음이 들게 하는 것이다. '시리즈 광고(Series AD)'[1] 처럼 다음에 무엇이 나올까 궁금해 하는 팬이 생길 정도가 되어야 한다. 그런 주도면밀한 기획이 가능한 것은 광고가 집단창작에 의한 것이기 때문이다.

---

1 '시리즈 광고'는 하나의 테마가 연속적으로 이어지는 방식이다. 식품회사에서 요리 프로그램을 통해 반복하여 광고하듯 계속해 이어지는 것이 보통이다. 때로는 잡지를 통해 몇 년에 걸쳐 연속적으로 내보내는 경우도 있다. 시청자를 자연스럽게 교육하게 됨으로써 친근감을 얻는 이점이 있다.

2 ▶▶▶ 　　　매력적인 궁금증

　　　　광고 속에는 제품이란 것이 숨어있다. 즉 제품이 커다란 전제 조건이 되는 셈이다. 발상의 조건이 아닌 힌트로서 그것을 잘 전할 수만 있다면 무엇을 선택해도 상관없다. 그렇지만 막상 시작하면 마음이 급해져 가능한 빨리 제품에 대해 말해 버리고 싶은 기분에 빠진다. 가능한 숙제를 빨리 해치우고 좋아하는 것을 하고 싶다는 심리이거나 반대로 좋아하는 일 속에 숙제를 넣고 싶은 기분일 수도 있다.

　그럼 어떤 발상법이 효과가 있을까. 먼저 제품을 받게 되면 가능한 혼자 조용한 곳에 앉아 한동안 눈싸움을 해보는 것이다. 아무런 생각 없이 찬찬히 들여다보는 것이 좋다. 책상 위에 둔다면 업무 중에도 수시로 관찰할 수도 있다. 처음에는 달랑 눈앞에 있는 제품만이 보일 것이다. 줄곧 본다고 해서 대단한 아이디어가 떠오르는 것은 아니겠지만 제품과의 접점을 찾을 수 있는 실마리를 찾을 수 있을 것이다. 제품과 자신을 어디부터 연결할 것인가를 찾아낸다면 일단은 성공이다. 접점이 어떤 종류의 것인가 하는 것을 대략적으로나마 알 수 있기 때문이다. 코믹한 것이 좋은지 아니면 일상적인 것 내지 역동적인 것이 좋을지 힌트가 보인다. 물론 힌트란 것도 대단히 막연해 어디서부터 어떻게 해야 할지조차 알 수 없다. 믿을 수 있는 것은 직감밖에 없다. 그 힌트를 붙잡을 수만 있다면 나머지는 자신이 이미 알고 있거나 지금까지 경험한 것에서 어떤 식으로 할지의 결정이 가능하다.

매력적인 질문을 만드는 것이 광고의 역할이라고 봤을 때 이러한 견해에 이견이 있을 수 있다. 분명한 것은 어느 한쪽에 아이디어가 있고 반대편에 제품이 놓여있다는 사실이다. 따라서 아이디어를 제품에 맞추지 않으면 안 된다. 광고란 자신이 제품에 대해 어떻게 생각하는지라는 사고의 제시, 그것뿐이다. 그렇지만 그것이 결코 정답을 내놓아야 한다는 말은 아니다. '0+0=0'이라는 등식으로 생각하면 쉽게 이해될 것이다. 광고란 '0+0='이라는 등식을 만들어 내는 작업이다. 결과의 '0'이라는 답을 내어서는 안 된다. 그런데도 아직까지 광고를 해답을 내놓는 일이라고 여긴다. 그런 것은 아무도 알고 싶어 하지 않고 그저 매력적인 무엇인가만 원할 뿐이다.

답은 누구도 알 수 없다. 문제를 만든 자신조차 몰라도 된다. 일각에선 아직도 아이디어와 제품이 하나로 묶이지 않으면 안 된다고 여기지만 그렇지 않다. 아이디어란 광고인 자신과 제품 사이에서 다리의 역할을 하는 것이다. 광고는 제품 자체를 설명하는 것이 아니라 다리를 이야기하는 것이다. 그러므로 광고를 기획할 때 제품과 자신이 어떤 관계인지, 그 고리에 대해 말하는 것이 좋다. 광고기획이라는 것은 어찌 보면 대단히 사적이며 개인적인 일이다.

제품은 스스로 어떤 것도 말하지 못하는 무생물이다. 그래서 다리를 건너야 한다. 소비자가 관심을 갖고 눈길을 보내야만 비로소 제품으로부터 무언가가 되돌아온다. 제품은 항상 거기 있을 뿐이지 혼자서는 어떤 것도 하지 못한다.

현장에서 가장 흔히 접하는 기획안은 물음은 없고 답만 나열한 것이다. 그런 것은 주변에 널려있다. 한 가지라도 다리가 되는 걸 찾아보자. 그렇다고 아이디어의 전부가 광고로 만들어질 필요는 없다. 영화 같은 색다른 표현을 하고 싶다는 사람도 있지만 그것이 광고에 맞지 않는다고 생각하는 사람도 있다. 다리에 대해 아무런 생각도 하지 않고 오로지 자신과 제품이 연결되기만을 원했기 때문이다. 표현에 있어 '나는 그렇게 생각한다'는 자신의 의견을 제시하는 것이지 '그것이 답이다'라고 결론 내리는 것이 아니다. "나는 이렇게 생각하는데 여러분은 어떻습니까?"라는 물음은 그것이 그렇다라는 확정적인 대답이 포함되는 것은 아니다. 그런 의미에서 필자는 답이 먼저 나와 버린 기획안에 특별히 관심을 기울이지 않는다.

하지만 기획이란 것이 지극히 개인적인 것이라고 말했어도 '나는 그렇게 생각한다'를 가까운 친구만이 알아주어서는 안 된다. 광고의 경우 대부분 텔레비전을 통해 내보내기에 불특정 다수의 대중에게 전달된다. 친구 정도의 범위에서 통용되는 것이 불특정 다수의 소비자들에게 받아들여진다면 이상적일 수도 있겠으나 그 수준에서 멈춰 버렸다면 어떻게 좀 더 흥미를 갖게 해줘야 할지를 고민해야 한다. 그렇게 하지 못하면 설령 다리를 찾았다 해도 좋은 광고가 되기 어렵다.

사실 자신의 아이디어가 어느 정도 범위까지 영향을 미칠 수 있을지 예측하기란 쉽지 않다. 많은 경우 얼마 지나지 않아 쓸모없는 것이 되어버린다. 광고 개시 시점에서 어디까지 얼마나 가닿을 수 있을지가 문제다. 또는 스스로 기발하다고 생각한 기획이 의뢰인 측에서 받아들여지지 않는 경우도 있다. 아이디어가 좋거나 그렇지 못해서가 아니라

이 역시도 어디까지 통용될 것인가에 대한 체크가 부족했기 때문이다. 다시 말해 전파의 주파수가 각기 다른 것처럼 커뮤니케이션의 종류가 달랐던 것이다.

다시 말하지만 광고는 자신이 제품을 어떻게 생각하는지에 대한 주문이다. 광고가 불특정 다수에게 얼마만큼 가닿을지 체크가 가능하다면 누구라도 어느 수준까지는 만들 수 있다. 이를 이해하지 못하면 자신이 느끼는 흥미로움을 소비자에게 응석받이처럼 제시하는 꼴이 되고 만다. 그렇게 되지 않기 위해서 가능한 이 부분만은 숙지해야 한다. 이는 처음 기획안을 만들 때 명심해야 할 사항이며 업무에서 무의식적으로 행하는 일이기에 더욱 주의해야 한다.

실제로 문제가 되는 것은 자신의 아이디어가 어느 정도의 수준에 있는지에 대한 기준이다. 객관적인 관점에서 100점 만점에 얼마를 줄 수 있을까? ‘자신에게 있어서’라는 안쪽과 ‘광고 내에서’라는 바깥쪽은 일정한 갭이 있다. 자신은 아직까지 30점 정도밖에 되지 않기에 보일 정도가 못 된다거나, 80점 정도는 되니까 프레젠테이션을 해봐도 괜찮을 것 같다는 등의 기준을 스스로 결정해야 한다. 자신의 생각에서는 만점이지만 시중에 내놓았을 때는 몇 점이 될지는 별개의 문제다. 자신에게는 100점이지만 바깥에서는 30점이 될 수도 있고, 경우에 따라 자신에게는 30점이지만 바깥에서 최고가 되는 경우도 있다. 실제로는 바깥에서 100점인 것보다 자신에게 만족스럽게 되는 것이 훨씬 어렵다. 그래서 광고에 대한 평가는 혼자 하는 주관적인 논평이 아니라 바깥의 광고 수용자들이 내리는 대단히 변덕스러운 평가다. 그렇기에 납득이 되지 않는 경우도 있다. 하지만 평판이 나쁘거나 좋은 경우, 혹은 납득이 되거나 되지 않는 경우 모두를 포함해 결과적으로는 광고 디렉터인 자신의 평가로 남는다. 그러므로 매번 자신의 아이디어가 어느 정도인지를 확인해보는 것이 필요하다. 광고의 세계는 어느 정도 시연 후 수정할 만큼의 여유가 없다. 광고 디렉터에게 있어 스스로가 만든 평가 기준이 버팀목으로서 역할을 해주는 경우도 있지만, 결과적으로 자신의 생각에는 30점이지만 100점을 받으면 성공한 것이고, 자신에게는 최고였지만 대중에게 30점 정도라면 실패한 것이 될 만큼 냉혹하다고 할 수 있다.

그런 일을 반복하는 가운데서 포기하지 않고 도전을 이어나갈 수 있는 힘은 바로 '나'와 '상대'가 아닌 '상대'와 '나'라는 관계에 있다. 자신 스스로 정말로 멋진 아이디어라는 생각이 든 것을 끝까지 관철시킬 수 있는 의지가 있는지가 중요하다. 한 달 정도 생각할 여유가 있어 많은 생각을 했는데도 30점밖에 나오지 않았다고 치자. 그럴 때 이 정도면 됐다며 30점짜리를 내놓을지 아니면 빠진 여백을 충분히 알고 있으니 시간을 갖고 좀 더 나은 것으로 만들 수 있을 것이라 밀고나갈 수 있는지의 차이다. 여백의 70점을 느끼지 못하면 하루라도 빨리 그만두는 편이 낫다.

결론은 내면의 자신감을 어떻게 이미지화할 수 있는지에 달려있다. 자신의 최고점을 확신하지 못하면 어느 수준에 있는지조차 모르게 된다. 한계는 예측이기에 애초부터 모르겠다고 생각하면 어쩔 수 없지만 일단은 최고를 이미지화할 수 있는지가 중요하다. 스스로 거기까지 도달하고 싶다는 계획이 없다면 자신의 기준을 착각하고 만다. 광고인은 업무를 개시하면 모든 것들을 구체적으로 진행한다. 그런데도 시작도 하기 전에 이미 이번 일은 어느 정도까지는 갈 수 있지 않을까라는 예감이 있다. 목표의 수준까지 가능한 한 가까이 다가가기 위한 무의식적인 감각인 셈이다.

3 ▶▶ 광고문구의 작성법

누구나 글쓰기를 어렵다고 생각하지만 사실 별것 아니다. 딱 두 가지만 하면 된다. 쓰는 것, 고치는 것. 그게 전부이기에 우선은 쓰고 봐야 한다. 글쓰기에 대한 심각하고 중대한 착각은 생각한 다음에 써야 한다는 것이다. 쓰기 전의 고민은 대부분 잡념일 뿐이다. 생각은 글쓰기와 함께 생겨나는 운동에너지다. 따라서 '무엇을 쓸 것인가'라는 생각을 접어두고 가볍게 제품을 보고 떠오른 첫 문장을 무조건 써보는 것이다. 그러면 거짓말처럼 꼬리를 물고 생각이 떠오른다. 그 생각이 두 번째 문장을 낳는다. 두 번째 문장을 쓰면 더 많은 생각이 떠오르게 될 것이다. 그래도 막막함이 사라지지 않는다면 제품에서 벗어나 주변을 둘러보자.

어둠 속에서 한 물체를 집중하려 애쓸수록 오히려 더 보이지 않고, 이리저리 주변을 둘러볼 때 비로소 사물의 모습이 보이기 시작한다. 그러니까 막막할수록 제품에 빠져 '무엇'을 쓰려 하지 말고 주변에 대해 써보는 것이 도움이 된다. 다 썼다면 수정을 거듭해보자. 쓴다는 것은 바꿔 말해 고친다는 뜻이다. 영감이 떠올라 단숨에 쓰고 한 번도 고치지 않았다는 사람이 있다. 천재라도 그럴 순 없다. 소리 내어 읽으면서 자신의 호흡과 운율에 맞게 고치고 또 고쳐보자. 좋은 문장은 남보다 더 많이 수정을 한 결과다. 고치고 또 고친 수고를 이어간 사람이 좋은 문장을 얻을 수 있다.

커피제품 'T.O.P'의 광고는 옛 여자 친구가 새로 사귄 여자 친구를 질투하는 내용으로 광고 주인공인 남자는 이렇게 이야기한다. "네가 그냥 커피였다면 이 사람은 내 티오피야." 출시가 경쟁사 브랜드에 비해 뒤져 한동안 고전했지만 이 시리즈 광고로 크리에이티브가 숨을 불어넣어 역전할 수 있었다. 알고 보면 성공한 광고는 마케팅이 빚어낸 역작들이다. 광고는 광고인의 것만이 아니다. 광고주의 요청으로 문제를 해결한 것뿐이다. 좋은 광고는 시장에서 잘 기능하지만 장기적으로 봤을 때 피해를 주는 광고도 있다. 통신업체인 KT의 상품 'QOOK'의 초기 광고가 그 예이다. 이 시리즈 광고의 카피 중 하나인 "집 나가면 개고생"은 단기적으로는 히트쳤지만 장기적으로는 부정적인 효과를 냈다. 브랜드가 고급스러워 보이지 않는다는 단점을 가지고 있었던 것이다.

한편 요즘 텔레비전 광고는 일상적인 리얼한 대화를 차용하는 경우가 꽤 있다. '증언 광고'가 한 예인데, 대개 독백하거나 친구에게 경험을 전달하듯 작성된 광고문구를 이용하여 평범하지만, 혼잣말이나 대화를 통해 제품의 인지도를 자연스럽게 알린다는 장점이 있다. 이 경

광고의 진화

우 중요한 것은 간결성이다. 소비자가 광고에만 집중하는 것이 아니기 때문이다. 구체적이고 분명한 메시지일수록 시선을 끌 확률은 높다. 반대로 구체성이 결여된 모호한 표현은 외면당한다. 바쁜 세상에 재미없고 애매한 내용에 시간을 낭비하고 싶어 하는 소비자는 많지 않다.

또한 함축적이어야 한다. 광고의 시간과 지면은 결코 싸지 않다. 귀중한 시간과 지면을 낭비하지 않기 위해서라도 함축적이어야 함은 필수다. 덧붙여 억지스럽지 않고 자연스러워야 한다. 광고가 신문이나 잡지의 기사와 차별되는 이유 중 하나가 지극히 개인적이라는 데 있다. 혼잣말이나 대화 같은 문안 때문이다.

그렇다면 효율적인 카피를 쓰기 위해서 어떻게 해야 할까. 표현에 어울리는 적절한 문구를 찾는 것에서 시작해보자. 강력한 표현이 가능한 동사가 필요하다. 동사를 활용한 글에는 힘이 있다. 거기에 형용사를 추가시키면 효과적이다. 형용사는 명확한 정보를 제공하고 집중하게 해준다. 이후에 제품에 어울리는 단어를 선정하면 된다.

모든 명카피는 짧고 단순하며 리듬감이 있다. 리듬은 광고문구의 이해와 기억을 용이하게 하고 동적인 동사와 긍정적 태도 모두 담길 수 있다. 단정적인 단어와 문장은 일관성이 필요하다. "일 년을 입어도 십 년이 된 듯한 옷" 같은 경우다. 그리고 두운 즉, 운율이 좋은 카피는 발음하기도 좋다. "무슨 잘, 펜잘"이나 "알 만한 사람은 다 아는 알마겔"처럼 단어의 특성을 이용하는 것도 방법이다. 재담 같은 이중적인 말놀이는 기억하기 쉽고 재치가 있다. 그 다음에 모든 글쓰기가 그렇듯이 수정을 거듭하는 것이다. 이때 소리내어 읽는 것이 도움이 될 것이다. 자신이 작성한 문구에 리듬감과 함축적인 재미가 느껴지는지 좀 더 쉽게 알 수 있을 것이다.

대화체 광고의 출연자는 광고를 시작하기 전이나 이후에도 자신의 생활에 아무런 변함이 없다. 그런데도 광고는 현실이란 전제로 만들어진다. 등장하는 인물의 생명은 고작 15~30초 이내, 더구나 그들의 전후 생활이 노출되지 않음에도 소비자들은 하나의 현실, 일상으로 착각한다. 대화체의 광고가 리얼하다지만 잠시 일상적인 치장을 했을 뿐 지극히 비일상적이다. 대중은 광고에 담긴 15초 이외는 어떤 상상도 하지 않는다. 실제로 15초의 이전은 애초부터 존재하지 않고 끝나면 사라지는 잠깐의 모습일 뿐이다.

대화체 광고와 같은 사실적인 광고는 표현보다 일상이 소중하다는 생각에서 비롯된다. 아침에 일어나 출근하고 퇴근해서는 데이트를 즐긴다는 식의 리얼한 삶이 표현보다 우선한다. 사실 그것이 전부인 것처럼 보여도 그렇지 않다. 생활과 표현은 같아도 상관없다. 다만 어느 한 단면을 자르거나 뿌리가 내려있지 않아도 표현 안에서 완결되어 있으면 된다. 일상에 뿌리를 내린 리얼한 표현 역시 그다지 중요하지 않다. 일상의 축소 내지 종속이란 생각을 할 필요도 없지만 자신의 뭔가를 발견하기 위해 광고를 도구로 쓴다는 생각만은 필요하다. 예를 들어 소설이나 시나리오를 쓸 때 하고 싶은 무엇이 아니라 무언가 발견할 수 있기를 바라는 것과 같다. 보이기 위한 것이 아니라 스스로가 이런 것도 할 수 있다는 의지 때문이다.

광고가 실패하는 이유 중 하나는 광고주를 설득하는 데서 찾을 수 있다. 광고 시안이 여러 개 있고 광고주와 의견이 다를 때, "A안으로 하시죠"가 아니라 "A안이 맞습니다. 이걸로 가야 해요"라고 밀어붙이는 결단력이 필요하다. 그러나 예측 부족으로 실패한 경우도 있다. 이를테면 스타일을 강조한 어떤 카피에서 "똑같은 옷도 이 남자가 입으면 뉴욕필이고, 저 남자가 입으면 동남아잖아?"가 있었는데, 이게 동남아 비하라고 해서 문제가 된 경우가 있다.

기업이 무엇을 원하는지를 파악하는 데 현실적인 어려움은 있다. 그럴 때마다 무엇을 하고 싶은지 자문을 해보자. 물론 명쾌한 해답은커녕 더 나은 것이 있지 않을까 하는 의문의 연속일 것이다. 자신의 기획이 광고주에게 받아들여지는 것도 중요하지만 그런 생각에만 골똘하면 매력적인 광고를 만들 수 없다. 기획이 답이 되는지에 대한 체크를 한마디로 설명하기란 불가능하다. 확정되지 않았다는 것은 풀리지 않은 무엇이 있다는 뜻이다. 세밀한 부분까지 만족스런 느낌이 든다면 무엇이 되었든 결론이 난 상태다. 어느 부분이 미심쩍다거나 확신이 없다는 것은 나름의 가설을 만들 보호벽을 설치하려는 심리가 있어서이기도 하다. 어떤 것이라도 가설은 가설이다.

자신이 몇 점짜리를 만들었고 내보냈을 때 성공적으로 가닿을 수 있을지에 대한 체크의 기준을 한마디로 설명하는 것 역시 쉽지 않다. 사회의 변화 속도가 워낙 빠르고 다양하기에 단순하게 안과 밖을 나눠 바라보기란 불가능하다. 결국 자신의 문제다. 두세 번 기획안을 만들다 보면 나름의 기준을 갖거나 좋은 기준은 아니지만 이만하면 쓸 만한 것이라는 감이 온다. 그렇다고 기준을 현장에서 다시 새롭게 만들지 못한다. 광고 이외의 장소에서 걸러지는 것이다.

멋진 광고를 만들려면 무엇을 먼저 하면 되는지 궁금해하는데 의외로 어느 정도의 시간이 흐르면 저절로 몸에 익힐 수 있는 것들이 많다. 그것보다 자신이 무엇을 하고 있으며 광고 일을 시작하기 전에 어떤 경험을 했는지가 중요하다. 자신이 어떻게 성장해왔는지도 영향을 준다. 광고는 재미있는 무엇이기는 하다. 재미는 보는 관점과 시대마다 다르겠지만 어쨌든 흥미로우면 무엇이든 가능하다. 텔레비전 광고의 경우 앞서 이야기한대로 15~30초라는 시간 제한 속에서 대중에게 어필할 수 있는 매력적인 무엇을 담아내야 한다. 그래서인지 만듦새는 비슷해도 표현에 있어선 모두들 다른 것을 하고 싶다는 열망을 갖고 있다. 창작자는 누구라도 모방을 두려워한다. 그렇지만 한 사람이 천 개를 만든다면 어떨까. 한 사람이 할 수 있는 일이란 한계가 있기에 결국 같은 스타일을 반복할 수밖에 없다. 자기 모방을 무조건 피하려고 하면 갖고 있는 카드가 모두 없어져 결국은 아무것도 만들 수 없다. 이럴 땐 반복하는 간격을 최대한 넓히는 것도 하나의 방법이다. 광고는 제품의 기능적인 것을 설명하기보다 자신에게 제품이 무엇이며 어떻게 생각하고 있는지에 대한 사고의 제시다. 한때 필자가 미국의 어느 현대무용가의 춤 공연을 갔을 때 전단지에 실린 글이 인상적이었다. "이해해 주길 바라지 않는다. 하지만 느껴주었으면 한다." 맞는 말이다. 좋은 광고 역시 느껴지는 것이 아닐까.

매력적인 광고문구를 쓰기 위해서는 평소에 다양한 책 읽기가 필요

     광고의 진화

하다. 유명한 카피라이터들 대부분은 엄청난 독서량을 갖고 있다. 덧붙여 그간 나온 카피들을 모아 찬찬히 읽어보자. 언뜻 보기에는 새로운 것처럼 보여도 빠르고 깊게 전달되는 문구는 대부분 과거에 있었던 것을 응용한 것이다. 어떻게 이런 것을 쓸 수 있을까 생각하는 자체가 발상이며 능숙해질 수 있는 포인트다. 문구는 명사나 형용사의 교환이라고 말할 수 있다. 이미 존재했던 글귀에서 명사나 형용사를 바꿔 자신의 것으로 만들면 어디선가 들었던 것처럼 익숙한 느낌이 나 더 좋다. 인터넷을 뒤져 영화나 히트곡의 제목을 모아 정리해보는 것도 도움이 된다.

광고문구를 작성하는 방법의 또 다른 하나는 의인법이다. "스포츠는 살아있다"와 "초코파이는 정(情)입니다"처럼 유명 카피에는 의인법이 많다. 인간이 아닌 것을 주어에 두는 것이다. 처음은 좀 어렵겠지만 반복하여 우측에 인간이 주어인 동사를 쓰고, 좌측은 사람이 아닌 것을 써보자. 그렇게 써나가다 보면 어느새 멋진 문장이 만들어진다. 알고 보면 모든 문장들은 모두 짜 맞춰진 것들이다. 광고라고 새로운 말을 떠올릴 필요는 없다. 기본적으로 짜 맞추는 작업이라 해도 무관하다. 그런 의미에서 보면 독창성은 그다지 필요치 않다.

'너구리'와 '고소미', 그리고 '땅콩카라멜'은 국내 가공식품에서 이름이 잘 알려진 제품들이다. 공통점은 무엇일까. 2012년을 기점으로 출시 30년을 맞았다는 점이다. 국내 가공식품은 매년 엄청나게 많은 신제품은 쏟아내지만 한 해를 버티는 제품은 절반도 되지 않는다. 그런데도 이들 제품이 변함없이 소비자의 사랑을 받아온 비결은 무엇일까. 블루오션의 개척과 마케팅의 차별화 그리고 해외시장에서 돌파구를 찾은 변화를 잘 한 탓도 있다. 뭣보다 광고기법과 제품디자인이 중요한 요소였다. '너구리'의 "너구리 한 마리 몰고 가세요~"라는 광고문구와 "쫄깃쫄깃 오동통통 농심 너~구리"라는 노래는 출시 후 지금까지도 사용되고 있다. '고소미'는 일본의 유명 일러스트레이터 고미네 유라의 일러스트를 포장에 담아 감성을 자극했다.

광고는 인터넷을 비롯한 텔레비전과 라디오 그리고 전광판과 포스터 등이 있다. 텔레비전 광고는 대체로 영상과 언어와 소리로 만들고, 요즘은 간혹 인터넷도 차용하고 있다. 라디오는 언어와 음악뿐만 아니라 무음을 포함한 것도 있지만, 전광판이나 포스터는 영상과 그림만으로 되어 있다. 그런데 곧잘 범하기 쉬운 실수는 영상도 적당히 아름답고 음악도 들을 만하고 카피도 재미나다는 식으로 60~70% 정도에서 광고를 결정한다는 사실이다. 요즘 만들어진 대부분의 광고들이다.

소리가 잠시 나오지 않는 것만으로도 주목받을 수 있고, 영상과 음악은 분위기가 있는데 광고문구가 자극적일 수 있다. 또 그림과 문안은 현대적인데 전통음악으로 균형을 깨뜨릴 수도 있다. 뒤틀어 조화를 망가트려보는 것이다. 두 가지가 아름답다면 한 가지는 생경스러워도 그리 나쁜 인상을 주지 않는다. 다시 말해 최소한 하나 정도는 자유롭게 컨트롤 할 수 있고, 이미지를 나쁘게 하지 않으면서도 강한 인상을 남길 수 있는 광고를 만들 수 있다. 텔레비전의 경우 이 세 가지의 요소를 기능시켜 다각형으로 만드는 것도 가능하다. 그러나 라디오 광고와 포스터는 짜 맞출 요소가 별로 없기에 조금은 어렵다. 여기서는 그림과 문구와의 거리를 넓히는 작업이 가능하다.

광고의 성공과 실패는 문구와 아이디어를 얼마나 가지고 있는지의 차이다. 대체로 기획 단계에서 기업으로부터 대강의 오리엔테이션을 받게 되는데 기업으로부터 제품에 대한 설명을 듣는 순간 여러 아이디어를 떠올리게 된다. 정보의 축적이 있기 때문이다. 머릿속에는 사용하고 싶은 문구와 찍고 싶은 화면이 몇 개나 있다. 설명을 듣는 순간 떠오르는 이미지는 보다 강한 쪽이다. 회의에서 아무런 아이디어도 떠오르지 않는다면 괴로운 일이다. 힘들게 만든 것은 왠지 모를 억지스러움으로 전달도 잘 되지 못한다. 자료의 축적을 늘려야 하는 이유다.

자료를 축적할 때 잘못된 습관은 카피의 연간 목록에 지나치게 의존하는 경우다. 그것은 수많은 것들에서 선택된 것으로 감탄하거나 흉내 내봤자 허사다. 차라리 광고 이외의 것에서 찾는 편이 좋다. 유명한 디자이너도 사진집이나 잡지의 화보에서 힌트를 얻는다. 그렇다고 무조건 차용하지 않고 나름의 손을 더해 거듭한다. 아이디어는 아무것도 없는 것에서 갑자기 튀어나오는 것이라기보다 어떤 것에서 자극받은 반사된 표현이다. 반사각은 독창성이다. 광고에는 천재가 필요치 않다. 어떤 작가가 불후의 명작을 쓰고 수십 년이 지난 후에 좋았지라고 말해봤자 아무런 소용이 없다. 지금 이 시간에 먹히기 위해서는 일반적인 기준이 요구된다. 그렇게 생각하면 어려운 것이 하나도 없다.

좋다고 생각되는 확신이 분명할수록 프레젠테이션에서의 자신감이 커진다. 기업의 입장에서는 그것을 뛰어넘을 요구가 몇 개 더 있다. 기업도 나름의 파악한 이미지가 있어서다. 그래서 코드의 바깥을 향한 아이디어라도 재미있다고 판단하면 채택하는 것이다. 시간의 여유만 있다면 상식을 뛰어넘는 콘티를 선택할 수 있다. 부족하다면 다른 것을 만들면 된다. 상대가 원한대로 하자면 무엇을 해도 같다.

코드를 뛰어 넘을 광고는 무엇일까. 파격적인 광고라면 처음엔 놀라겠지만 점차 익숙해진다. 파격적인 쪽으로 코드가 전환되는 것이다. 누드는 어렵지만 가슴을 드러내는 정도는 괜찮다면 제작자 쪽에서도 상상력이 넓어진다. 기업이 하자는 대로 만드는 편이 낫다는 훈련을 하지 않으면 마음대로 해도 좋다는 의견을 들었을 때 반사 능력을 갖지 못한다. 모든 것을 자신을 위한 경험이라 생각하고 확신에 찬 것을 만들면 된다. 한 번쯤은 매체의 비중을 바꿔보는 발상은 어떨까. 대부분 텔레비전을 메인 매체, 인터넷이나 신문을 서브 매체로 여긴다. 사고를 전환하여 인터넷이나 신문을 주역으로 하고 텔레비전을 조연으로 해보는 것이다. 가령 모니터나 브라운관에 온통 빨간 풍선을 보여주자. 그리고 "풍선 아래에 멋진 것이 있다"는 자막과 함께 회사 이름 외에는 아무것도 보여주지 않는다. 그런데 동네슈퍼 입구마다 커다란 풍선이 매달려 있고 그 아래 신상품이 쌓여있는 경우는 장소가 주역이고 텔레비전이 조연이 된다.

미디어의 융합 시대는 텔레비전이 광고의 중심이라는 사고를 바꿀 필요가 있다. 미디어가 아닌 경우, 가령 포스터에 집중하고 싶다면 디자인에 주안점을 두는 것보다 사람을 한 명 고용해 포스터를 뚫어져라 바라보게 하면 된다. 전철이나 버스 등 대중교통의 뒷좌석에 붙인 광고보다 사람의 등에 직접 붙이는 것이 더 사람들의 주목을 끌 수 있다.

그런 아이디어라면 구태여 비싼 텔레비전을 쓸 필요가 없다. 조그만 아이디어라도 메시지를 전달하기 위한 것이란 사실에 의구심을 갖는다면 변혁은 일어나지 않는다.

그리고 CI에 관해서다. 기업은 비전이나 가치를 로고나 심볼을 통해 보여준다. 제품명을 바꾸거나 슬로건을 통해 무엇을 추구해 나가는지 말한다. 도시환경에 대해 자동차업체 스스로 차가 주범이라고 말한다고 하자. 기업이 할 일은 가능한 싸고 대중화된 하이브리드 자동차를 생산하는 것이다. 그래야 메시지가 명실상부한 것이 된다. 이름을 원한다면 디자인 회사가 널려있고 메시지가 필요하면 광고회사에 의뢰하면 된다. 하지만 기업이 진정으로 바뀌기를 원한다면 단호한 행동이 필요하다. 언젠가는 안전이 강화된 싼 하이브리드 자동차를 만들고 있는지에 대한 질문을 받게 될 것이고 그것에 대답하지 못하면 기업의 인격을 드러낼 수 없다. 실제로 맥도날드는 광고에서뿐만이 아니라 매장에서 장애를 가졌거나 나이든 장년의 점원과 마주치는 경우가 많은데 이는 단순한 이미지를 넘어 사회에 기여하고 있다는 인상을 갖게 한다.

1 ▶▶▶　콘셉트와 표현

‘콘셉트(concept)’의 사전적 의미를 크게 세 가지로 정리해보면 ‘개념’이나 ‘구상’, ‘관념’으로 말할 수 있다. 콘셉트를 잡는 일은 광고를 만들 때 가장 먼저 선행되어야 하는 작업이다. 그럼 콘셉트란 무엇인지 아래 제시한 몇 가지 예를 통해 알아보자.

어느 텔레비전 드라마의 주인공 남자가 연필 수집광으로 나온 적이 있다. 여기서 착안해 우드펜슬, 즉 나무연필의 수요를 환기시키는 광고를 만들어 보자. 먼저 관련된 여러 아이디어가 떠오를 것이다. 중요한 것은 어디에 커뮤니케이션의 포인트를 두는가이다. 쓰기 편하다는 장점보다 추억이 묻어나는 정겨운 물건이라는 상징을 내세울 수 있다. 샤프나 볼펜이 대세인 요즘 대중으로 하여금 연필을 썼던 어린 시절의 기억을 떠올릴 수 있게 할 수도 있고, 나무의 내음 같은 자연지향적 요소로 광고를 풀어나갈 수도 있다.

연필로 꾹꾹 눌러 쓴 글씨는 인간적인 체취를 느낄 수 있다는 것도 괜찮은 콘셉트라 할 수 있다. 이때 지우개를 함께 강조한다면 다른 필기구에는 없는 메리트를 줄 수도 있다. 조금 더 나아가 보면 "연필은 잘못을 몇 번이고 받아준다. 인생 역시 그렇겠지" 혹은 "지울 수 없는 인생 따위는 싫다" 등의 메시지를 만드는 일이 가능하다.

나무연필을 가지고 공익 광고를 만든다면 어떤 콘셉트를 세울 수 있을까? "아직도 오지의 나라에서는 한 자루 연필이 동경이고 풍요로움의 상징이다. 그런 아이들이 공부할 수 있도록 연필을 전해주자"는 콘셉트는 어떨까.

이 모든 것이 콘셉트이며 알고 보면 대단한 것도 아니다. 제품이 지닌 의미를 발견하고 어느 부분을 부각시킬 것인가에 대해 생각하면 된다. 한편 우리가 평소에 많이 접해왔던 기존의 연필이 아닌 새로운 타입의 연필로 부각시키려고 한다면 관점을 다르게 잡아야 한다. 예를 들어 나무 재질이 노송나무인 연필이 있다고 하자. 이때 일반 연필은 어떤 장단점이 있으며 노송나무로 만든 연필과의 차이는 무엇인지부터 시작해 다양한 각도에서 바라보는 일이 가능해진다. 장식용으로 십만 원짜리 고급 연필을 만드는 일도 가능한 것이 콘셉트이다.

'콘셉트 워크(concept work)'라고 말하면 조금 어려워보일지 모르지만 모든 제품마다 가지고 있는 서비스와 개념이란 것이 있다. 그 개념 안에 하나의 요소로 광고가 있다고 보면 된다. 콘셉트의 생리를 이해하면 업무뿐만이 아니라 자신이 바라본 물건의 장점을 효율적으로 표현하는 데 도움이 된다. 무엇이든 15초로 응축하여 결과까지 바로 본다는 현실적인 힘을 지닌 장르이기 때문이다.

광고인이 되려는 사람들이 갖는 오해 중 하나는 아이디어가 감성의 결과라고 여긴다는 것이다. 그들은 과제를 주면 무언가를 순간적으로 떠올린다. 하지만 뛰어난 순발력과 직감만큼 중요한 것은 깊은 사고의 힘이다. 사고한다는 것은 감성과 이성을 하나로 짜 맞추는 일이다. 사람들은 보통 자신의 감정대로 마음껏 말하는 것처럼 보여도 나름대로 정리를 한다. "최고는 꿈을 향해 나아가면서 수없이 고쳐 써야 한다"라는 말과 같이 행위를 끊임없이 반복하는 것이다. 그런 일련의 과정에서 지적 창조가 일어난다.

앞서 연필을 예로 이런저런 관점에서 살펴봤지만 어떤 사람에게 보여주느냐에 따라 상황은 달라진다. 초등학교 1학년 학생에게 연필을 광고하는 데 '그리움'이라는 콘셉트를 쓸 수는 없겠지만, 60년대 사람에게라면 "당신의 추억이 연필의 내음 속에 담겨있다"고 전할 수 있다. 상대에 따라 콘셉트는 얼마든지 바뀔 수 있다. 한 광고의 콘셉트만큼 중요한 것은 사람의 마음에 어떻게 가닿게 할 것인가에 대한 것이다. 여기서 다시금 떠오르는 중요한 요소는 '표현'이다.

학자라면 추상적으로 '연필이 갖는 회고적 사고에 관해서'라고 말할 수 있다. 하지만 이것이 '표현'이어야 할 때는 누구라도 쉽게 마음에 닿고 이해할 수 있는 말이어야 한다. '그리움'의 정서를 어떤 단어, 어떤 문장(말)으로 표현할 것인가를 생각해보자. 이것은 what to say 즉,

무엇을 말하는가가 아니라, how to say, 어떻게 말하는가의 문제이다. 우리는 한 제품을 위한 광고-'무엇을'-를 위해 표현-'어떻게'-을 한다. 이처럼 '무엇을'의 다음에 '어떻게'를 착안하는 것이 바로 '표현'이다. 이러한 표현은 그 방식이 다양하다. 애정소설을 예로 들어 보자. 동서고금을 망라하여 방대하게 존재함에도 불구하고 아직까지 쓰이고 있는 이유는 '어떻게' 쓰느냐와 관련된 일이다. 작가마다 그들이 가진 독특한 표현방식으로 풀어나가는 다양한 이야기들은 아직까지도 애정소설이 쓰이고 읽히는 이유가 된다. 광고의 표현 역시 이와 마찬가지이다. 그러므로 자기만의 특별한 발상은 매우 중요한 요소가 된다. 특별한 발상의 경우 그것 자체가 표현이 되는 경우도 있다.

표현의 어려운 점이지만 '어떻게'를 깊이 추구하는 일이 '무엇을'을 명확히 하는 역설을 일으키기도 한다. 하지만 이는 복잡한 설명이므로 일단 '무엇을'이 있고 나서 '어떻게'가 있는 것으로 상정해보자. '어떻게 말하는가'라는 부분에는 인간적인 감정 내지 자신의 생각이나 꿈들이 연관된다. "인간은 이미지의 창고다"라는 말이 있듯 사람은 무의식적으로 자신의 저수조 안에 여러 이미지를 담아두고 있다. 거기에서 무언가를 끌어내 짜 맞추거나 하는 일이 가능한지가 포인트다.

자료 수집을 위해 타운워칭(town watching)을 해보자. 특정지역을 수십 번 눈여겨보고 걸으며 자신의 생각도 수없이 고쳐보자. 바깥에 무한한 세계가 있는 것처럼 내면에도 무한한 세계가 있다는 사실을 믿는 것이 카피라이터가 되는 첫 번째 조건이다. 만약 내일까지 문구 100개를 써 오라 지시했다고 치자. 누구라도 2, 30개 정도는 쓰겠지만 곧

바닥을 드러내게 된다. 그러나 중요한 것은 무엇인지 모를 심연에 자리 잡은 것들이 갑자기 언어화되어 튀어나올 수 있다는 사실이다. 이 과정에서 각자는 기다림의 작업이 필요하다. 100개를 쓰기 전에 심연에 존재하는 많은 이미지들을 스스로 불러낼 수 있게 하는 행동이 커뮤니케이션을 창조하는 사람에게 필요하다. 이것이 타운워칭에 대응하는 이너워칭이다. 이것은 끊임없는 이미지 트레이닝 훈련에 의해 가능하다.

평소에도 어떤 대상을 지속적으로 관찰하며 끊임없이 생각을 거듭하는 습관을 가져보자. 예를 들어 어릴 때 뾰족한 연필 촉에 찔려 생긴 자국을 보며 다른 기억도 함께 떠올리면 이런저런 재미난 이미지가 솟아날 수 있다. 비록 대부분은 쓸모없는 것들이지만 한두 개 정도는 표현의 형태로 만들 만한 것도 나올 수 있을 것이다.

이와 같이 광고에서 콘셉트를 만드는 일은 표현하는 일과 맞닿아 있어 이 두 부분을 조화롭게 이끄는 것이 중요하다.

2 ▶▶▷ 전략과 아이디어

콘티 작업은 처음에 혼자서 진행하지만 어느 정도 진행이 된 상황에서는 곧바로 회의가 열린다. 다양한 토론 과정에서는 콘티를 작성한 개인이 미처 놓쳤던 부분과 문제점을 발견하게 된다는 데에서 필수적인 과정이라고 할 수 있다. 그렇다면 콘티 작업시 주의해야 할 사항은 무엇일까?

예를 들어 파도가 밀려오는 해변을 어머니와 아이가 걷는 모습이 화면을 가득 메운다. 잠시 후 한적한 시골길에서 리어카로 힘들게 짐을 나르는 자매의 모습이 보인다. 이 광고의 특징은 음악을 전혀 사용하지 않고 오로지 주변의 소리와 대화만으로 만들었다는 데에 있다. 그런데 왠지 창의적인 방법이라 느껴질 만한 요소가 보이지 않았다. 콘티 작성자 자신이 미리 패턴을 정해 단순히 일어난 일임이 드러난다. 직구를 던질 수 없다면 변화구로 던져도 마찬가지다. 먼저 기획의 큰 줄기를 잡아놓고 디테일을 살피며 세부사항들에 충실히 해보자. 먼저 중심이 되는 토대를 잡고 가능한 한 자신의 생각의 범위를 넓게 잡아 자유롭게 상상하지 않으면 점차 협소한 곳으로 몰입되고 만다. 광고는 클라이언트의 주문에 의해 무엇을 어떻게 할까 구상하는 일종의 반사신경 작용에 가까운 작업이므로 광고가 소개하고자 하는 바, 알리고자 하는 바가 흔들려서는 안 된다.

단순한 표현의 시대는 이미 지났다. 혹자는 요즘을 전략의 시대라고 말한다. 그런 의미에서 최근 광고도 가능하면 화려하고 자극적으로 만들어진다. 좀 더 심플하고 강렬하게 표현해 여성을 포함, 젊은 소비자층을 마켓으로 끌어들이고자 하는 것이다.

한 예를 들어보자. 올해도 맥주시장은 여지없이 양대 경쟁업체인 A와 B사가 치열한 다툼을 벌였다. 회사들이 자사 제품의 광고에 톱모델을 내세우는 스타 마케팅 경쟁에 나선 것이다. 먼저 A사가 최근 떠오르고 있는 톱스타 남자 연예인을 발탁하자, 하루 만에 B사도 유명 여자 스케이트 선수를 선정했다. 차별화된 젊음의 이미지에 대항하여 자사 제품의 특징인 '아이스 포인트'를 강조한 것이다. 매년 경쟁회사는 시장을 선점하기 위해 스타 마케팅을 통한 홍보활동에 심혈을 기울인다. 유명 여자 연예인을 기용해 "흔들어라"나 "오늘, 소주 한잔 할까?" 같은 멘트를 날리는 우리나라 소주 광고도 한 예가 될 수 있을 것이다.(물론 최근의 이러한 경향은 주류 광고에만 한정되어 나타나는 것은 아니다.)

이러한 전략적인 기획을 세울 땐 먼저 광고를 하려는 제품에 관한 차트를 만들어 하나씩 정리해보는 것이 아이디어 발현을 위한 효율적인 방법이 된다. 광고의 목적은 무엇이며 관련 시장의 상황은 어떻고 최근 소비자들의 취향이나 광고하려는 상품이 가진 특장(特長)은 무엇인지 등을 파악하는 것이다. 경쟁 상대는 누구이며 전략과 캠페인을 실행했을 때 문제점이 될 수 있는 것이 무엇인지도 미리 살펴보아야 한다. 캠페인 광고를 할 때 이런 생각을 역으로 하면 많은 도움이 된다. 이러한 선행작업 이후에는 광고의 구조와 짜임새에 대한 생각이 뒤를 잇는다. 만약 위에서 말한 선행작업이 자신의 내부에서 조리 있게 진행되고 있다면 광고문구를 비롯, 광고모델은 어떤 사람이 적합할지 혹은 광고에 쓰일 배경음악을 어떤 것이 좋을지 등 아이디어 구상이 쉬워진다. 이렇듯 전략적인 캠페인은 계획적이고 면밀한 과정 없이는 성공하기 어렵다. 현장에 흔히 하는 말 중에 "제품과 연애하라"는 말이 있다. 주어진 제품에 인격을 부여해 어떻게 하면 즐겁게 해줄 수 있을까를 생각하는 것도 광고구상에 있어 제품을 대하는 하나의 방법일 수 있다. 마치 도도했던 관심 대상자가 자신에게 호전적으로 바뀌게 되는 경우와 비슷한 경험을 할 수 있을 것이다. 기존에 대중들이 가지고 있는 관념 기준을 뒤틀어 보는 것도 도움이 된다.[1]

그리고 광고를 통해 전달하고자 하는 메시지가 제대로 되어 있는지 살펴보자. 콘셉트나 메시지보다 '폼'이나 '멋'에 신경을 쓰고 있는 것이 아닌지, 다시 말해서 '메시지'가 아니고 '멋'이 들어있는 것은 아닌지 재확인하는 시간이다. 광고에서 멋 속에 메시지가 적절히 녹아있는 경우의 예를 들어보면 '기네스' 맥주 광고 캠페인[2] 중 하나를 들 수 있을 것이다. 이 광고는 빈 잔과 맥주가 채워져 있는 다른 잔들을 결합시켜 비키니를 입고 있는 여자의 몸 이미지를 만들었다. 같은 모양의 작은 사물들을 통해 큰 이미지를 만드는 기법을 이용했는데 이 광고가 궁극적으로 전달하려 하는 메시지는 무엇일까. 이 광고는 '눈길을 빼앗기지 않고 그 맛을 떠올릴 만큼 기네스는 맛있는 맥주'란 메시지를 담아내고 있는 것이다.

광고는 전략으로 하는 것과 플래너의 아이디어로 만드는 것이 있다. 캠페인은 애초부터 아이디어가 완벽하게 구성되어 모든 스텝이 공감하지 않으면 어렵다. 앞으로는 캠페인과 같은 형태가 더욱 성행할 것이다. 스스로 전략에 따른 아이디어를 찾고 분석하는 훈련이 필요하

---

1 한 예로 광고에 검은 무대복을 입은 성악가를 등장시켜 대중적으로 잘 알려진 곡을 부르게 하는 것이다. 기존의 것을 뒤트는 상상은 대중에게 신선한 충격을 주며 제품에 대한 이미지를 각인시키는 데 효과적인 전략으로 사용될 수 있다.
2 광고 역시 캠페인의 큰 흐름 속에 속한다.

 광고의 진화

다. 제대로만 된다면 좋은 광고문구나 적합한 배우를 찾을 수도 있고 결과적으로 히트하는 캠페인을 만들 수 있다. 그런 전략과 구조의 틀을 발견하는 일이 기획이다.

자신이 생각한 아이디어와 전략적으로 만든 광고 두 가지를 나름대로 구분해두면 한결 쉽다. 하나의 패턴이면 단조롭고 쉽게 나태해질 수 있기 때문이다. 전략 광고 역시 기획의 커다란 틀을 정하기까지 이성적으로 판단하지만 표현에 있어서 주관적인 언어로의 변환은 상관없다. 기획의 어려움을 광고를 만드는 즐거움이라 여기고 게임을 하듯 가벼운 감각으로 한다면 한결 쉬울 것이다.

3 ▶▶　　이미지 광고와 포지셔닝

최근 광고에는 해외의 유명 관광지가 배경이거나 외국의 유명 스타들이 자주 등장하기 시작했다. 광고를 제작하려는 클라이언트들이 경제적인 여유가 생겨 출연료나 해외 로케를 갈 수 있을 만큼의 광고비를 들일 수 있게 되었기 때문이라 할 수 있다. 이에 더불어 치열한 경쟁의 구도 속에서 저마다 비용을 들이더라도 좀 더 화려한 이미지를 통해 제품을 부각시키고자 했던 투자의 목적에 의한 것이기도 하다. 이러한 분위기 속에서 지금껏 호화찬란한 '이미지 광고'가 많았다.

이러한 경향은 해외 유명 브랜드를 선호하는 여성들을 인식해 국내 화장품 업계가 수입 화장품 브랜드와의 비교를 통해 이미지를 부각하는 것을 보면 좀 더 쉽게 파악할 수 있을 것이다. 다른 예로 대부분의 외국 자동차 광고는 안전을 비롯한 실용성 중심의 요소들이 제품의 가장 큰 특장으로 볼 수 있지만 우리나라의 광고에서는 일종의 '신분상승'의 이미지를 부각한다는 점을 들 수 있다.[3]

이러한 이미지 광고를 제작하는 데 있어서 중요한 작업의 하나는 '포지셔닝(positioning)'[4]이다. 광고에서 제품의 포인트를 어디에 둘까라는 표현에 자주 쓰이는 단어로 소비자의 마음속에 자사 제품이나 기업을 유리한 위치에 두게 하기 위한 작업을 일컫기도 한다. 예를 들어 텔레비전을 광고할 때 가족들이 모여 함께 보는 일상적인 물건으로 포지셔닝을 할 것인가, 아니면 세계적인 성악가를 등장시켜 고급품으로 보이게 할 것인가를 생각할 수 있다. 이 작업은 제품의 값어치를 어느 정도에 둘 것인가 결정하는 일이기도 하다.

광고전략에서 소비자의 의식에 제품과 기업의 이미지를 특정한 위치에 설정하는 일은 매우 중요하다. 이 작업에 의해 동일한 것이라도 전혀 다른 제품으로 인식되는 경우도 있는데, 포지셔닝은 오늘날의 마케팅 및 광고전략 수립의 기본 전제로서 고려해야 할 사항이다. 왜냐

---

3 이러한 광고는 우리가 일상에서 얼마나 타인을 의식하고 사는지를 잘 보여준다. 우리가 옷을 통해 멋을 내는 경우에도 이러한 모습을 엿볼 수 있다. '한국인은 유명 브랜드를 선호하고 제품은 실제보다 우월하다는 것'을 보여주기 위한 광고기법이다.

4 포지셔닝 전략 수립은 크게 5단계로 나뉜다. 먼저 소비자가 무엇을 원하는지 파악하는 것에서 출발한다. 다음은 경쟁사의 제품에 대해 가능한 많은 자료를 찾아 경쟁사의 제품이 어떤 포지션에 있는지 분석하여 자사 제품의 포지셔닝을 결정한다. 마지막에 소비자와 시장 분석을 통해 제품을 조정하게 되는데 이것을 '리포지셔닝'이라 부른다.

  광고의 진화

하면 경쟁이 가속화되면서 광고에 관련된 정보가 포화상태에 이르러 제품을 비롯한 기업의 이미지를 소비자에게 인식시키기가 어려워졌기 때문이다. 그래서 효과적으로 잠재 소비자의 욕구를 들추어내는 것이 마케팅과 광고에 있어 필수 조건이 되었다.

광고를 제작하는 기업은 자신들의 제품을 어떻게 해야 고급품으로 보일 수 있는지에 대해 고민한다. 이는 제품의 가격을 정하는 것과는 다른 문제로, '이미지 광고'는 오로지 제품이 고급으로 보여지는 것을 원한다. 우리가 가진 고급 지향의 경향은 이미지 광고의 지향점과 어느 정도 맞아 떨어진다. 그래서 포지셔닝에 의해 부각되는 수법이 유효한 것이다. 그러나 지금처럼 세계적인 불황이 계속되면서 점차 그런 지향이 사라지게 되면 아마도 백화점의 명품 코너가 축소되는 지경에까지 이르게 될 지 모른다. 실제로 이미 미국이나 유럽은 화려한 것이 특별하지 않은 사회가 되었다.

이와는 반대로 제품을 일상적인 위치에 두는 것을 '리포지셔닝(repositioning)'이라 부른다. 기존의 광고는 대게 화려하고 이상적인 이미지를 전면에 앞세우는 데 반해 오히려 실제적이고 익숙한 이미지를 보임으로서 얻어지는 효과를 노리는 것이다. 리포지셔닝에 의한 광고에서는 뉴욕의 뒷골목이나 동남아의 야시장이 소재가 되기도 한다. 때때로 허름한 아파트나 수상생활자가 등장하기도 하고 빨래한 옷을 말리기 위해 베란다에 마치 건조대를 깃발처럼 앞으로 쑥 내밀어 널어두는 장면이 주가 되기도 한다. 이러한 일상적인 이미지를 통해 제품의 리얼함을 적나라하게 전달한다. 지금까지의 상식으로는 상상이 어려울 수 있지만 나름의 충분한 이유가 있다. 사람은 결코 제품으로부터 분리되어 있지 않음을 역설적으로 보여주는 것이다.

특별히 잘 생기거나 유명한 스타가 제품의 판매에 기여한다고 생각하지 않는다. 외모라는 화려한 단면성만으로는 대중의 시선을 오래 끌지 못한다. 때에 따라서는 화려함과 반대 지점에 있는 행동이나 대중에게 자신과 다르지 않은 면을 보임으로서 어필할 수 있는 다면적인 이미지 또한 필요하다. 포지셔닝을 통해 설정해야 하는 진정한 위치는 그러한 지점에 있는 것이 아닐까. 이즈음 일상적인 재미를 추구하는 텔레비전이란 미디어의 특질을 이해해야 한다.

제품을 소중하게 여기는 것은 광고주의 자기중심적 가치관이다. 어느 가정에서 텔레비전의 리모컨을 고이 모셔놓을까. 아마도 거실 아무런 곳에 굴러다닐 것이다. 이런 소비자의 가치관을 이해해야 한다. 물론 미적 감각이 뛰어난 것으로 알려진 한국인의 특징 때문에 유독 우리나라에서 이미지 광고가 유행하는지도 모른다. 그러나 텔레비전 광고는 본래 이미지를 화려함으로부터 끌어내리는 경향이 있다.[5] 이런 특성을 텔레비전 광고의 카피에서 적용하면 광고문구는 상당히 평범해진다. 한 예로 잇몸약으로 유명한 '이가탄'의 광고가 재미있는 이유는 누구라도 부실한 치아로 제대로 먹지 못한다는, 따라서 출연자를 모두

5　이는 텔레비전이라는 미디어 자체의 특징과 연관지어 말할 수 있다. 아무리 특별한 인물이 나와도 대중과 같이 평범하게 보일 수 있다는 것이 그것인데, 예를 들어 정치인이 화면에 많이 노출될수록 대중들이 그를 친근하게 여기게 되는 것과 같은 맥락이라 할 수 있다.

　　　　　　　　　　　　　　　　　　　　　　　광고의 진화

평범한 인물들로 설정한 점에 있다. 카피 역시 "이가 튼튼"처럼 일상적으로 우리가 사용하는 말을 사용하고 있다. 물론 제품이나 광고에 있어서 굉장하거나 획기적인 것이라 말하기는 어렵다. 또 이 광고문구의 내용 그대로를 보았을 때 약만으로 잇몸이 튼튼해진다는 것이 가능한 일일까라는 질문에 그대로 노출될 수 있다. 그렇지만 이러한 일상성은 나름의 성공을 거둔 이유라고 생각한다.

예전의 광고들은 대체로 제품을 소비자보다 위쪽에 설정해 두었다. 그러던 것이 지금은 제품은 어디까지나 제품이라는 식의 방향으로 바뀌고 있다. 광고가 가려는 방향이 주변을 맴돌고 있는 것이 아닐까 우려는 되지만 광고는 제품을 많이 팔려는 것이 목적이라는 기본적인 전제를 잃지 않고 좀 더 나은 방법이 없는지에 대해 끊임없이 생각해봐야 할 것이다.

05 소비자는 연인이다

1 ▶▶   **변화하는 시대, 변화하는 소비자**

우리는 누구나 광고행위를 한다. 우리의 삶을 되돌아보면 이런 말에 대한 예를 쉽게 찾을 수 있다. 한 여자에게 호감을 가지고 있는 남자를 예로 들어보자. 그도 한 사회에서 역할을 하고 있는 하나의 존재로서, 그리고 나름의 추구하는 세계가 있다는 면에서 남모를 복잡한 사정이 있을 것이다. 그것은 무엇이든 능숙하게 잘하거나 자기 분야에 대해 능력이 뛰어나다는 점이 될 수 있고, 멋진 차를 소유했지만 성격이 유별나다거나 매우 게으를 수 있고, 냄새가 난다거나 땀이 많다는 점이 될 수도 있다. 한편 여자는 뛰어난 미모에 패션 감각도 돋보이고 다양한 외국어에 능통하지만 음치일 수 있고 나도 모르게 나오는 오리걸음이 그녀의 사정이 될 수 있다.

이 상황에서 남자가 여자에게 호감을 갖게 되면 자신의 장점을 보여주고 상대도 좋아해주길 바랄 것이다. 주말에 함께 드라이브를 가자든지 영화를 좋아하느냐고 물을 것이고, 연인 사이로 발전하기 위한 자연스러운 절차를 밟기 위해 노력할 것이다. 그 과정에서 남자는 자신의 단점이 되는 말들은 하지 않을 것이다. "저에게 냄새가 나요"와 같은 기괴한 말을 하면 분명 돌아설 테니 되도록이면 자신에게 플러스가 되는 행동을 보여주려 할 것이다. 이러한 행동이 광고적 행위다.

광고적 행위란 특별히 회사나 학교를 통해 따로 배우는 것이 아니다. 인간이 아무리 나이가 어리더라도 사회생활을 통해 저절로 익히게 되는 것이 광고적 행위이다.

그럼 사회적 존재로서 인간이 자신을 홍보하기 위해 행하는 몇몇 행동들을 광고매체와 연결해보자. 누군가를 좋아하게 되면 자연스레 전화를 건다. 이것은 청각적 정보이니 라디오 광고와 연결이 가능하다. 만나서 온갖 손짓, 발짓을 다해 대화하는 행위는 텔레비전 광고로, 연애편지를 쓰는 것은 인쇄나 다이렉트 메일[1]로 연결지을 수 있다. 부모 몰래 함께 여행을 간다면 이벤트라 해도 되겠다. 한편 이러한 행위를 광고적 시각에서 보면 남자는 제품이 된다.

A식품이라는 식품회사가 있다고 하자. 제품은 여러 요소가 담긴 다면체적 성격을 가지고 있다. 맛이 있다거나, 영양가가 높다거나 등의 좋은 점을 가진 반면, 첨가물이 과다하게 들어있다거나 과대포장되어

---

1 다이렉트 메일(direct mail)은 줄여서 'DM'이라고도 하는 개인에게 직접 전달하는 광고다. 한 사람당 소요되는 경비는 비싸지만 받는 사람과는 1대1의 관계가 가능하기에 인상을 강하게 남길 수 있고, 제약도 적기 때문에 유효한 판촉수단의 하나이다.

있다는 등의 단점도 가지고 있을 것이다. 한편 이 제품을 광고하여 사달라는 메시지를 보내려는 것은 기업이고 상대는 소비자이며, 그 사이에 개입해 러브레터를 쓰는 사람이 광고제작자이다.

그런데 소비자는 1980년을 기점으로 많이 변화했다. 그때까지는 기업이 광고인들에게 의뢰한 광고를 통해 제품의 판매 추이를 높일 수 있었다. 그 이유는 텔레비전을 비롯한 신문이나 잡지 같은 정보망에서 광고가 차지하는 비율이 상당히 컸기 때문이다. 역으로 말하면 소비자는 광고를 통해서만 제품에 대해 알 수 있었다. 그러나 지금은 제품이 무엇이든 간에 제품의 정보에 대해 세세하게 표시하고 있다. 더구나 정보를 얻을 수 있는 매체도 상당히 다양해져 정보 매체에서 광고가 차지하는 비율이 낮아졌다. 결국 최근에는 '이 케이크는 맛있다'라고 말해봤자 그것을 그대로 믿는 소비자는 존재하지 않는다.

광고인들은 변화한 소비자의 인식과 패턴을 어느 정도 이해해야 한다. 만만치 않은 소비자를 상대로 광고를 만들어야 한다는 것이다.

B라는 주류 업체가 화려한 사진과 멋진 광고문구로 조간신문에 전면 광고를 냈다고 하자. 뿐만 아니라 광고계의 화제가 되어 몇 개의 상도 받는다. 그러나 며칠 후, 경제면에 100분의 1의 크기로 'B사의 술, 매출 감소 멈추지 않아'라는 기사가 나왔다고 치자. 정보의 임팩트는 후자의 것이 더 크다. 매출이 내려가는 것은 물론, 이물질이 들어간 것이 아닌지 같은 뜬소문이 퍼질 수 있다. 엄청난 예산을 들여 광고를 했지만 수포로 돌아갈 수 밖에 없다.

이제 소비자는 광고와 기사 등 여러 매체의 정보를 종합하여 제품을 받아들인다는 전제를 가지고 있지 않으면 안 된다. 모바일 서비스 등으로 인해 대중들이 접할 수 있는 정보가 넘치고 있는 시대에 이를 가볍게 생각하면 오산이다. 일방적으로 내보낸 광고를 소비자가 무조건 봐주는 시대는 이제 더 이상 오지 않는다. 광고가 마주해야 했던 대상 가운데서 가장 버거운 상대를 눈앞에 둔 시대가 도래한 것이다.

그렇다면 소비자는 왜 버거운 대상이 되었을까. 한마디로 광고에 익숙해졌기 때문이다. 60년대부터 수십 년간 무차별적으로 등장한 여러 형태의 광고를 접했기에 광고가 어떤 식으로 만들어져서 무엇을 말하려고 하는지에 대해 알아버린 탓이다.[2]

사회를 해석하는 키워드로서 어떤 사회학자는 60년대는 사상이고, 70년대는 제품, 80년대는 삶의 태도라고 말했다. 당시를 생각해 보면 아무것도 없는 것에서 뭔가 새로운 것들이 만들어졌고 제품이 넘치는 시대에 살았다. 광고로 말하면 성장과 풍요 그 자체였던 7, 80년대는 새로운 화장품, 혹은 냉장고가 나왔다고만 해도 팔렸다. 그러나 차별화된 기업이 생기고 생산력이 증가하면서 자연스럽게 경쟁이 생겨 업체마다 자신들의 제품을 사주기를 원했다.

이즈음 발달한 것이 소위 이미지 광고다. 자동차로 말하면 '여행과

---

2 필수 가전품인 세탁기 광고를 보자. 세제를 넣고 세탁기를 돌리고 셔츠를 꺼내면서 "새하얗게 되었다"고 말한다. 만약 다른 출연자가 "당연하잖아, 애초부터 새하얀 셔츠를 넣었으니까"라고 지적한다면 어떻게 될까. 소비자들 역시 애초부터 그렇다는 것을 알고 있다. 광고를 만드는 쪽보다 보는 측의 생각이 앞질러 있다.

　광고의 진화

품격'을 부각시킨 광고문구들이 성행하던 시대이다. 제품 자체의 성능이 아니라 오로지 이미지만을 강조하던 방법에 의해 대기업은 한때나마 전성기를 이뤘다. 새로운 광고기법을 통해 모두가 멋진 삶을 상상할 수 있던 것이다. 그러나 지금은 저성장 시대이다. 지표상으로는 고도의 성장을 계속해오고 있다지만 대기업의 수익에 비해 개인의 가처분 소득은 그다지 늘지 않았다. 더군다나 대부분의 가정에는 필요한 제품들이 모두 갖춰져 있다.

이런 상황에서 광고는 제품의 새로운 측면을 바라볼 수 있는 시각이 필요하게 되었다. 최근 제품이 가진 특별한 기능이나 새로운 디자인에 주목한 광고가 많이 나오고 있는 것도 같은 맥락이라 할 수 있다. 또한 마치 '연인'에게 말하듯 훨씬 신중하고 재미있는 기획의 광고가 만들어지기도 한다. 이러한 시대 속에서 기업 역시 소비자에게 좋은 인상을 심어주기 위해 공익적인 이미지를 만들기 위해 주력한다. 이것 역시 소비자에게 호감을 얻는 하나의 홍보 방법이기 때문이다.

2 ▶▶　기업의 품격

주말이나 휴일에 눈에 많이 띄는 것이 피자 광고다. 골목마다 엇비슷한 점포들이 우후죽순 생겨나고 있고 유사한 기업 이미지나 제품의 이미지가 생겨나고 있다. 콘티도 대부분 연기자들이 맛있게 먹는 모습이 전부다. 그런데 왜 피자 광고의 출연자 대부분은 아이돌 스타 등 청소년 팬층이 두터운 연예인일까 생각해 본 적 있는가. 물론 피자 업체의 고객 분포를 살펴보면 10대나 20대가 중심이다. 30대가 되면 현저히 줄고, 4, 50대는 상대적으로 더 적다. 그렇지만 분석표에 적힌 단순한 수치만을 가지고 30대 이상의 거대한 시장을 놓치고 있는 것은 아닌지 아쉬운 면도 없지 않다.

통계자료는 제작 현장에서 모습을 드러내는 데 수치 자체로서가 아닌 방법으로 어떻게 사용하는지가 중요하다.

여성들이 몇 시쯤에 어떤 제품을 많이 구입하는지에 대한 자료 정도는 광고회사라면 전부 갖춰져 있다. 더 나아가 실시간으로 소비 동향에 대해 알 수 있다. 그러나 앞으로의 소비 경향은 누구도 정확히 예측할 수 없다. 홍보의 효과라는 결과를 중시하는 광고는 그렇기 때문에 역사학이라기보다 미래학에 더 가깝다. 결국 통계자료는 다가올 미래에 대한 참고자료일 뿐이다.

그런 의미에서 광고제작자는 시대를 포착하는 센서이다. 또 이들은 광고를 통해 무언가 반향을 불러일으키는 기능을 한다. 그 반향으로 미래에 다가올 성공적인 결과를 창조하는 것이다. 그렇기 때문에 소비자 의식을 최소한 절반 정도는 파악하고 있어야 한다. 더군다나 광고제작자 각자에게 반향적 성향이 없다면 센서의 기능을 다한 것이라 이야기해도 무관하다.

그렇다면 반향이 있는 광고, 좋은 광고는 무엇일까. 나름대로 생각해 본 조건은 세 가지 정도다. 첫째, 제품을 잘 팔리게 하는 광고, 둘째로 기업의 이미지를 긍정적으로 만드는 광고, 마지막으로는 보는 사람

                                                          광고의 진화

이 즐거운 광고이다. 더불어 만든 사람까지 만족스럽다면 세 가지를 동시에 충족한 광고가 되겠다. 보는 사람의 기분이 즐겁다는 것은 물건을 살 때 분명 긍정적으로 작용할 것이고 만든 사람의 기분까지 좋았다는 것은 진정 자신이 생각한 포인트로 만들었다는 뜻이다.

1990년대 이전이라면 광고를 본 대중 대부분이 제품을 사줄 것이라 생각했다. 하지만 그런 시대는 이미 과거가 되어버렸다. 광고를 본 백 명 가운데 삼십 명 정도가 인상깊게 받아들였다면 그것으로 만족해야 한다. 그중에 반 정도가 제품을 사준다면 대성공이다. 그러므로 백 명 중 삼십 명, 전체의 일부에게는 가능한 한 깊은 인상을 남겨줘야 할 필요가 있다. 그러므로 야식 광고와 같이 비슷한 시간대에 비슷한 제품들의 광고 경쟁이 치열해져 있다 해도 각 제품들의 광고 내용과 효과에 있어 어떤 차이가 있는지에 대한 분석을 해야 하는 것은 필수적인 과정이다. 그로부터 더 나은 광고에 대한 아이디어를 얻거나 자신이 제작한 광고의 단점이 무엇인지 비교함으로써 쉽게 파악할 수 있기 때문이다. 부족한 광고는 제품의 이미지뿐만 아니라 기업의 이미지 창출에도 악영향을 끼친다는 것을 잊지 말아야 한다.

최근 많은 사람들이 기업에도 인격이 있다고 말한다. 도덕성을 비롯해 다양한 사회적 책임을 요구하는 것이다. 다시 말하면 기업에도 품격이 있어야 한다는 말이 된다. 이 표현은 단순히 경칭의 문제가 아니다. 똑같은 성능의 제품을 A와 B가 동시에 내놓았는데 A사가 최근까지의 사회 기여도나 제품의 성과 혹은 광고에 의해 기업 이미지가 상대적으로 우위에 있다고 하자. B사에서 자신의 제품이 더 좋다고 여러번 광고를 해봤자 대중은 신뢰할 수 있는 A기업의 제품을 선택하게 될 것이다. 제품을 팔기 위해서는 세 가지 힘이 꼭 필요하다. 첫 번째가 제품의 우수성이고 다음이 영업력, 마지막이 광고이다. 이 세 가지가 잘 갖춰졌을 때 제품이 잘 팔린다. 그러나 이러한 조건보다도 강력한 힘을 발휘하는 것은 기업의 품격이라고도 말할 수 있는 기업 이미지의 힘이다.

기업이 보다 많은 매출과 이익만을 추구하는 시대는 지났다. 무엇보다도 대중으로부터 존경과 신뢰를 획득해야 하는 것이다. 이윤의 극대화만을 추구하는 기업은 미래가 없다. 예컨대 소비자들은 보다 저렴한 가격에 질 좋은 제품을 살 수 있어야 한다. 그런 의미에서 새로운 자동차를 내놓을 때마다 원가 인상 요인을 흡수하여 가격을 올리지 않는다거나, 좋은 통신 서비스를 제공하면서 요금 인상을 최소화하는 등의 노력은 기업의 품격을 높일 수 있는 방법이다.

이러한 시류와 함께 대두되는 것이 바로 '프라이빗 브랜드(Private Brand)'[3]이다. 이것은 브랜드 제품인데도 불구하고 유통비용과 광고비가 들지 않아 소비자에게 제품을 저렴하게 제공할 수 있는 장점이 있다. 그런 실속 있는 프라이빗 브랜드를 좋아하지 않을 소비자는 없다.[4]

3　유통업체 브랜드를 지칭하며 PB라고도 한다. 다른 말로 'Private Label' 혹은 'In-House Brand'라고도 한다. 특정 유통채널 안에서만 판매되는 브랜드를 의미하며, 해당 업체의 규모에 따라 전국적으로도 유통될 수 있다.

4　이런 흐름의 영향으로 일각에서는 광고가 사멸해버리지 않을까 하는 우려 섞인 목소리도 나온다. 소비자에게 당신이 선택한 일이 틀리지 않았다고 안심을 시켜주는 것도 광고의 역할이다. 이러한 측면에서 광고는 결코 사라지지 않을 것이다.

물론 대부분이 할인점이나 백화점 혹은 대형 슈퍼마켓 체인점에 의해 소유, 관리되는 경우이긴 하지만 일반적으로 전국 브랜드에 비해 품질은 비슷하면서 가격은 싸다는 특징 때문에 선호한다. 예를 들어 삼양이나 농심라면 등은 라면계의 전국 브랜드라 할 수 있다. 특정 유통과 판매업체와 연결되지 않은 독립적인 브랜드라 동네슈퍼, 편의점, 할인점, 백화점이나 혹은 인터넷으로 구입할 수 있다. 반대로 이마트 등의 할인점에서 판매하는 프라이빗 라벨이 붙은 라면은 다른 할인점이나 편의점 등의 소매점에서 판매되지 않는다.

광고에 있어서도 기업의 이미지를 만드는 노력이 시도되고 있다. 예를 들어 에너지 관련 기업의 이미지 광고를 보면 온갖 사회에의 헌신과 역할을 설명한다. 한 제과업체는 서정적인 화면과 공익 광고를 연상케 하는 메시지를 담은 광고로 화제가 되기도 했는데, 제품 외에도 비무장지대의 철조망과 나비를 통해 '화해' 메시지를 보여주었다. 이는 한 제품에서 파생되는 부가적인 가치를 전달하는 데 초점을 맞춘 'EVP 기법(Extra Value Proposition)'을 차용한 것이다. 이러한 이미지 광고들은 기업의 이미지를 이런 식으로 세우겠다는 이상을 담고 있다.

기업의 이미지가 애초부터 존재하고 있었던 것은 아니다. 그것은 기업의 제품을 소비하는 소비자가 만든 것이다. 아무리 좋은 회사라도 소비자가 별 볼 일 없는 기업이라고 여기면 그런 쪽으로 고착된다. 그렇다고 자신들의 이미지를 마음대로 소유하거나 바꾸는 일도 불가능하다. 사회적 책임을 다하면서 투명한 경영과 부단한 노력으로 얻을 수밖에 없다. 기업은 좋은 이미지를 가질 수 있다면 보다 역동적인 힘

을 발휘할 수 있다. 이제 광고만 재미있다고 제품이 팔리는 시대는 지
났다.

<h3>3 ▶▶▶ 제약이나 조건은 많을수록 좋다</h3>

광고는 비즈니스 예술이다. 다시 말해 예술의 힘을
빌려 비즈니스를 하는 작업이다. 그렇다고 멋진 표현만을 가지고 효과
를 보는 일이 아니라 궁극적으로 사람들에게 물건을 사게 하거나 홍보
하려는 목적이 있다. 그것이 광고의 재미인데 의외로 이해하지 못하는
경우가 많다. 자신이 낸 아이디어를 클라이언트가 부정한다면 기업에
서 원하는 것과 다르다는 뜻이다. 이럴 경우 자신의 존재 자체가 거부
당했다고 착각해 실망하면 안 된다.

광고는 어디까지나 비즈니스이며 클라이언트의 요구를 위해 온갖
방법을 동원하는 업무다. 어쩌면 광고는 회사의 여러 사정을 누구보
다 잘 알고 고심하는 기업인의 것이라 할 수 있다. 그들은 좋은 광고를
만들기 위해 최소한 자신들이 가장 필요한 것이 무엇인지 알고 있어야
한다. 결과적으로 클라이언트의 사고에서 광고가 나온다. 클라이언트
가 문제를 제시하면 여러 해답을 제시하는 것은 광고인들의 일이다.

광고일을 하다보면 여러 제약이 많다. 제약을 떼어놓고 생각하는
방법도 있지만 그것은 또 다른 제약이 된다. 역설적으로 제약이나 조
건이 많을수록 좋은 결과를 낳는다.

  광고의 진화

때때로 클라이언트로부터 무엇이든 좋으니까 재미있는 것을 만들어 달라는 주문을 받는다. 제약이나 조건이 없는 경우지만 실제로 그런 의뢰가 가장 난감하다. 무언가 재미있는 것을 어떤 각도에서 어떻게 좁혀 나갈지를 고민하는 쪽에서는 막연할 수밖에 없다. 반대로 제약이나 조건이 많다면 그것들 가운데서 재미있는 것들이 찾아진다. 제약이나 조건은 울타리다. 주변 사람에게는 곧잘 제약이 많아 힘들다고 불평하고 어떻게 하라는 거냐며 클라이언트와 종종 부딪치지만 제약이 많을수록 포인트를 찾기는 쉬워진다. 이것이 광고의 흥미로운 점이다. 아무렇게나 해치워 버리면 감동은커녕 재미도 없다. 광고에 참여하는 팀원들이 각자 조금씩 아이디어를 짜내 하나로 모아 비상시켜야 한다. 조건에 포위당해 벼랑 끝에 몰려 어떻게 극복할 것인가 고민하는 사이에 아이디어는 탄생하게 되는 것이다.

보통 아이디어 노트가 많을수록 좋다고 한다. 물론 노트가 잔뜩 있는 사람일수록 나은 작품을 만들 수 있을 것이다. 하지만 실제로 그렇지 않다. 노트 속의 아이디어라는 것은 그만큼 자신이 하고 싶은 것이 많다는 이야기인데 그럴수록 무의식적으로 클라이언트를 이끌려고 하고 결과적으로 자신의 수용력을 좁혀 버린다. 아이디어는 많을수록 좋겠지만 그것이 과연 제품을 소개하기 위한 아이디어인지 생각해볼 필요가 있다. 그 많은 아이디어의 발현은 자신을 위한 것일 뿐 제품을 위한 것은 아니기 때문이다.

간혹 어떤 클라이언트에게 똑같은 몇 개의 콘티를 내놓는 사람도 있다. 아이디어 노트에 담긴 작성자의 자신감 혹은 어떤 타이밍 같은 우연 때문일지 모른다. 비즈니스는 그런 것이 아니다. 항상 목적과 방향에 잘 어울리는 방식을 택해야 한다. 제약과 조건이 많다는 것은 기뻐할 일이다. 주목할 만한 광고는 수많은 제약과 고심 끝에 나온다. 벼랑 끝에서 온몸을 던져 뛰어든 도전과 용기가 아이디어의 도약으로 이어진다.

4 ▶▶▶   비지니스 예술, 광고

보험과 관련된 광고는 대부분 정원이 딸린 멋진 주택에서 부모님과 아이들이 행복하게 뛰노는 장면이 많다. 사실 대중의 입장에서 이런 진부한 광경만 보고는 보험에 가입하고 싶다거나 즐거운 감정을 쉽게 느낄 수 없다. 이러한 광고가 많이 나타나는 것은 다만 어느 곳에서도 큰 불만이 나오지 않기 때문이다.

아이디어를 한 단계 넘어보자. 보험도 미래의 안락함을 보장하는 연금식이 있는가 하면 건강과 손해를 보장하는 다양한 상품도 있다. 이러한 상품을 소개하는 과정에서 어려운 것은 사고나 화재 등 좋지 않은 상황을 전제해야 한다는 점이다. 결국 보험의 필요성을 전달하기 위해서는 어두운 상황도 담지 않을 수 없게 된다.[5] 그렇지만 사람이 죽거나 다치는

---

5 죽음, 범죄, 화재 등 부정적이거나 터부시된 소재를 활용하는 광고를 '네거티브 광고(Negative AD)'라고 한다. 소재(素材)의 금기를 허물어 강한 시각적 충격을 던지는 경우다. 예를 들어 위안부 할머니들을 등장시켜 상처 입은 굴욕의 역사를 떠올리게 하거나 온몸에 붕대를 감은 미라를 등장시켜 속옷을 억압의 상징물로 표현한 광고 같은 것들이다.

광고가 소비자에게 어떤 시각으로 비쳐질지는 자명하다. 비오는 날 길에 떨어진 전선줄을 손에 쥐려는 소녀의 모습 같은 것은 공익광고라면 몰라도 사기업의 입장에서는 광고로 내보내기 곤란한 장면이다. 사기업의 광고는 불운한 상황도 가능한 희망적으로 보이길 원한다. 그럼 불운을 행복하게 보여준다는 것은 어떤 것일까. 어떤 효과적인 방법으로 표현할지가 클라이언트와 광고인의 공통된 고민이다. 그렇다면 이런 것은 어떨까? 흥겨운 파티 도중에 갑자기 바닥이 꺼져 버린다거나, 여자 친구와 놀다가 갑자기 들이닥친 부모님 때문에 천장에 매달려 숨은 남자같이 황당하면서도 재미있는 아이디어 말이다. 만약 제약과 조건들이 광고주로부터 전달되지 않았다면 전혀 다른 표현이 나왔을 것이다.

경우에 따라 두 가지의 제품을 동시에 실어달라는 요구를 받을 수도 있다. 물론 짧은 시간에 두 제품을 동시에 담는다는 것은 현실적이지 못하다. 광고는 하나의 포인트로 전하고 싶은 것을 반복하는 것이 원칙이기 때문에 두 개를 하나로 집약시킨다는 것은 어려운 문제다. 한쪽을 메인으로 하고 다른 한쪽은 마지막에 잘 부탁한다는 식으로 처리한다면 가능하겠지만 어느 한쪽으로 치우쳐서는 곤란하다는 주문이라면 어떨까.

예를 들어 15초짜리 광고라면 상품 컷에 글귀는 최저 2초 반 정도 보여주어야 한다. 글귀를 두 개 넣는다면 남는 것은 10초인데 그렇게 되면 결국 두 상품에 주어진 시간은 5초 정도가 된다. 그 안에 메시지를 담는다는 것은 무리일 뿐더러 두 개로 분산시킨 만큼 기능도 약해진다. 그렇다면 텔레비전 화면을 둘로 나누는 것은 어떨까. 각각의 공간에 두 제품을 함께 광고하는 것이다. 마치 오페라 방송에서 무대 끝에 서 있는 두 인물의 모습을 화면 분할하여 한꺼번에 보여주는 것처럼 말이다. 이러한 발상은 어떻게든 두 제품을 함께 소개해야 한다는 클라이언트의 요청이 없었다면 불가능했을 것이다.

클라이언트가 애써 준비한 것에 대해 부정적인 의견을 내며 지적하는 배경에는 광고가 클라이언트 본인의 기대에 미치지 못하거나 제품이 잘 팔리지 않는다는 이유가 있다. 그러니까 요구가 그저 불합리하다며 일축하지 말아야 하는 것이다. 불만을 말해주는 것은 반드시 힌트가 된다. 그것을 깊이 파고들면 해결책이 나올 것이다.

광고에는 공익 광고와 의견 광고 등이 있지만 대부분 제품을 파는 것이 목적이다. 제품을 제대로 보여주는 데까지 성공한다면 그 광고의 제작자와 클라이언트의 관계는 최고라 자부할 수 있다. 제품까지 잘 팔리면 광고 제작자와 클라이언트의 신뢰는 더욱 확고해진다. 그 결과 좀 더 나은 조건으로 일을 수주할 수 있을 것이다. 그런데도 광고에서 제품이 방해물이라 여기는 경향이 있다. 제품이 들어가지 않으면 재미있게 될 것이라고 말하지만 잘못된 생각이다. 제품이 나오기에 재미있는 것이 광고의 실제 모습이다.

제품을 보이는 데 있어 스토리의 재미를 더하는 것이 광고의 역할이다. 스토리를 이용해 소비자의 경계심을 교묘히 비집고 순간적으로 가슴 깊숙이 들여보내는 것이다.

스토리텔링은 스토리(Story)와 텔링(Telling)의 합성어로 '상대방에게 알리고자 하는 것을 재미있고 생생한 이야기로 설득력 있게 전달하는 것'을 말한다. 소비자의 감성을 자극하는 한 편의 짤막한 이야기를

                                              광고의 진화

통해 공감과 호감을 자아내게 하는 것이다. 한 공익 광고의 예를 들어 보자. 아버지가 "너희들에게 물려줄 재산이 있다"고 하자 가족들은 모두 설레는 마음으로 기다린다. 아버지가 자신의 스마트폰을 꺼내어 보여주는데 화면 안에는 통신제품을 해지하면서 버려지는 막대한 양의 핸드폰에 대한 영상이 나온다. 하나의 스토리 안에 그것이 너희들에게 줄 재산이라는 공익적인 메시지를 담은 것이다.

최근 들어 많은 기업들이 스토리를 이미지나 음악 등 다양한 표현 요소를 활용해 짧은 광고 속에 담아내고 있다. 소비자는 짧은 이야기를 통해 광고로 전달하려는 메시지를 좀 더 인상 깊게 받아들일 수 있기 때문이다.

한편 국내 최대의 양대 가전회사는 '스마트TV'시장을 놓고 한바탕 격전을 벌였다. 하나의 프로그램을 시청하는 행태에서 벗어나 원하는 방송을 골라보고 여러 어플리케이션을 자유롭게 이용할 수 있다는 특징이 있다. 지상파 방송의 디지털 전환은 내수시장의 폭발적인 확장을 이끌게 될 것이다. 이렇듯 요즘 들어 제품의 겉은 엇비슷하지만 새로운 기능이 수시로 추가 개발되어 소비자를 향해 손짓하고 있다. 따라서 매 상황에 어울리는 시추에이션을 만들 순발력이 필요하다. 종이를 오려붙이듯 제품을 집어넣는 것만으로는 어림없다. 제품을 전달하는 작업이 진부한 일이라고 여기면 멋진 광고를 만들 수 없다. 소비자의 마음속에 어떻게 자연스럽게 들여보낼 수 있는지를 고심해야 한다. 그것이 광고의 매력이며 비즈니스 예술로써의 게임인 것이다.

제 2 부
광고의 변신

01 | 광고를 움직이는 소비자

1 ▶▶ 다양한 광고기법의 출현

1982년 5월 한국에서 처음으로 인터넷 연결에 성공한 이후 30년이 지났다. 그동안 정치나 경제, 문화를 비롯해 거의 모든 사회적인 요소들이 인터넷을 중심으로 재편되었고, 이제는 인터넷이 없으면 생활을 영위하기 어려울 정도가 되었다. 국내 인터넷 이용 인구는 3,718만 명, 총인구의 약 78%다. 또한 인터넷을 통해 이루어지는 경제 규모는 무려 86조 원에 육박한다. 이러한 추세에 발맞춰 최근 광고사들은 주요 인터넷 포털 사이트를 활용해 다양한 형태의 광고를 진행하고 있다. 그럼 이러한 상황 속에서 최근 새롭게 출현한 광고는 무엇이 있는지 알아보자.

'팝 언더 광고(Pop under AD)'는 웹 브라우저가 새로 열릴 때마다 새로운 창과 함께 나타나는 배너 광고를 말한다. 팝업 광고의 변형된 형태로 사용자의 웹 페이지 방문을 방해하지 않고 접속한 웹 페이지 아래에 나타나는데 새로운 창 아래에 열려 있다가 창이 닫히거나 비활성 창이 되면 보이는 형태이다. '커튼 콜 광고(Curtain call AD)'는 커튼처럼 화면 뒤에 뜨는 광고로 주로 브랜드 효과를 강조할 때 사용되는 기법이다. 웹 페이지를 열면 광고가 나오고 끝나면 광고 화면이 바 형태로 남아 언제든 다시 클릭해서 볼 수 있다. '탑 레이어 광고(Top layer AD)'는 소비자들이 시선을 끌만한 이미지를 전면에 배치해 유도하는 방법이다. 페이지의 한 쪽에 도발적인 카피로 시선을 끈 후, 클릭하면 광고가 나타나는 것이다. 이 광고형태는 사용자의 능동적인 참여와 흥미가 곁들여지는 특징이 있다.

뿐만 아니라 포털의 검색창에 특정 문구가 자막처럼 등장하면서 브랜드 키워드를 검색하라는 광고를 종종 목격하게 된다. 하나의 광고 메시지를 위해 여러 매체를 동시에 사용하는 식으로 텔레비전 같은 기존 매체에 인터넷을 접목시킨 일종의 '크로스미디어 광고(Crossmedia AD)'이다. '클레이메이션[1] 광고(Claymation AD)'는 진흙을 이용한 애니메이션으로 광고를 제작하는 기법이다. 공작용 진흙으로 만든 인형의 동작을 하나씩 만들어 촬영한 후 필름을 연결시킨 것이다. '비넷[2] 광고(Vignet AD)'는 한 가지 주제에 맞춰 다양한 것을 연속해 방영하는 것으로, 비슷한 경험을 가진 많은 사람들의 장면을 짧지만 연속적으로

---

1 진흙(clay)과 만화영화(animation)의 합성어.

2 연극이나 영화 속의 삽화나 짧은 장면.

  광고의 진화

보여줌으로써 단순하고 강렬한 이미지를 심어줄 수 있기 때문에 활용되고 있다.

'더블 업 광고(Double effect of advertisement)'는 특정 제품을 개발하여 소비자들에게 알릴 때 다른 제품을 소품으로 활용하는 광고로 소위 '광고 속의 광고'라고 말한다. 이 방법은 자사 혹은 계열사 제품을 소품으로 활용해 광고를 제작, 선전하는 이중 효과를 얻을 수 있다. 물론 과거에도 유사한 방법이 있었지만 근래 광고술의 발달에 힘입어 이러한 성격의 광고가 늘어나는 추세이다. 특히 텔레비전 드라마나 토크쇼 등을 활용한 간접 광고도 이에 해당되는 것으로서 시청자들에게 무의식적으로 광고 영상의 잔상을 남겨주는 효과가 있다.

반면에 '가상 광고(Virtual AD)'는 컴퓨터그래픽 기술을 이용해 만든 가상의 이미지를 방송 프로그램 도중에 삽입하는 기법이다. 프로그램의 제작 당시에는 들어있지 않던 가상의 영상물을 인위적으로 삽입해 내보내는 것으로, 미국, 영국, 독일 등 선진국에서는 이미 일반화되어 있다. 특히 스포츠 중계 중 나오는 경우가 대부분인데, 한국도 개정된 방송법이 시행됨에 따라 2010년 1월부터 스포츠 경기 방송에 한해 허용되었다.[3] 단, 전체 프로그램 시간의 5%, 전체 화면의 4분의 1을 넘을 수 없다는 제한이 있다. 가상 광고는 기존의 PPL 광고처럼 별도의 광고시간이 아닌 방송 프로그램 도중에 자연스럽게 노출된다는 점

---

3 2012년 런던올림픽 중계를 한 번이라도 본 독자라면 알 수 있을 것이다. 중계 방송을 보면 방송 사이 사이에 여러 기업의 제품 혹은 기업 이미지 광고 등이 영국 풍경을 배경으로 짧게 삽입되어 나오는 데 그것이 가상 광고이다.

에서는 같다. 하지만 PPL은 해당 프로그램에서만 사용이 가능하지만, 가상광고는 드라마나 영화 등의 영상물에도 추가할 수 있다는 점에서 활용도가 매우 높다는 차이가 있다. 그러나 시청자가 의식하지 못하는 사이에 특정 광고가 노출된다는 점에서 주권 침해와 방송의 상업화라는 문제가 내재되어 있다. 따라서 방송시간이나 화면 크기 등의 제한을 두고 규제하고 있는 것이다.

이밖에도 개인 미디어인 미니홈피를 이용해 특정 브랜드로 만든 '미니홈피 광고'나 '메신저 광고', '놀이 같은 광고'도 있다. '메신저 광고'는 MSN메신저와 같은 메신저 프로그램의 한 메뉴에 광고하고자 하는 브랜드를 메뉴창처럼 포함시킨 것을 말하고, '놀이 같은 광고'는 마치 게임과 같이 놀이를 활용하여 인터넷 광고를 하는 경우다. 예를 들어 한국 코카콜라는 '코크플레이'라는 인터랙티브한 웹 사이트를 개발하여 광고를 본 후 각종 게임과 이벤트에 참여하게 만든 오락 위주의 광고를 만들었다. 뿐만 아니라 '빔버타이징(Beamvertising)'은 빛을 뜻하는 빔(beam)과 광고를 지칭하는 애드버타이징(advertising)을 합친 신조어로 대형 빔 프로젝터를 설치하여 건물 외벽에 영상을 쏘아 광고하는 기법이다. 대체로 유동인구가 많은 도심의 벽면에 광고영상을 쏘아 이목을 집중시키는데 간혹 서울 신촌 인근의 대학가나 강남 등에서 볼 수 있다.

이렇듯 다양한 광고기법들이 등장하고 있는 요즘 광고사들은 빠르게 변화하는 시장에 맞춰 종합적인 마케팅 기획과 더불어 복합적인 방향으로 나아가고 있다. 즉 광고대행을 넘어 마치 컨설팅서비스 같은 입체적인 다채널 광고를 해야 하는 것이다. 예를 들어 2011년 말 이슈가 됐던 A제과의 '시크릿 케이크'는 '시크릿'이라는 이름부터 기획까지의 전 과정을 광고회사가 맡아 진행했다. 제품을 의뢰받아 광고 출연자를 섭외하고 촬영하는 전형적인 업무에서 벗어나 브랜드 이름부터 종합 마케팅 전략을 제공한 예이다. 기업에서 심혈을 기울여 자체 개발한 4세대 신개념 케이크였던 이 제품은 출시 한 달 만에 10만 개를 돌파할 수 있었다. 매장마다 판매 완료를 알리는 문구가 일찌감치 붙어 기업의 대표 상품으로 자리 잡은 시크릿 케이크는 다양한 맛을 한 번에 맛볼 수 있도록 층마다 다른 구성물을 배치한 제품인데, '소비자들은 겉을 보고 구매하지만 진짜 가치는 속을 봐야 알 수 있다'는 특성에 착안하여 '시크릿'이라 작명한 콘셉트로 높은 판매율을 이룰 수 있었던 것이다. 이는 일관된 전략에 의해 어울리는 채널을 선정, 계획적으로 제품의 이미지를 만들 수 있다는 장점이 있다.

그럼 프랑스 칸에서 열린 세계 최고 권위의 광고제인 '2011 칸 라이언즈 국제 크리에이티비티 페스티벌'의 수상작을 통해 최근의 동향을 살펴보자.

옥외 부문 금상을 탄 독일 통신회사 'T-모바일'의 'Life's for sharing(나눔을 위한 삶)' 캠페인은 일반인이 '플래시몹'[4]에 참여하는 과정을 자연스럽게 보여줬다. 영국 히스로 공항에서 여행객으로 가장한 배우들이 갑자기 일반 여행객들에게 아카펠라 노래를 불러준다. 처음엔 놀랐던 관객들이 시간이 흐르면서 함께 즐기게 되는 모습을 영상으로 담은 뒤 유튜

---

4 불특정 다수가 특정 장소에 일시적으로 모여 이벤트를 벌이는 것.

브에 올려 전 세계 네티즌에게 전했다. 이처럼 소셜미디어가 활성화되면서 영역을 넘나드는 광고 유형이 많아졌다. 소비자와 광고의 상호작용과 융합이 새로운 화두가 되었다.

한편 개성 과잉 시대, 웬만한 아이디어에는 코웃음 치는 냉소적인 소비자들을 무장해제 시키기 위한 재기 넘치는 광고들이 건재를 과시했다. 메르세데스-벤츠의 제동력 보강장치 '브레이크 어시스트 플러스' 광고는 세련된 중년 여인의 머리가 하이힐을 신은 발과 연결되는 엽기적인 모습을 보여준다. 머리에서 발이 바로 이어지듯 브레이크 반응속도가 빠르다는 것을 보여주는 자극적인 이미지를 담고 있는 것이다. 이 작품에서도 알 수 있듯 광고에서 아이캐처(eye catcher)[5]는 필수 불가결한 요소이다.

광고를 통해 소비자를 움직이는 시대는 지났음을 시사하는 광고도 출품되었다. 옥외 부문 그랑프리를 탄 '디코드 제이 지 위드 빙(Decode JAY-Z with Bing)'이 대표적인 예다. 마이크로소프트가 새로 만든 검색엔진 '빙(Bing)'을 알리기 위해 미국의 인기 가수 '제이 지'와 함께 만든 광고 캠페인이다. 제이 지가 『디코디드(Decoded)』라는 제목의 책을 쓰고 출간되기 한 달 전부터 350페이지에 달하는 모든 페이지를 다양한 형태의 옥외광고로 만들었다. 광고대행사 '드로가 5(Droga 5)'는 옥외 간판 외에도 버스 정류장, 햄버거 포장지, 수영장 바닥 등에 한 페이지씩 래핑하고 네티즌들이 '빙'에서 힌트를 얻어 이 광고들을 찾아 하

---

5 광고에서 눈길을 끌게 하는 시각적 요소.

  광고의 진화

나씩 인터넷에 올려 책을 완성하게 했다. 소비자를 광고의 한 부분으로 참여시킨 기발한 프로젝트로 '빙'은 한 달 만에 방문자 수가 11.7%나 늘었다. 제이 지 역시 책 홍보 효과를 톡톡히 봤다.

미디어 융합이 만들어낸 신개념 광고도 눈길을 끌었다. 미디어 부문 그랑프리를 탄 '제일기획'의 '홈플러스 지하철 가상 매장'은 지하철 스크린 도어에 이미지로 가상 매장을 만든 것으로서, 스마트폰으로 진열대 속 제품 이미지의 QR 코드를 읽어 바로 제품을 구입할 수 있도록 기획했다. 그리고 인쇄 부문 금상을 받은 태국 '레킷 밴키저'의 살충제 광고는 카멜레온과 개구리가 혀를 쑥 내밀어 벌레를 잡아먹는 모습의 이미지로 시선을 끌었다. 옥외 부문 은상 수상작인 태국 'MMP'의 일회용 랩 광고는 생선과 돼지, 닭을 랩처럼 죽 잡아 늘이는 이미지로 표현했다. 극도의 과장과 반전 기법을 특기로 하는 태국 광고의 개성을 엿볼 수 있는 작품이었다. 또한 'JWT' 상하이가 만들어 인쇄 부문 그랑프리를 차지한 샘소나이트의 여행용 가방 광고 '천국과 지옥(Heaven and Hell)'은 비행기의 일등석과 수하물 칸을 천국과 지옥으로 선명하게 대비했다. 자사의 가방은 내구성이 강해 지옥처럼 엉망진창인 수하물 칸에 들어갔다 나와도 반짝거린다는 것을 표현한 작품이다.

모든 세상이 디지털화되는 것에 대한 반항일까. 아날로그 냄새를 물씬 풍기며 옛 추억을 자극하는 광고도 시선을 끌었다. 인쇄 부문 동상을 받은 '트위터'의 광고는 마치 1900년대 초에 등장한 신문 광고처럼 누런 종이에 복고풍의 일러스트로 표현했다. 광고를 제작한 브라질의 광고대행사 '모마 프로파간다'는 온라인 문화의 첨병과도 같은 트위터의 차가운 디지털 이미지를 희석시키기 위한 도구로 과거로의 귀환을 선택했다. 1970년대 인기를 끌었던 빈티지 인형 '신디'에게 사탕을 물린 것 같은 모습의 추파춥스 미니 광고도 옥외 부문 동상을 받았다.

피로에 찌든 현대인들을 위한 약 광고엔 온갖 기지가 동원되고 있다. 디자인 부문 은상을 탄 아랍에미리트 제약회사 '파라스 파마'의 두통약 광고는 코너 벽면과 천장을 따라 사람 이미지를 절개해 붙여 '머리가 깨질 듯한 두통'이라는 작품명을 실감 나게 표현했다. 광고대행사 'BBDO 게레로'가 만든 바이엘 필리핀의 두통약 광고는, 바로 앞에 앉은 목수의 머리에 망치로 못을 박는 장면을 연출해 두통의 고통을 실감나게 담고 있다.

과거 선전의 시대에 그려졌던 광고는 단순히 제품을 알리는 내용이 주류였는데, 신체의 온갖 반응을 광고매체로서 파는 방식이었다. 예를 들어 '하품'이라는 행위를 수단으로 "피로회복 영양제는 박카스가 제일 좋지…"라며 반복하고 청년이 '재채기'를 하면, "감기에는 판콜이 좋지"라고 이야기한다. 이런 식으로 행위의 주체를 광고매체로 기업에 제공했다. 그러나 점차 직접적인 메시지의 전달 방식에서 진화되어 가면서 이미지를 보다 간결하고 재치 있게 그렸다.

그렇다고 간접 광고가 직접적인 것보다 효과가 떨어졌던 것은 아니다. 처리 방식에서 약간의 차이가 있을 뿐이다. 소비자들은 콜라나 나이키 등의 '이미지' 광고를 백화점의 정기세일 광고 같은 단순한 방식과는 다르게 본다. 이전의 광고는 단편적인 이미지 나열이나 분위기 연출에 그쳤지만 지금은 다르다. 제품을 물건으로 보지 않고 느낌까지 제대

　　　　　　　　　　　　　　　　　　　　　　광고의 진화

로 전달해 소비자의 마음까지 얻고자 하는 것이 요즘 추세라고 할 수 있다. 과거 80년대만 해도 텔레비전 광고의 활동력이 급성장하던 시대였다. 광고의 폭발적인 신장(伸張)이 카피 작가의 창작 마인드를 깊게 자극하여 감성적인 이야기를 담은 것이 많았다. 앞으로의 광고는 직접적인 메시지 전달과 이미지를 통한 방식이 한동안 함께 할 것이다.

2 ▸▸   입소문 마케팅의 시대

지금의 시대에 특히 주목되는 것은 개인이 하나의 매체가 된다는 점이다. 인터넷과 IT의 발전에 의해 개인이 미디어 콘텐츠를 소비할 뿐 아니라 생산할 수 있는 환경이 조성된 것이다. 미디어의 생산자이자 소비자인 미디어 프로슈머로서의 개인이 등장하고, CGM 혹은 UGC[6]라고 불리는, 개인이 발신하는 정보가 광고적 가치를 갖는 시대가 된 것이다.

이러한 상황에서 최근 '입소문 마케팅'[7]에 대한 관심이 뜨겁다. 이 고전적인 마케팅 방식이 인터넷에서 더욱 부각되고 있다는 것은 이 방식의 효과가 상당히 크다는 것을 의미한다. 오래전부터 '입소문'의 위력을 알게 된 기업은 보다 구체적이고 체계적인 마케팅을 통해 입소문

---

6 CGM=Consumer Generated Media, UGC=User Generated Content, 소비자가 만든 콘텐츠.

7 버즈 마케팅(buzz marketing)이라고도 불리는 이 방법은 소비자들로 하여금 자발적으로 정보를 전달하게 하여 상품에 대한 긍정적인 입소문을 내게 하는 기법이다.

을 만들고 있다.

누구라도 "A병원이 친절하고 진료도 잘하더라"와 같은 입소문을 듣고 귀가 솔깃해진 경험이 있을 것이다. 한 조사에 따르면 국내 소비자들 역시 광고에서 '입소문'을 가장 신뢰하는 것으로 나타났다. 글로벌 정보분석기업 닐슨은 '2011년 하반기 국내 소비자 500명을 대상으로 광고 유형별 신뢰도를 조사한 결과 응답자의 92%가 입소문을 믿는다고 말했다'고 밝혔다. 인터넷에 올라온 소비자들의 의견을 신뢰한다는 응답도 73%나 되었다. 반면 기존 미디어를 이용한 광고에 대한 신뢰도는 하락했다. 텔레비전의 광고를 신뢰한다는 응답은 44%로, 2007년의 74%에 비해 무려 30%나 하락했다. 신문 광고도 34%만이 신뢰한다고 응답했는데, 이는 5년 전보다 29% 떨어진 수치다. 라디오와 잡지도 각각 33%와 32%로 다소 낮았다.[8] 이러한 조사 결과는, 소비자는 기존의 일방적인 자세로 받아들이는 정보보다 누군가의 '입소문'을 통해 나온 정보를 능동적으로 받아들여 공유하고 그것을 구매하는 데 유용한 자료로 사용하고 있음을 단적으로 보여준다.[9]

입소문은 듣는 사람에게 거부감 없이 받아들여지기에 즉각적이고 효과적인 반응을 이끌어 낼 수 있다는 특징이 있다. 이러한 점이 '입소문

---

8 이 조사에서 각 브랜드 웹 사이트나 소비자가 직접 구독 신청한 정보메일을 신뢰한다는 응답도 각각 44%, 39%를 차지했다. 인터넷 검색 결과 광고와 SNS를 이용한 광고에 대한 신뢰는 각각 26%와 25%였다. 광고 신뢰도에서 최하위권인 휴대폰 문자 광고는 16%, 온라인 배너광고는 21%를 차지했다.

9 소비자는 매일 수많은 광고를 접한다. 하지만 그 많은 광고들 중 소비자가 기억하고 있는 광고는 몇 가지나 될까? 인터넷이 출현하고 블로그나 SNS 같은 정보공유의 간편한 툴(tool)이 생겨나면서 이러한 경향은 더욱 선명하게 나타나고 있다.

　　　　　　　　　　　　　　　　　　　　　　광고의 진화

마케팅'이 가진 가장 핵심적인 내용이라 할 수 있는데, 최근 인터넷 카페나 지식정보, 블로그 등에서 이루어지는 리뷰나 소개 등이 그 예라고 할 수 있다. 이는 어떤 제품을 직접 써본 소비자의 한 사람이 다른 소비자와의 공유를 목적으로 게재한 형태여서 광고라는 느낌이 들지 않고 신뢰도 역시 상당히 높다. 이로써 생성된 입소문은 인터넷이라는 네트워크를 만남으로써 한 사람에서 끝나지 않고 주변 사람들에게 계속해서, 순식간에 확산되는 막강한 힘을 자랑한다. 자연스럽고 거부감 없이 소비자에게 홍보가 가능한 것이다. 이러한 '입소문 마케팅'은 저렴한 광고비용으로 큰 효과가 볼 수 있다는 것에서 높은 평가를 받는다.

이러한 입소문 마케팅과 같이 '확산'의 특징을 같는 방식이 또 있다. 바로 '바이럴[10] 마케팅(Viral marketing)'이 그것인데, 이메일이나 다른 전파 가능한 매체를 통해 자발적으로 기업이나 제품을 홍보하는 마케팅 기법으로 컴퓨터 바이러스처럼 확산된다고 해서 붙여진 이름이다. 2000년 말부터 새로운 인터넷 광고기법으로 주목받기 시작한 이 방식은 기업이 직접 홍보를 하지 않고 소비자의 이메일을 통해 입에서 입으로 전해지는 광고라는 점에서 기존 광고와 다른 방식을 취한다. 그렇다면 입소문 마케팅과 바이럴 마케팅의 차이는 무엇일까?

입소문 마케팅은 정보 제공자를 중심으로 메시지가 전달되지만 바이럴 마케팅은 정보 수용자를 중심으로 퍼져 나간다는 점이다. 기업은 재미있고 신선한 내용의 웹 애니메이션을 제작하여 인터넷 사이트에

---

10 바이러스(virus)와 오럴(oral)의 합성어.

무료로 게재하고 제품을 끼워 넣는 방식으로 간접 광고를 한다. 내용이 재미있으면 이메일을 통해 전달되고 이러한 과정이 반복되면 어느새 화제가 되어 마케팅이 이루어진다. 바이럴 마케팅은 웹 애니메이션 기술이 바탕이 된 방식으로 파일 크기가 작아 실시간의 재생이 가능함은 물론 누구나 쉽게 제작할 수 있고 기존 텔레비전이나 영화처럼 필름을 이용한 광고보다 훨씬 저렴한 비용이 든다.

웹 세계의 개인은 어디까지나 누군가의 메시지 그대로를 앵무새처럼 되풀이하는 기계가 아니라 자유 의지로 형성되는 개인 미디어다. 현재 CGM을 활용한 커뮤니케이션에 기업과 소비자가 가치를 느끼는 이유는 소위 캐치카피(catch+copy) 때문이다. 소비자의 마음에 강하게 어필할 수 있는 인상적인 문구나 광고음악을 이용한 종래의 원웨이 홍보에서 벗어나 소비자의 시각에서 본 리뷰나 사용후기가 더 힘이 센 시대이다. 이는 미디어화된 개인과 기업의 연계가 이미 현실이 되었음을 말해준다. 물론 개인 미디어를 수단화 한 '입소문' 서비스는 미국을 비롯한 선진국도 처음에는 고전했다. 형식에 있어 기술적인 공간을 제공한 종래 광고와는 차이가 있었기 때문이다. 그렇지만 짧은 기간 상황이 많이 변했다.

미디어화된 개인과 기업이 건전한 커뮤니케이션의 관계를 구축하기 위해서 기업은 개인을 자유로운 기고가로서 인정하고 소통하는 것이 중요하다. 개인의 가치를 인정하고 어느 정도의 재량권을 부여하는 것이다. 때로는 자사의 광고나 제품을 갖고 노는 정도의 범위를 허락함으로써 창의성을 자극해 커뮤니케이션을 만드는 것도 필요하다.

'입소문' 광고로 성공한 사례는 의외로 많다. 지금까지 많은 사람들

  광고의 진화

에게 읽히고 있는 『아프니까 청춘이다』는 출간 3개월 만에 150만 부 이상이 팔리며 2011년 한 해 확고한 베스트셀러의 위치를 확립했다. 책의 성공 뒤에는 인터넷과 소셜미디어를 통한 '입소문 마케팅'이란 전략이 숨어 있는데, 출판사는 애초부터 "불안하니까, 막막하니까, 흔들리니까, 외로우니까, 그러니까 청춘이다. 하지만 기억하라. 그대는 눈부시게 아름다운, 그 이름만으로도 가슴 뛰는 청춘이라는 사실을" 등 젊은이의 공감을 불러일으킬 짧은 문구를 골라 15개의 샘플을 만든 후 트위터를 통해 집중 홍보했다. 그러자 점차 이 문구들을 리트윗하는 사람이 급속도로 늘어나게 되었고 뜨거운 반응이 일어난 것이다.

이렇듯 새롭게 혹은 다양하게 탄생되는 광고를 광고의 진화로 인한 현상이라 할 수 있는가. 분명히 말하지만 새로운 미디어를 수단 정도로 생각한다면 진화는 없다.

3 ▶▶   입소문 광고의 규제

2009년 12월 1일, 미국의 '연방거래위원회(Federal Trade Commission, 이하 FTC)'[11]가 『추천(推薦) 광고와 정언(正言) 광고의 이용에 관한 가이드』[12]를 제정했다. 요약하면 블로거가 대가를 받고

---

11 연방거래위원회는 1914년 설립된 단체로 자유롭고 공정한 거래의 확보를 위해 활동하는 기구이다.

12 미국의 'Federal Trade Commission'의 가이드 『Guides Concerning the Use of Endorsements & Testimonials in Advertising』.

제품과 관련된 게시물을 쓸 경우 그 내용을 명시하도록 하고 있다. 소비자가 상업성을 띤 블로그 게시물로 인해 자칫 하자가 있는 제품을 구입할 우려가 있어서이다. 위원회는 가이드 라인을 통해 '제품 판매자(기업)와 추천자(블로거) 사이에 게시물의 추천 내용에 영향을 미칠 만한 관계가 존재할 경우 그 내용을 모두 공개해야 한다'고 규정했고, 이를 지키지 않으면 벌금을 부과할 수 있도록 했다.

그간 우리도 금품을 매개로 한 기업과 파워 블로거 사이의 담합 행위가 속속 드러나고 있지만 이를 규제하거나 소비자 피해를 구제할 수 있는 최소한의 안전장치가 현재로서 마련되어 있지 않다. 해당 블로거는 물론 제품을 판매한 기업이나 인터넷 포털도 자신들과는 관계없는 일이라는 입장이다.

공동구매를 추진한 파워 블로거 역시 아무런 책임도 지지 않는 구조이다. 기업에서 홍보를 대가로 돈을 받았다고 해도 마찬가지다. 문제가 생겨도 대부분의 블로거들은 개인사업자로 등록되어 있지 않아 '물건 판매를 알선했을 뿐 보상책임이 없다'는 시각이 적용된다. 현실적으로 파워 블로거가 공동구매를 진행하더라도 애초에 하자 있는 제품이라는 사실을 알지 못했을 경우 해당 블로거에겐 귀책사유를 묻기 어렵다. 포털업계 관계자는 '블로그에서 상행위와 관련된 분쟁이 발생할 경우 개입하지 않는다는 게 원칙'이라며 국내법상으로 아직까지는 이 같은 행위를 규제하는 법안이 없다고 말한다. 이는 파워 블로거가 몰려 있는 네이버와 다음도 속수무책이다. 관련 규정이 없다는 이유에서다. 이들이 선정한 우수 블로거들의 수만 각각 700여 명, 2500여 명

광고의 진화

에 이르지만 별다른 관리 방안이 없다. 포털업체들은 블로그에서 도검·총기·마약류 등 불법 물품을 판매할 경우 모니터링을 통해 이를 비공개 처리하지만 일반 상행위와 관해서는 약관 자체가 없다.

그러나 81페이지에 달하는 다양한 사례를 상정한 신 규약 전문을 읽으면 인터넷을 비롯해 텔레비전이나 신문, 잡지 등의 전통적 미디어뿐만이 아니라, 광고회사나 예능 프로덕션과 같은 단체 심지어는 스포츠 선수나 저널리스트 등의 개인의 사례에 이르기까지 상세한 사례들이 제시되어 있다. 이러한 사례들은 입소문 광고이 가지고 있는 문제의 심각성을 일깨워 준다.

이 규약[13]에 따르면 인도스먼트(Endorsement), 즉 사람이나 물건을 추천하고 권하는 행위는 엄격히 금지하고 있다. 그리고 '개인의 감상일 뿐, 상품의 효능을 보장하는 것은 아닙니다'라는 문구도 법률로 금지한다. 예를 들어 술과 관련한 광고는 '국민건강증진법'에서 제한하고 있다. 술병에는 "지나친 음주는 건강에 해롭다"는 경고 문구가 있다. 따라서 술 마시기를 좋게 표현하거나 술이 건강에 좋고 질병을 치료하는 데 도움이 된다는 식의 광고를 금지한다. 비타민제의 광고도 "오랜만에 동창회에 갔더니, 20년 전과 조금도 변하지 않았다는 말을 들었습니다. 제

---

13 FTC 문서의 원제는 'Guides Concerning the Use of Endorsements & Testimonials in Advertising'지만, 문장을 찬찬히 읽어보면 'Endorsements & Testimonials'를 단순히 '입소문 광고'라고 하는 것은 상당히 과장된 표현으로 보여 진다. 'endorsements'의 본래 뜻은 '(공개적인) 지지, (유명인이 광고에 나와 하는 상품에 대한) 보증, (운전 면허증 뒷면에 기입된) 위반 사항'이며, 'testimonial'은 '(흔히 이전 고용주가 작성해 주는) 추천서 내지 (어떤 것의 품질에 대한) 추천의 글'이다. 따라서 '입소문 광고'라기보다는 오히려 '모든 추천(推薦) 광고에 대한 규약 개정'이라고 해야 옳다.

가 생각해도 더 젊어진 것 같아요"라는 표현도 어디까지나 개인의 감상
일 뿐 상품의 효능을 보장하는 것은 아니기에 규제가 된다.

새로운 규약을 시행한 후 프로야구 선수가 "건강 음료를 매일 마셔
서, 이번 시즌도 3할을 쳤다"고 하는 말도 규제의 대상이 된다. 다시
말해 광고회사의 카피라이터나 플래너가 준비한 것을 단순히 읽는 것
만으로도 과장 광고가 될 수 있다. 또한 헬스기구의 효능이 '미국 과학
연구소의 실험결과 성능이 데이터로 증명되었다' 같은 표현을 해서도
안 된다. 특히 실험에 관련한 비용을 회사가 지불한 경우에 그 사실을
밝히지 않고 광고로 사용해서도 안 된다.

기업으로부터 일종의 제작 지원금이 출판사나 방송국에 지불된 것
을 취재하거나 기사나 프로그램으로 만드는 것도 규제대상이다. '광고
라고 명시되지 않은 홍보적인 콘텐츠' 역시 금전 혹은 기타 이해관계
가 있는 것을 주고받은 경우에 광고로서 위법이 될 가능성이 있다. 예
를 들어 모터 저널리스트가 자동차 테스트 주행에서 업체로부터 항공
과 숙박비용을 제공받는 조건으로 초대받았다고 하자. 이러한 경우 그
사실을 밝히지 않고 기사를 쓸 경우 무료로 게임물을 수령한 블로거가
사실을 밝히지 않고 플로그 기사[14]를 쓴 것과 마찬가지로 처벌의 대상
이 된다.

---

14 플로그(flog = fake blog). 관계자가 일반 소비자인 것처럼 제품이나 서비스를 광고하는 기법. 2006년
의 월마팅 어크로스 아메리카(Walmarting Across America) 블로그 등이 유명하다. 광고라고 인식되지
않으면서 소비자에게 접촉하는 행위를 레이더에 탐지되지 않는 스텔스 전투기에 빗대어 '스텔스 마케
팅'이라고 부르기도 한다.

　　　　　　　　　　　　　　　　　　　광고의 진화

블로거가 쓴 광고의 규제를 두고 매스미디어와 그 주변업계에서는 '뜨거운 감자를 손에 쥐었다'는 말이 나온다. 물론 FTC의 규약 개정은 어디까지나 미국 내의 규제이다. 하지만 '소비자 보호'라는 관점에서 보면 우리도 1987년 설립된 '한국소비자보호원'이 제품의 리콜이나 부정청구 등의 정보 개시와 방문판매업자의 지도 등을 행하고 있다. 그러나 아직 중재의 역할에 그친다. 보다 근본적인 해결을 위해 인터넷과 관련된 피해를 줄일 수 있는 법안 마련이 요청된다.

FTC의 규약 개정을 보면 갖가지의 예를 제시해 통과범위와 규제대상을 규정하고 있다. 그럼 '통과'가 되는 사례를 보자.

텔레비전의 다양한 예능 프로그램에서 활약하는 개그맨은 한때 유명한 씨름선수였다. 함께 출연한 연기자도 지금껏 장수 음악프로의 명사회자로 널리 알려져 있다. 이들이 등장하여 건강한 치아는 튼튼한 잇몸에 있음을 알리는 약품 광고를 한다. 이때 마치 주변에게 권하듯 제품을 소개한다.

또한 개그맨이 야구선수에게 "HD텔레비전을 사주고 싶다. 그러면 스트라이크 존이 어디에 있는지 자세히 보일 테니까"라고 말한다. 그러자 야구선수는 개그맨에게 "믹서를 사주고 싶다. 관객이 던진 과일이 있다면 주스를 만들 수 있을 테니까"라고 받아친다고 하자.

이럴 경우 개그맨이나 야구선수는 인도서(endorsor), 즉 상품의 효능을 지지하거나 보증하는 사람으로 해당하지 않는다. 왜냐하면 광고를 본 시청자는 '그들이 마음속으로 생각하는 진짜 기분'을 말하는 것이 아니라, 주어진 대본을 연기하고 있다는 사실을 명확하게 알기 때문이다. 이런 식으로 통과와 규제의 사례가 소개되어 있다. 그밖에 '고용한 엑스트라를 길거리의 통행인처럼 보이게 하는 광고'와 '눈의 레이저 수술을 받은 테니스 선수가 토크쇼에서 자신의 수술 경험이나 클리닉 의 뛰어남을 말하는 것', '카레이서가 자동차용품 광고에 나와 제품을 소개'하는 등의 경우를 일목요연하게 안내하고 있다.

그렇다면 이러한 규제는 왜 업계의 '자율 규제'로 실현되지 못하는 것일까.

규약 개정의 최대의 관심은 앞서 이야기한 바와 같이 '개인의 감상 일 뿐, 상품의 효능을 보증하는 것은 아닙니다'라는 문구를 넣기만 해 도 '추천광고'에 해당한다는 것이다. 다시 말해 다소 과장된 표현은 면 책받을 수 있고, 신의 성실의 원칙을 준수하려는 노력이 있었음을 입 증할 수 있는 경우 책임을 면제해주는 소위 '안전피난처(safe harbor)' 를 '제거(eliminate)'해야 한다는 것을 명확히 하고 있다.

기본적으로 제품이나 서비스를 제공받은 누구라도 가능한 범위의 효과밖에 볼 수 없기에 이를 통틀어 개인의 감상이라고 해서는 안 된 다. 왜냐하면 광고를 본 사람의 대다수가 '자신도 이 제품을 사면 같은 효과를 얻을 수 있겠구나'라고 느끼기 때문에 이 같은 규약 개정의 이 념이 잘못되었다고 볼 수 없다.

최근에 체중을 줄여주는 다이어트 목적이나 건강을 위한 제품의 광 고에 있어서 '안전피난처'의 확대 해석은 한계점을 넘어섰다. '활기차 고 건강하게 살 수 있다'거나 '이상적인 몸매를 갖고 싶다'는 소비자 의 기분을 파고드는 '광고의 거짓'은 허구라고 알고 있는 판타지와도 거리가 있는 명백한 거짓이며 용서받을 수 없는 행위이다.

규약을 제정하는 중에서도 FTC는 다수의 업계 관계자로부터 의견을 모아 갖가지 토의를 한 사실을 기재하고 있다. '확실한 룰은 필요하지만 업계의 자율 규제로 충분하며 국가에 의한 규제는 경제성장에 방해가 된다'라는 의견도 담겨 있다. 그런 의견에 대해 FTC는 '새로운 규제가 경제성장을 저해할 것이라는 예측을 증명한 데이터의 제출은 없었다'면서도 동시에 '자율 규제라는 것은 엄격한 법의 집행이라는 감시자가 있을 때 가장 큰 효과를 발휘한다'고 했다.

다음은 '감시자'로서의 규약 개정의 보다 상세한 내용을 보자. 개인적인 '감상'이라면 무엇이든 말해도 되는 것일까. 그렇지 않다. 소비자를 속이는 광고는 어떤 경우도 인정받지 못한다. 그렇다면 규제되거나 되지 않는 기준은 무엇일까.

'도를 넘은 통제는 표현의 자유라는 헌법이 보장하는 기본적인 권리를 침해하는 것이 아닌가'라는 의문을 갖게 한다. 이번 FTC의 규약 개정의 작업 과정에 있어서도 '표현의 자유'를 침해하는 것이 아니냐는 반론이 있었던 것은 사실이다. 공개되어 있는 규약 관련 문서 안에 관련 내용이 분명하게 기재되어 있다. 그런 목소리에 대해 FTC는 '이번 규약개정이 금지하고 있는 것은 어디까지나 사람들을 기만하는 표현이며, 속이는 표현은 헌법에 의해 보호받을 수 없다'고 했다. 기업과는 전혀 관련 없는 개인 블로거가 자신이 직접 구입한 제품을 멋지다거나 구입해 보길 권한다고 쓰는 것은 자유고, 그런 표현의 자유를 규제할 의도가 전혀 없다는 점을 강조한다.

이러한 FTC의 입장은 다름아닌 현실이 입증하고 있다. 인터넷 입소문 마케팅이 각광을 받으면서 이로 인한 부작용이 속출하고 있는 것이다.

최근 '공정거래위원회'는 파워 블로거 등이 광고주로부터 현금이나 제품 등의 대가를 받고 추천이나 보증을 하는 경우에 소비자들이 상업적 표시 광고라는 사실을 알 수 있도록 경제적 이해관계를 명확히 하게 했다. 이 조치는 파워 블로거뿐만 아니라 인터넷 카페, 트위터, 페이스북 등의 이용자와 같이 소비자에게 영향력을 행사할 수 있는 모든 경우를 대상으로 했다. 그러나 현재 국내에는 표시광고법이나 전자상거래법에 관련 규정이 없다. 따라서 블로그의 광고성 게시물에 의한 소비자 피해가 제기되어도 별다른 조치를 취하지 못한다. 하자 있는 제품으로 피해를 봤을 때도 책임 소재가 불명확하다. 블로거들의 대가성 게시물과 관련된 규정을 마련하려 했으나 실제로 파워 블로거들의 금전 수수를 일일이 조사하기 어려워 법안 마련도 미지수다.

그러나 가이드는 추천이나 보증 등을 하면서 경제적 대가를 받은 사실을 공개하지 않을 경우 소비자의 구매 선택에 영향을 미칠 수 있다는 사실을 은폐한 것으로 보며 이에 대한 책임은 광고주에게 있음을 분명히 했다. 금전적 제공을 받고 블로그 등에 게시하는 것도 광고인데 소비자들이 이를 인식하지 못해 대책을 마련한 것이다.

매스미디어 광고에 대해서도 명시가 있다. 가령 탤런트가 광고에 나와 특정 제품을 먹거나 마시며 "으음… 너무 맛있어"라는 일반적인 대사로 전달한 표현이 있다고 하자. 이러한 경우 광고 안에서 제품에 대한 내용을 분명히 할 필요는 없다. 시청자는 이미 무엇을 의도로 그런 '커머셜 메시지'를 전달하고 있는지를 알기 때문이다.

광고인지 아닌지 불분명한 경우는 어떨까. 가령 대담에서 특정 제품을 언급하는 경우다. 제품을 토크쇼에서 화제로 올릴 때는 기업과 모델 사이에 광고계약이 있다는 것을 명확하게 하지 않으면 FTC의 규약에 반하는 행위가 될 가능성이 있다고 경고한다.

신작 영화의 홍보를 보면 종래의 예고편 광고가 아니라 영화 전문 토크쇼를 통해 '감동적이었다'거나 '따뜻한 위로를 주는 멋진 영화' 내지 '주변 사람에게 추천하고 싶은 영화' 따위의 소감을 이용해 홍보하는 사례가 늘고 있다. 이런 개인적인 감상의 이용도 규제의 대상이 될까. 결론적으로 '감동했습니다' 같은 표현은 무방하다. 영화를 본 감상을 홍보에 이용하는 수법에 대해 FTC는 다음과 같이 명기하고 있다. '영화의 감상은 지극히 개인적인 것으로 자신도 같은 식으로 느낄지는 알 수 없다. 따라서 실제로 영화를 본 사람의 개인적인 감상을 어느 정도 선택해서 커머셜에서 소개하는 것은 위반이 되지 않는다. 다만 코멘트를 쓴 사람이 초대권을 선물받는 등 일반 소비자와는 다른 조건의 전제로 나온 감상의 경우는 그 사실을 명확하게 하지 않으면 규약 위반이 될 가능성이 있다'고 말한다.

온라인 블로그나 웹 사이트에 제품명을 올리거나 댓글을 다는 네티즌도 규제 대상이다. 따라서 이들의 발언에 대한 책임에 대해서도 FTC는 명시하고 있는데, 소셜미디어를 이용한 마케팅의 비중이 점차 커지는 시점에서 온라인 마케팅의 투명성과 신뢰성을 확보하고 소비자 피해를 최소화하기 위한 조치이다. 가이드 라인은 기업으로부터 보수나 협찬상품을 받고 개인 블로그에 제품명을 쓰거나, 제품리뷰 사이트에 사실과 다른 사용 후기를 올리는 것, 유명 연예인의 방송이나 소셜미디어 등을 이용해 제품이나 서비스를 홍보하는 행위를 규제하는 등의 내용을 담고 있다. 결국 소비자에게 관련 사실을 명확하게, 그대로 알리라는 명시이다.

예를 들면 특정 연예인이 홈쇼핑 방송에 출연해 제품을 소개하는 경우 만약 "이것을 사용하면 30분 만에 치킨을 구울 수 있습니다"라고 했다고 하자. 그런데 제작진은 실제 촬영 현장에서 같은 제품을 이용해 세 번씩이나 구웠는데 화력이 잘 들지 않아 최소한 한 시간은 구워야 한다는 사실을 알았고 어쩔 수 없이 실제 방송에서 조리되지 않은 치킨을 오븐에 익혀 결과적으로 완벽하게 구워진 것처럼 보이게 한다. 시식하며 "정말 맛있는데요. 놀랍잖아요. 누구라도 손쉽게, 30분만에 맛있는 치킨 요리를 만들고 싶다면 이것이 최고네요"라고 말한다. 이때 시청자는 연예인의 발언이 자신이 경험한 듯한 인상을 받는다. 실제로는 사전에 받은 원고를 읽고 있는 것뿐인데도 그렇게 받아들인다. 결과적으로 특정 제품에 대한 과장 코멘트로 규제 대상이 된다. 허위 광고를 한 광고주 역시 처벌을 받는다. 촬영장에서 흔히 겪게 되는 까다로운 문제 중 하나이다. 그렇다면 여러 이해 당사자가 있는 현장에서 "저는 이 대본대로 거짓말은 할 수 없어요"라는 발언이 현실적으로 가능한 일일까. 하지만 FTC는 '출연하는 탤런트는 그 행위에 의해 영리를 얻고 있다.

영리의 기회는 책임과 선행되어야 한다. 이런 사실을 출연자는 물론 법률대리인과 소속사는 이해할 필요가 있다'고 단정한다.

그러나 아무리 좋은 규정도 모든 미디어에 공평하게 적용하지 않으면 문제가 생기기 마련이다. 이번 FTC의 규약 개정을 한국의 언론은 '미국에서 인터넷상의 입소문 광고에 대한 규제'라고 기사화했다. 하지만 이번에 나온 규약은 블로거를 포함한 인터넷에 대한 규제지만 현재 운영 중인 모든 미디어나 업계 관계자에게도 적용된다고 했다. 인터넷의 입소문 광고의 규제는 모든 미디어에게 해당되는 것이다. 여기에 관해서도 사례를 들어 명문화하고 있다.

새로이 출현한 '블로거의 광고'를 규제하는 것이 목적이라면 같은 룰을 미디어 업계 전체에 적용하지 않으면 공정하지 않다는 것이 대다수의 견해다. 미국 역시도 이 부분에서 수정을 검토하고 있다. 우리도 같은 규제가 적용될 경우 단순히 '블로그의 규제'라는 부분에만 초점화되어 종래의 관례는 손대지 않겠다는 판단을 하지 않도록 주의할 필요가 있다. 왜냐하면 룰의 변경에 따른 영향은 새로운 미디어보다 오랫동안 유사한 방식을 구사해 온 전통적 업계가 현저히 크기 때문이다.

4 ▸▸ 표현의 경계

미국 FTC의 규약 개정에 대해 광고업계 관계자의 관

심은 의외로 높다. 특히 ‘WOM 마케팅 협회’[15]도 상당한 관심을 갖는 가이드 부분인 건강 관련 제품 등 몇몇 분야는 상당한 주의를 필요로 하는데, 지금껏 여러 광고에서 보아왔던 ‘소비자의 대다수가 효과를 실감하고 있다’는 표현의 경우 규약은 ‘일반 소비자가 대체로 효과를 동일하게 느낀다는 것을 증명이 가능한 증거로 보유했다는 전제로 홍보하는 것은 문제가 없다’고 말한다. 따라서 ‘소비자의 대다수가 효과를 실감한다’는 표현에서 ‘대다수’가 대체로 동일하게 느끼는 조건에 만족하고 있는지 어떤지는 규약에 명문화되지 않았기에 그 범위에 대해 짐작할 뿐, 오히려 문제가 되는 것은 ‘효과를 실감하고 있다’에 있어서 ‘효과’가 과연 어떤 것이며, 그것이 증명 가능한 것인가 하는 점이다. 규약에서 반복되어 사용하는 키워드가 ‘기만한다(deceptive)’인데 소비자를 속일 만한 표현을 사용해서는 안 된다고 하는 것이 요지임을 잊어서는 안 된다.

체중을 줄일 수 있는 다이어트 제품과 관련된 사례를 예로 들어보자. 실제로 어느 방송에서 비만 여성 두 명을 등장시킨 프로그램이 있었다. 먼저 비만의 위험성을 알리는 의사의 소견이 있었고, 매주 얼마만큼 체중 조절에 성공하는지를 흥미진진하게 보여주었다. 그렇다면 만약 그들이 이 과정에서 특정 다이어트 음료를 마셨다고 말하면 어떻게 될까. 아마도 상당한 파장이 일었을 것이다. 물론 이들은 채식 위주의 식단과 꾸준한 운동으로 몇 주 만에 정상적인 체중을 유지할 수 있

---

15 ‘Word of Mouth’ 이른바 ‘입소문’을 가리킴. 미국의 경우 지난 2005년 설립되었으며 업계의 건전한
   육성과 계발에 기여하기 위한 목적으로 설립되었다.

었다. 그런데 방송 도중에 사회자의 질문을 받고 이렇게 말한다고 해 보자. "매일 저는 꾸준히 하루 6시간씩 열심히 운동을 합니다. 음식은 채식밖에 하지 않아요. 그런데 다이어트 음료를 아침저녁으로 마십니다. 그렇게 노력한 결과 3개월 만에 보시는 것처럼 110kg이었던 체중이 60kg로 줄었습니다."

결과적으로 소비자가 비만일 경우, 다이어트 음료와 운동만 계속하면 자신도 체중을 줄일 수 있을 것이라는 믿음을 갖게 할 수 있다. 물론 방송에 출연한 여성은 자신이 경험했던 지극히 특수한 상황을 설명했을 뿐이다. 그러나 시청자는 그녀와 같은 식생활과 운동을 하지 않고는 50kg을 감량할 수 없다고 생각할 수 있는 여지를 남긴다. 단순히 다이어트 식품의 사용과 식생활의 개선 그리고 규칙적이고 꾸준한 운동에 의해 3개월 만에 50kg이 줄었다는 정도의 표현으로는 감량의 배경이 되는 특수한 상황을 충분히 설명했다고 볼 수 없다. 어떤 경우든 광고주는 다이어트 제품이 체중 감량에 효과가 있다는 것을 과학적으로 증명할 수 있는 자료를 보유할 필요가 있다. '추천 광고'에 있어서의 선전은 제품을 구입한 소비자가 동일한 효과를 얻지 못하거나 가능하다는 증거가 없는 경우 기만행위가 된다. 결국 광고에서 '소비자의 80% 이상이 효과를 실감하고 있습니다'라는 표현이 나타내는 범위가 실제로 소비자가 받은 효과와 크게 차이 날 경우 혹은 효능을 증명하지 못할 경우 처벌의 대상이 될 가능성이 높은 것이다.

광고는 아니지만 기사 취재 대상이 기업이나 제품이어서 특별히 언급이 필요한 경우는 어떨까. 규약에는 다음과 같은 대목이 있다. 'FTC

는 이른바 미디어의 리뷰 기사(신문이나 잡지, 텔레비전, 라디오 등 독립된 편집권을 갖는 기관이 직무로서 갖가지 제품을 시험하고 리뷰기사를 쓴 것)가 광고의 범주에 들어간다고 여기지는 않는다. 하지만 기사를 쓴 기자가 기업의 제공한 직간접적인 경제적 이득을 취한 경우는 다르다.' 즉 기사의 내용에 상관없이 기업과 기자 사이에 경제적 이득이 발생한 경우에 그 사실을 명확하게 하지 않고 싣게 되면 소비자를 '기만하는' 것이 됨을 경고한다. '기업으로부터 촌지나 제품 제공 등의 편의를 받은 블로거가 사실을 공표하지 않고 웹상에 제품을 칭찬하는 기사를 쓴 경우에도 처벌대상이 된다'고 명시하고 있다. 결과적으로 신문기자나 텔레비전 프로듀서 등도 규제의 대상이다. 지금까지 관행적으로 여겼던 것들이 통용되지 않게 된 것이다.

그렇다면 개정된 규약을 매체들이 어떻게 대응하고 변화해 나가는지가 관심이다. 미국에서의 전개 상황을 마냥 지켜볼 수밖에 없겠지만 우선 같은 규제가 한국에서 적용되든 어떻든 간에 입소문 광고가 상당한 영향을 받게 될 것만은 분명하다. 그러나 광고로 소비자를 기만하는 수법은 쓰지 않아야 한다는 사실만은 숙지할 필요가 있다. 그래야만 새로운 광고 전략을 구축할 수 있다.

5 ▶▶▶   문화로서의 광고

'우리 회사 광고비의 절반은 낭비인데 어디가 낭비되

는 절반인지 알 수가 없다'라는 말은 오래전부터 전해져 온 광고업계의 명언이다. 이는 미국의 실업가인 존 워너메이커[16]의 지적이다. 이 말에서 지적하고 있는 이른바 '효과 없는 절반'이란 문화로서의 광고로 어떤 제품에 대한 설명을 하기보다 시대의 감성을 전달하는 영상과 같은 역할을 한다. 광고에는 오로지 제품을 판매하기 위한 홍보성 메시지뿐 아니라 우리의 삶이 반영되어 있다. 따라서 대중의 의식과 가치관, 그리고 생활양식을 변화시키기도 하고 개인의 삶의 방식을 획일화시키기도 한다.

광고 속에 등장하는 다양한 요소들은 우리 삶에 많은 부분에 걸쳐 영향을 끼친다. 가령 컴퓨터를 구매하려고 할 때 성능보다는 생산한 기업을 떠올리기 마련이다. 나아가 소비자의 선택에 광고는 큰 힘을 발휘한다. 광고를 통해 기능과 성능을 알게 되고 자신의 소비능력에 비추어 구매를 하게 되는 것이다.

근래에 들어 기업이 무엇이든 ROI(Return on Investment=투자이익률)로 계량화하려는 추세 속에서 효율의 극대화만 원하는 광고주가 늘어나고 있다. 물론 그런 부분도 어느 정도 경영 측면에서는 필요했을 것이다. 광고를 인수분해해서 효율성을 증대하려면 제품과의 관계가 적은 분야부터 줄일 수밖에 없을 것이다. 그러나 한편으로 광고에 있어서의 자유로운 표현은 절반은커녕 기껏해야 1/4 정도 밖에 남지 않

---

16 존 워너메이커(John Wanamaker). 20세기 초 필라델피아와 뉴욕에서 대형 백화점을 운영. 신문광고를
    이용하는 상술 및 정찰판매제를 개척했다.

았다. ROI의 대두와 함께 '효과 없는 절반'이 소멸이 되고 말았던 것이다.[17] 이런 상황은 우리에게 고민거리를 제시한다. 언어의 달인에 의해 탄생한 주옥 같은 명문을 포기할 수 없을 뿐더러 그렇다고 객관적인 수치로 드러나는 부분을 중요시하는 기업이 늘어나는 현실은 거스를 수 없다는 것이다.

한편 경영 관련 서적이나 전문지 등에서 자주 언급되는 '크라우드소싱(crowdsourcing)'[18]이 영어권에서부터 실행되고 있다. 세계 최대의 광고 전문 잡지 『애드에이지(AdAge)』 역시 "광고도 크라우드소싱이 가능할까?"라는 관련 기사를 특집으로 소개했다. 기사에 제시된 예 중 하나인 'openad.net'이라는 서비스는 '세계 최대의 크리에이티브 부문'이라는 선전 문구로 125개국의 1만 1500명의 광고 크리에이터들이 등록되어 있다. 광고주의 브리핑에 대해 기획안을 제시하고 차용되면 보수를 지불하는 구조다. 사이트를 살펴보면 차용될 경우의 보수액이 명시되어 있어 프로 크리에이터들의 참가를 독려하고 있다. 물론 우리의 광고업계는 시스템상 이런 류의 서비스 탄생은 직접적인 영향을 미치지 않을 것이다. 그러나 '광고 크리에이티브'라는 것이 기존의 직장 개념에서 일에 따라 업무와 장소가 자유로워지는, 클라우드화되고 있다는 사실만은 분명하다.

---

17 물론 부분적이긴 하지만 이 '효과 없는 절반'은 인터넷 광고를 중심으로 실행되고 있기는 하다. 예를 들어 A와 B, 그리고 C안 중 다양한 데이터를 근거로 효과가 높은 것에 집중하여 예산을 투입해 캠페인을 펼치는 방법이다.

18 제품 개발을 할 때 불특정 다수의 사람들을 참가시켜 소비자로부터 아이디어와 해결점을 찾는 방법. 발주처가 명확한 아웃소싱과 구별된다.

  광고의 진화

지금과 같은 텔레비전 광고라는 포맷이 자리 잡기까지는 크리에이티브라는 요리와 광고 크리에이터라는 요리사들이 서로 경쟁하면서 만들어졌다. 급기야 지금은 넓은 의미에서 미디어와 유사한 기능을 하는 것으로 바라보자는 시대로 옮겨 가고 있어 아쉽다. 그릇 안의 요리를 두고 서로 겨루는 크리에이티브의 시대가 아니기 때문이다. 그럴 때마다 더욱 문화로서의 광고가 지닌 순수함이 그립다.

6 ▶▶   대중들의 소비심리 변화와 광고

한 소년이 교실에 멍하니 앉아 있다가 순간 창밖으로 지나가는 포르쉐 자동차를 발견하고 정신없이 바라본다. 이어 자전거를 타고 포르쉐 매장에 들어선 소년은 영업사원에게 911모델을 타 보고 싶다고 한다. 영업사원에게 명함을 받은 소년은 매장을 떠나면서 이렇게 말한다. "20년 뒤에 다시 올게요." 이는 포르쉐 자동차 광고의 내용으로 브랜드[19]나 기업에 대한 소비자들의 인식을 새롭게 창조하려는 시도, 즉 '브랜드워시(Brandwash)'의 한 사례다. 또 자동차라는 제품에 대한 갖가지 뉴스는 매번 우리의 시선을 끈다. 우리는 하이브리드 자동차 같은 특정 차종 이외의 수요는 어렵다던가, 미국 자동차

---

19 '브랜드'란 지구상에 존재하는 거의 대부분의 물건을 지칭한다. 휴대전화, 컴퓨터, 시계, 옷, 그리고 영화나 책, 음식뿐만 아니라 연예인과 스포츠 팀도 브랜드다.

업계 빅3의 경영개선을 위한 정리해고 단행 따위의 뉴스를 헤드라인에서 자주 목격한다. 한편 인터넷 커뮤니티에서도 자동차에 대한 열띤 목소리가 많다. 뉴스가 전달하는 '사실'보다는 조금 더 감정적인 어투이다. "경자동차를 타고 호텔에 갔더니 문도 열어주지 않았다"고 쓰면 "요즘 세상에 아직까지 차로 사람을 차별하다니"라는 비난의 댓글이 이어진다. 이러한 현상에서 주목할 것은 대중은 아직 신분상승의 척도로 '자동차'라는 제품에 상징적인 의미를 부여한다는 것이다. 사실 자동차라는 제품은 이전부터 사회적인 지위와 연동한 상징이었고 그 지위는 아직 여전하다. 아무리 자동차가 대중화되었다 해도 자동차를 내놓은 기업과 가격에 따른 차별만큼은 계속되고 있기 때문이다.

이러한 대중의 심리를 반영하여 '언젠가는 저 물건을 손에 넣고 말 것이다'라는 욕망과 그것을 손에 넣는 것에 의해 우월감을 느끼게 하는 방법은 오랫동안 자동차 광고가 행해왔던 기법이다.

그런데 자동차를 대하는 대중의 심리에 변화의 바람이 일고 있다.

"나는 미래를 예측해본 적이 없다. 나는 항상 그 시대의 미래였기 때문이다." 이것은 벤츠 S클래스 텔레비전 광고문구이다. 어느 날 필자가 운전 중에 들은 내용이어서 정확하게 기억하지 못하지만 매우 깊은 인상을 남겼던 것만은 분명하다. 현대적인 미감과 세련됨이 동시에 느껴지는 이 문구는 첨단을 향해 가는 브랜드 혹은 자동차 제품의 이미지를 강하게 인식시키기에 충분했다. 하지만 막상 "메르세데스"로 불리는 벤츠 승용차를 구입하려고 가격표를 보면 경제적인 측면에서 현명한 선택이라고는 하기는 부담스러울 정도의 액수가 적혀 있는 것도 사실이다.

자동차가 단순히 교통을 위한 수단이라면 다른 교통수단을 이용할 수 있는 선택의 범위가 있겠지만 자신이 자동차를 소유함으로써 얻어지는 만족감을 자동차 업체는 갖가지 형태로 자극해왔다. 소비자도 심리적 허영심으로 인해 업계의 의도에 의식적으로 응했다. 그런데 최근 그런 허영심의 효과가 점차 사라지고 있다. 최근 대중에게 자동차를 타지 않거나, 탄다고 해도 최소한의 용도로 사용하면 충분하다는 풍조가 생겨난 탓인데, 세계 경제의 불확실성과 물가불안 그리고 유가인상이라는 다양한 요인이 실용적인 방안을 선택하게 하는 것이다.

그래서인지 기존의 광고와 차별화된 이미지를 담은 자동차 광고가 나오기 시작했다. "친환경 순환기술로 탄소 배출량 최소화를 노력한다"는 카피와 함께 이지수의 〈flying petals〉가 광고 음악으로 잔잔히 깔리는 형식이다.[20] 뿐만 아니라 연기자가 마이크 앞에서 신문기사를 읽으면서 독백 형식으로 자동차의 장점을 중얼거리는 증언기법도 보인다. '증언 광고'는 다소 밋밋하고 건조해 보일 수 있다는 단점도 있지만 소비자들에게 자연스럽게 신뢰감을 심어줄 수 있다는 장점이 있다. 이 광고의 경우 연예인의 증언을 통해 구매의 확신을 심어주는 효과를 볼 수 있다.[21]

---

20 요즘의 광고는 홍보할 제품의 기능을 강조하는 것에서 감성적으로 어필하는 추세이다. 특히 이미지 메이킹이 목적이라면 더더욱 그렇다. 감성을 드러내기 위해서는 브랜드와 조화를 이뤄야하는데 배경 음악은 그런 분위기를 만드는데 중요한 역할을 한다.

21 이러한 광고기법은 생활용품 광고에서 많이 활용되었는데 최근에는 승용차나 화장품 등의 광고에 자주 등장한다.

지난 시대에는 사실 조금 무리해서라도 크고 좋은 차를 타고 싶다는 욕구가 있었다. 그런 심리를 전제로 광고에서는 질주하는 자동차의 멋진 영상이나 자동차와 함께하는 생활을 주로 담았다. 그러나 지금은 가능한 탄소배출량이 적은 경차를 고르는 것이 현명한 선택이 되었다. 이는 소비자들이 점차 연비나 유지비 등 현실적인 것에 관심을 기울이게 되었음을 단적으로 말해주는데 세계를 뒤덮은 경제 불안으로 데미지를 받는 것은 단지 자동차뿐만이 아니다. 고급스런 코트나 품격이 돋보이는 선글라스 등 모든 것이 실용성의 잣대에 의해 외면될 수밖에 없다.

그렇다면 소비자들이 쌀이나 김치 등 최소한의 생활에 필요한 것, 그것도 보다 싼 가격의 것밖에 구입하지 않는다면 경제는 어떻게 될까. 디플레이션은 더욱 심화되고 기업의 경제활동은 위축되며 채용은 물론 임금과 국가의 세수(税收)도 악화될 것이다. 결국 사회 전체에 만연한 경제 침체 분위기를 어떻게 되돌릴 수 있을지가 문제로 급부상할 것이다. 정부의 건강한 복지로의 전환도 그런 맥락에서 나온 아이디어일 것이다.

부동산 버블이 한창이던 때는 대출을 받고 산 아파트가 몇 달 후면 수천만 원씩 오르면서 너도나도 자가용을 구입했다. 가전제품도 선풍기가 아니라 에어컨으로 바꾸듯 왕성한 소비 욕구가 있었던 때이다. 돈을 쓰는 것만으로도 중산층으로 오를 수 있다는 희망과 기대가 있었던 것이다. "부자 되세요"라는 카피처럼 모두가 언젠가는 부자라는 기분을 공유했던 시대, 지금 우리들의 눈앞에 펼쳐진 풍경과 어떻게 달라진 것일까.

　한편 이제는 포르쉐 광고처럼 어린이와 청소년도 소비 전략의 대상이 되었다. 마틴 린드스트롬의 『누가 내 지갑을 조종하는가』는 기업 마케팅에 얽힌 여러 실험 결과를 제시해준다. 20년 전 미국의학협회보는 5세 무렵 미국 아이들 대부분이 '캐멀'[22]의 낙타 캐릭터를 알아본다고 한다. 실험에 따르면 특정 브랜드에 대한 기호는 4, 5세 무렵에 만들어지며, 성인의 53%는 어린 시절에 경험한 브랜드 제품을 사용했다.

　이처럼 브랜드 마케팅은 어린 미래 소비자들의 감수성, 기호, 취향까지 조종한다. 또 다른 예를 들면 미취학 어린이 63명에게 같은 햄버거와 치킨을 한 쪽은 맥도날드 포장지에 싸서, 한 쪽은 그냥 주었더니 포장지에 든 게 더 맛있다는 평가를 내렸다.

　또한 기업과 마케터, 광고 업체와 유통 업체들이 소비자로 하여금 물건을 사도록 부추기는 전략, 전술은 훨씬 더 치밀하고 기술적으로 진화했다. 때에 따라 공포와 두려움도 곧잘 이용하고 숨겨진 욕망을 자극하기도 한다. 그 예로 신종 인플루엔자와 사스 발생 이후 세정제 매출이 크게 늘었는데 이는 바이러스들이 공기 중 수분 입자를 타고 전파되지만 세정제만 사용하면 예방할 수 있다고 했던 항균 업체들의 광고의 효과라고 볼 수 있다.

22　미국 담배회사 RJ레이놀즈의 대표 상표

광고의 내용이나 전략뿐만이 아니라 광고형태도 변화하고 있다.

기업 사정이 악화되면 가장 먼저 삭감되는 것이 3K, 즉 접대비를 비롯한 교통비 그리고 광고비이다. 그런 여파로 광고계의 전망도 밝지만은 않다. 전통 미디어라고 일컬어지는 텔레비전, 신문, 잡지, 라디오 등 네 매체의 광고비가 점차 줄어드는 것은 구조적인 문제로 한동안 지속될 것이다. 2011년에 12월 출범한 종합편성채널 4곳과 보도전문채널 1곳이 프로그램을 제작하면서 부족한 광고비로 인해 광고주와 갈등을 겪었다는 기사도 있었다. 그런 가운데 인터넷 광고는 모바일 광고나 검색광고 등을 중심으로 성장을 이어가고 있다. 브랜딩 광고도 증가하고 있지만 지금껏 인터넷 광고의 중심이 되어 온 것은 판촉용 광고이다. 따라서 불황에 강하다고 말할 수 있다. 그렇다면 인터넷 광고에 전적으로 의존해도 괜찮을까. 물론 시대의 유행을 리드한다는 측면에서 보면 인터넷 광고는 그다지 개성을 드러내지 못한다는 점이 한계라고 할 수 있다.

인터넷은 '난방 기구를 구입하고 싶다'는 마음으로 검색하던 차에 '이 가격대의 상품은 어떤 것이 있을까' 하며 찾다보면 점원과 같은 역할을 친절하게 수행해준다. 그리고 웹상의 다양한 '배너광고(Banner AD)'들은 인터넷 사이트에서 흔히 볼 수 있는 막대 모양의 광고로 인터넷 사용자가 급속히 늘어나면서 노출되기 쉽다는 장점이 있다. 사용자가 배너광고를 클릭하면 관련 사이트로 자동적으로 이동하게 되고 광고료는 방문자나, 회원, 클릭 수를 기준으로 결정된다.

이렇듯 인터넷의 급속한 발전으로 새로운 형태의 광고가 등장하게

 광고의 진화

되지만 사실 인터넷 광고는 사고 싶다는 심리를 자극하는 세일즈맨이라기보다는 그럴 마음이 있는 사람을 붙잡는 역할을 하는 정도다. 예전의 텔레비전이나 신문의 광고가 수행해온 느긋한 여유가 느껴지는 그런 분위기가 없다. 다시 말해 자신만의 보다 참신한 역할을 해내지 못하고 있다. 간혹 자동차 광고에서 나오는 "대폭 할인해 준다"와 같은 대사도 그렇다. 또는 "경제적이니까 이걸 사는 것이 좋겠어"와 같은 볼품없는 광고가 텔레비전이나 신문에 실리는 것과 같다. 이러한 면도 나름대로 필요할 수 있겠지만, 인터넷은 아직까지 사고 싶은 기분을 만들게 하는 것에서는 많이 서툴러 보인다.

7 ▶▶ 시대 그리고 대중의 요구와 마케팅

요즘 어디를 가나 유럽 발 경제불황으로 기업의 실적 악화와 주가 하락 그로 인한 조기퇴직 붐이 화젯거리이다. 또 얼마 전 신문에 실린 흥미로운 기사 중 하나는 소비자들이 새 차를 구입하는 데 대하여 주변에 알려지는 것을 꺼려한다는 것이다. 특히 외제차의 경우 현재 타고 있는 차종과 같은 것을 발주하는 고객이 늘고 있는데 이는 경제적인 여유가 있는 계층에게조차 최근의 경제불황의 분위기를 눈치보고 있다는 것을 반증하는 것으로 볼 수 있다.

최근의 경제불황은 단순히 우리나라의 일만은 아니다. 전 세계적인 현상으로서의 경제불황은 새로운 마케팅을 요구한다.

요즘 명동이나 백화점에 가면 중저가 의류 브랜드로 잘 알려진 유니클로 매장이 눈에 많이 띤다. 소비자가 이 브랜드를 즐기는 이유는 가격이 싸기 때문만은 아니다. 다양한 종류의 의류와 함께 저렴한 가격이면서도 디플레이션 세트와 같은 이월상품이 아니라는 점이 복합적으로 작용하기 때문이다.[23] 그러한 이유로 소비자로 하여금 낭비가 아닌 느낌이 들게 한다. 전세계적인 불황 속에서 패션의 중심지라고 할 수 있는 뉴욕이나 파리의 사람들도 개점 전에 유니클로 매장 앞에 행렬을 만들고 오픈과 동시에 차례로 제품을 구입하는 등 반응이 폭발적이다. 그런 의미에서 앞서 이야기한 경제불황과 관련된 뉴스 보도는 유니클로와 같은 브랜드에게 있어 최고의 마케팅이자 광고라고 할 수 있다. 이와 같은 상황에서 유니클로와 함께 최근 주목받고 있는 의류 브랜드는 스페인의 ZARA, 스웨덴의 H&M, 미국의 아베크롬비 등이 있다. 이러한 브랜드는 비단 패션업계에만 존재하는 것은 아니다. 저렴하지만 자신의 개성을 충분히 나타낼 수 있는 소비를 이끌어내는 브랜드는 최근에 많이 생겨나고 있는데, 한 예로 가구 브랜드인 이케아(IKEA)를 들 수 있다.

이러한 양상은 새로운 소비자층을 형성하기에 이른다. 소비하면서 소비가 새롭다는 사실을 깨닫는 새로운 계층이 생겨나는 것이다. 요즘

---

23 지금까지는 다른 사람들이 갖지 않은, 자신만의 특별한 개성을 살릴 수 있는 제품을 원하는 소비자의 욕구가 있었다. 이는 최근의 경제불황 상황과 맞물려 수그러들긴 했지만 남들과 다른 스타일을 추구하고, 소비에 대해 최대한 마음껏 개성을 발휘하며 과시하고 싶은 욕구는 여전히 발동한다고 볼 수 있다. 이러한 욕구는 유니클로의 예를 뒷받침할 수 있는 하나의 근거로 이야기할 수 있다.

중산층들은 스웨덴에 본사를 둔 세계 최대 가구업체 이케아 가구로 둘러싼 집에서 살며, ZARA와 H&M의 옷을 입고 ABC마트에서 산 신발을 신고 외출하는 식의 라이프 스타일을 영유하고 있는지도 모르겠다.

다만 이러한 현상을 단순히 저렴한 이유 때문이라고 분석하는 것은 조금 억지스러운 면이 있다. 잘 팔리는 이유는 가격과 유사 제품 그리고 서비스를 비교해 보면 알 수 있다. ZARA와 ZARA와 비슷한 것은 분명 다르다. 잘 팔리는 제품은 어느 시대에서도 이거면 된다가 아니라 이게 좋다는 이유 때문이다.

이렇듯 기업은 어떤 시대에 맞닥뜨린 소비자가 요구하는 제품을 만들어 가치를 직접 전달하는 방식으로 설계되어야 한다. 그러면 반드시 구매가 뒤따른다. 소비자는 언제나 자신을 표현할 수 있는 제품이나 서비스를 항상 마음속으로 바라고 있다.

8 ▶▶ 동종 업계의 경쟁과 홍보판촉

소비가 시대에 뒤떨어진 것이라는 말에 동의하는가. 아마도 대부분의 사람들은 여유만 있으면 그게 대수냐고 되물을 것이다. '낭비'라는 단어는 기준이 모호하다.

사실 하나의 소비자층을 형성하고 있는 요즘 청소년들은 절약보다 여가 혹은 소비에 더 많은 관심을 기울인다. 미래보다는 현재, 여유가 있는 범위에서 자신만의 멋 내기를 즐기려는 경향이 있다. 이 청소년들을 가장 큰 고객층으로 여기는 업체는 어떠한 것들이 있을까. 가장 대표적인 것이 바로 패스트푸드시장이다.

국내 패스트푸드시장은 1979년 롯데리아가 서울 소공동에 개점한 것을 시작으로 맥도날드를 비롯하여 버거킹, KFC 등이 한국시장에 진출하면서 점차 규모가 증가했다. 특히 2000년에 들어서 매출이 1조원이 넘게 된 패스트푸드 업체는 매년 두 자릿수의 신장률로 푸드 서비스 산업 내에서 덩치를 키워갔고, 이러한 팽창 현상에 대비한 마케팅 결과 때문인지 1998년 맥도날드의 파격적인 가격 인하를 시작으로 몇 년 동안에 걸쳐 치열한 가격전쟁을 치르기도 했다.

맥도날드는 1988년 압구정동의 매장을 시작으로 19억 원 정도의 매출을, 2000년도에는 무려 137배인 2,600억 원의 매출성과를 올리는 등 무섭게 성장하며 토종 브랜드인 롯데리아를 위협하기 시작했다. 하지만 맥도날드는 여전히 시장점유율 40%를 선점한 롯데리아에 뒤지고 있었다. 거대 자본을 가진 맥도날드가 2위 브랜드로 떨어진 나라는 한국과 필리핀 두 나라뿐이었다. 그러자 맥도날드는 롯데리아를 이기기 위한 과감한 가격 인하 정책을 단행하였고, 이는 이후 이어진 롯데리아와의 가격전쟁의 시발점이 되었다. 맥도날드는 한국 진출 10주년을 기념하여 "10년 전 가격으로 드립니다"라는 파격적인 홍보와 판촉전을 통해 천 원짜리 햄버거를 시장에 내놓았다. 판촉행사가 성공하자 곧이어 인기 메뉴를 2주마다 돌아가며 이천 원에 판매하는 '밀레니엄 눈덩이' 행사, '빅맥'을 노래로 부르면 천 원에 구입할 수 있도록 한 '40일 간의 빅맥 노래자랑' 등 할인판매 이벤트를 계속 이어나갔다.

급기야 롯데리아는 맥도날드의 판촉 정책에 위기를 느껴 반격에 나섰다. 이틀간 새우버거를 20년 전 가격에 판매하는 판촉전을 진행하여 평소 3개월 동안의 새우버거 판매량과 비슷한 실적을 거두는 성공을 이뤄냈다. 그러자 이에 자극받은 맥도날드는 한 달 동안 천 원짜리 햄버거를 반값인 오백 원에 판매하기 시작했고, 다시 롯데리아는 대응책으로 데리버거, 새우버거로 이어지는 릴레이 할인판매를 전개했다. 시장 대표 기업들의 경쟁적인 판촉행사와 본격적인 점포 확장은 모든 패스트푸드 업체들의 판촉에 불을 붙였고 이런 적극적인 광고와 활동에 힘입어 패스트푸드 산업은 매년 높은 성장률을 보이며 급격한 성장세를 이룰 수 있게 되었다.

그렇다면 결과적으로 맥도날드와 롯데리아의 경쟁으로부터 촉발된 가격 경쟁과 점포 확장 다툼은 어떤 의미를 갖는가. 산업의 수익성을 결정짓는 가장 중요한 요인이 산업 내 경쟁이지만 산업의 경쟁자 수와 성장속도, 고정비, 제품차별화, 이해관계나 철수장벽에 따라 큰 영향을 받게 된다는 것을 알 수 있다. 다만 고객 만족이란 고객의 욕구와 기대에 부응하거나, 그 이상의 것을 제공하여 결과적으로 제품 또는 서비스가 재구입되는 과정에서 인지도가 지속됨을 미처 깨닫지 못했다.

현재 맥도날드는 700만 명의 페이스북 팬들을 유지하고 있다. 소셜미디어를 통해 홍보와 마케팅을 겸하고 있는 것이다. 특히 신상품인 '맥립'을 페이스북에 올려 소비자들로부터 큰 반응을 불러일으켜서 마케팅 효과를 톡톡히 보기도 했다. 인터넷 블로그나 트위터에도 실제로 먹어본 감상이 잔뜩 실렸다. 이는 어쨌거나 맥도날드가 이제까지의 경영 노력에 의해 일궈낸 결과물인 것이다. 여러 사람에 의해 화제가 되어 구입하게 되면 더 많은 사람을 끌어들이는 정보와 소비의 상승효과가 일어난다. 분명한 것은 직접 자신이 경험했거나 좋았던 이야기이면 즉시 반응하고 경험과 느낌을 곁들여 블로그나 트위터를 통해 올린다는 것이다. 그것을 포착한 효과의 결과다.

02 │ 소셜미디어의 출현

1 ▶▶ 미디어의 새 시대

요즘은 모두들 인터넷 포털 사이트의 검색을 통해 새로운 정보와 지식을 얻고 있으며, 매일 새로운 뉴스를 재빨리 읽고 손쉽게 E-메일을 주고받는다. 때로는 지구 반대편에서 벌어지는 사건 내용이 전 세계에 실시간으로 퍼지며 지구촌의 많은 사람이 동일한 정보를 거의 동시에 접하는 시대이다.

한 인터넷 조사기관인 코리안클릭에 의하면 그동안 강세를 보였던 포털이 최근 트위터나 페이스북 같은 SNS에 밀려 전년에 비해 이용시간이 34%나 줄었다고 밝혔다. 대중의 관심이 스마트폰과 태블릿PC로 옮겨가고 있기 때문이다. 출퇴근길에 지하철이나 버스를 타면 많은 승객들이 모바일 기기에 집중하고 있는 것이 현실이다.

한편 얼마 전 인터넷 개인 방송 서비스가 사회적으로도 큰 반향을 불러일으킨 적이 있다. 소위 '나꼼수'로 불리는 인터넷 '팟캐스트(Podcast)' 방송이다. 실제로는 방송이지만 파일 형식이기에 정식 방송으로 지정되지 않아 '방송심의윤리기준'을 따를 필요가 없다는 점에 착안해 출현했다. 정권에 대한 비판을 토크쇼 형식으로 토로하면서 일각의 관심을 불러일으켰다. 공영방송이 하지 못하는 정부에의 견제 언론으로서 그 틈새를 파고든 것이다. 한마디로 여러 부정과 부패, 비리와 부조리를 고발한 팟캐스트였다.

'아프리카 TV'는 2006년에 아프리카(Afreeca)란 이름으로 정식 오픈했다. 2008년 광우병 소고기 수입 반대 촛불 집회 현장 중계로 큰 인기를 얻었지만 최근에는 선정성 논란에 휩싸이기도 했다. 아프리카 TV는 BJ(Broadcasting Jockey)라 불리는 방송 진행자가 동영상을 송출하면, 시청자가 전용 프로그램을 이용해 송출 중인 채널의 목록에서 보고 싶은 채널을 선택해 접속하는 형식이다. 게임 방송과 택시 방송 등 직업 활동 방송까지 다양하며, BJ도 연예인부터 70대 장년층까지 폭이 매우 넓다.

이렇듯 텔레비전이나 라디오, 신문 등으로 대표되었던 미디어는 새로운 시대를 맞았다고 볼 수 있다.[1] 특히 한국은 2009년 하반기의 경기 회복에 따라 2010년의 광고시장이 성장세로 전환되는 가운데 유독 인터넷 광고만은 급성장을 거듭하고 있다.[2] 국내 광고시장 규모는 2008년

---

1 인터넷이 매스미디어의 역할을 전적으로 대체하는 것이라고는 말할 수 없다. 매스미디어(텔레비전, 신문 등)는 저마다 각기 특수한 역할을 가지고 영향력을 미치고 있다.

2 제일기획이 발표한 2010년 '광고시장 성장추이'에 의하면, 2010년은 작년대비 16.5% 늘어난 8조 4,501억 원이었고, 그중 인터넷 광고는 1조 5,470억 원으로 24.5%의 높은 성장세를 보였다. 인터넷 광고가 총광고비에서 차지하는 비중 또한 전년보다 1.2% 늘었다.

광고의 진화

하반기부터 시작된 글로벌 금융위기에 따른 경기침체 영향으로 2008년은 2.5%, 2009년에는 6.9% 감소했다. 그러나 기업들의 전체 광고예산이 크게 줄어든 가운데 유독 비용 대비 효율성이 높은 인터넷 광고는 오히려 증가하여 2008년도에 16.7%의 성장을 보였고, 금융위기 여파가 컸던 2009년 경우에도 3.0% 성장하였다. 이렇게 되자 웹에 관련된 정보가 점차 많아지기 시작했다.

하지만 인터넷이나 팟캐스트, 스마트폰 어플리케이션 등이 매스미디어의 역할을 전적으로 대체한다고 볼 수는 없다. 아직 텔레비전이나 라디오와 같은 매스미디어는 저마다 각기 역할을 가지고 영향력을 미치고 있는 것이 사실이다. 다만 다양한 IT기기의 등장과 기술 발전으로 인해서 우리 곁에 눈에 띄게 멀어져 간 매체가 있다. 그것은 바로 신문이다.

2 ▸▸　신문은 사라지는가

지난 해 인터넷 포털 네이버가 거둔 영업이익은 6천억 원에 달한다. 국내 모든 신문사의 이익을 합친 것보다 훨씬 많은 수치다. 네이버가 뉴스 검색뿐 아니라 지식 검색, 블로그 등 다른 서비스를 제공하기는 하지만 네이버가 하는 역할은 단지 뉴스 캐스트일 뿐이다. 콘텐츠를 자체적으로 만들어내는 신문이 아니라 그것을 중계해주는 포털이라는 것이다. 인터넷이 보급되고 대중화되면서 웹을 통해 신문을 보는 인구가 많아짐에 따라 생겨난 포털의 뉴스 캐스트는 어쩌면 언론의 다양성을 통해 정보를 얻으려는 대중들의 욕구에 의해 등장한 신개념 중계일 것이다. 그렇다면 신문은 이제 필요없게 된 것인가.

신문은 단순히 뉴스와 정보를 나열한 종이 정도가 아니다. 신문 속에는 우리네 삶의 모든 의문에 대한 해답이 담겨 있다. 세상의 모든 진리와 가치가 그 안에서 눈을 마주하는 가운데 얻어진다.

앨빈 토플러와 함께 미래학의 태두로 꼽히는 존 나이스비트는 미래를 정확하게 내다본 『메가트렌드』의 저자다. 미국에서만 1000만 부가 넘게 판매된 베스트 셀러의 저자는 자신이 강연을 할 때 가장 많이 받는 질문으로 '어떻게 미래를 예측합니까'를 꼽는다고 한다. 그 질문에 대한 항상 준비된 대답은 "미래를 덮고 있는 커튼을 걷어내는 데 가장 커다란 원천은 신문"이라는 것이다.

신문은 교육에도 유용하게 쓰이는 매체이다. 특히 신문활용교육 즉 NIE(Newspaper In Education)은 논리적인 시각을 요구하고 세상을 읽는 능력을 키울 수 있도록 돕는다. 실제로 미국과 유럽, 일본 등 선진국에서는 청소년들의 신문 읽기 중요성을 인식하고 NIE 교육을 시행하고 있다.

우리도 1994년 5월 13일자 『경향신문』을 통해 '신문을 교육 재활용으로 검토'라는 제목의 NIE 운동이 소개되었고, 『조선일보』에서는 NIE뿐만 아니라 2012년, 올해들어 매달 '리더스 콘서트'를 열어 신문 읽기를 통한 긍정적인 경험을 독려하기도 했다. 신문은 인터넷과 미디어의 홍수 속에서 청소년들에게 올바른 가치관을 심어주고, 비판적인

　　　　　　　　　　　　　　　　　　　光고의 진화

시각과 창의력을 길러주는 살아있는 교과서라 할 수 있다.

사실 IT기술의 발전은 이러한 신문 매체를 대중으로부터 멀리 떨어트리고 있다. 2002년 52.9%였던 정기구독률은 2010년 29%로 내려앉았고, 구독률도 같은 기간에 82.1%에서 52.6%로 가파르게 하락했다. 지난해 국제컨설팅업체 맥킨지는 2006년과 2009년 영국에서 2,000명의 뉴스 소비자를 상대로 설문조사를 벌인 결과 언론매체 중 신문을 가장 신뢰하는 것으로 나타났지만 현실은 정반대다. 1980년대까지만 해도 국내에서 가장 신뢰하는 미디어로 꼽혔던 신문은 텔레비전에 자리를 내준 지 10년이 넘었고, 영향력도 포털 사이트에 밀리는 신세다. 이는 신문사들이 경쟁적으로 무료 서비스하는 '앱'의 영향도 크다.

물론 이러한 경향이 우리에게만 일어나는 일은 아니다. 백 년의 역사를 넘은 『크리스찬사이언스모니터』는 이미 지난해 종이신문 인쇄를 중단했고, 『뉴욕타임스』도 절판(絕版)을 준비하고 있다. 인터넷 혁명에 이어 스마트폰 광풍이 몰아치며 신문이 점차 사라지는 것이 아닌가 하는 위기감까지 든다.

다행스럽게도 우리가 뉴스나 정보로부터 멀어지는 것은 아니다. 예전에는 존재하지 않았던 인터넷이나 스마트폰을 통해 또 다른 경로로써 다양한 정보를 소비하고 있는 것이다. 하지만 언제 다가올지 모르는 멸종의 사태에 대비하여 전 세계의 신문사는 자신들이 잃어버린 이용자를 되찾기 위해 갖가지 개발에 노력하고 있다. 퍼스널 컴퓨터와 스마트폰을 통한 정보는 충분히 일상화되었으니, 다음 단계는 킨들과 같은 전자책 단말기나 종이 매체에 가까운 형태일 것이다.

신문은 사회로부터 필요한 존재이다. 따라서 웹과 더불어 보다 적극적인 변화의 길을 모색해야 한다.

3 ▶▶▶   소셜미디어와 기업

요즘 우리 사회의 변화와 소통이라는 거대한 파도를 만들어 내고 있는 것은 앞서 이야기한 바대로 소셜네트워크서비스(SNS)[3]라 할 수 있다. 한마디로 사용자가 다른 사용자와 의사소통하고 정보를 공유하는 온라인 서비스를 지칭한다. 스마트폰의 보급 확대로 트위터와 페이스북은 빠른 속도로 확대되었고 이를 통해 언제 어디서나 손쉽게 소통할 수 있게 되었다.

텔레비전을 비롯한 기존의 4대 미디어가 '구독'이라는 형식을 통해 정보가 전달되었다면, IT의 발달과 함께 떠오른 새로운 미디어는 온라인과 디지털 그리고 '소셜미디어(Social Media)'[4]의 형태로 출현했다. 이 중 소셜미디어는 트위터와 페이스북 등 소셜네트워크서비스가 등장하면서 생겼다고 해도 과언이 아니다. 소셜미디어는 개방형 커뮤니케이션의 공간으로써 개인이 중심이 되어 말하고 내부의 인적 네트워

---

3 일각에서는 관계지향 서비스라고도 불린다.

4 자신의 생각과 의견, 경험, 관점 등을 서로 공유하고 참여하기 위해 사용하는 개방화된 온라인 툴과 미디어 플랫폼을 지칭한다. 블로그, 소셜네트워크서비스(SNS), 위키, 손수제작물(UCC), 마이크로 블로그(Micro Blog) 다섯 가지로 구분된다.

크를 통해 확산된다. 애초에는 참여나 연결을 통해 다른 사람의 의견이나 경험을 공유하기 위한 목적에서 탄생한 것인데 개인의 경험이나 일상에 관심을 지닌 누구와도 공유할 수 있다. 인터넷 미디어로서 소셜미디어는 가장 신속하게 정보를 전달할 수 있고 접속도 용이해 앞으로 스마트폰 사용자의 증가에 따라 소셜미디어 사용자도 지속적으로 증가할 것이다.

소셜미디어의 가장 중요한 특징은 소셜네트워크를 형성하고 그 안에서 커뮤니티를 만들어 관계를 맺는 것이다. 소셜미디어란 단어는 가이드 와이어그룹의 창시자인 크리스 쉬플리가 최초로 사용하였다. 그 후 쉬프트 커뮤니케이션즈의 로드 레프런이 언론에서 처음 사용했다. 사용자들의 양방향 소통을 기반으로 한 소셜미디어의 콘텐츠는 텍스트뿐만이 아니라 사진이나 동영상, 음악 등 실로 다양하다. 특히 양방향 커뮤니케이션이 가능하기 때문에 서로 간의 상호작용을 통합하는 온라인 툴과 플랫폼으로서 새로운 형태의 참여 미디어라고 볼 수 있다. 개개인을 나타내는 노드(node)와 개개인들 간의 관계(link)를 연결, 혹은 묶음으로 사회적 관계를 형성해 온라인 커뮤니티로 구현하는 것이다.

2006년 미국의 벤처기업인에 의해 개발된 트위터(Twitter)는 작은 새가 지저귀는 소리를 나타내는 영어 낱말에서 비롯되었다. 휴대폰 문자 서비스와 인터넷 메신저 그리고 이메일 등을 통해 140글자 이내의 짧은 단문을 각자의 회원 계정에 올릴 수 있는 서비스이다. 트위터에서는 친구 대신 팔로우라는 관계를 각 회원이 설정하는데, 어떤 회원을 팔로우할 경우 해당 회원이 올리는 글을 구독할 수도 있다. 역으로 자신의 글을 다른 사람이 읽으면서 자연스럽게 서로 간 네트워크를 형성하게 되는 것이다.

트위터와 페이스북은 온라인 카페와 같은 커뮤니티 기능과 개인이 중심인 미니홈피, 그리고 미디어 성격이 강한 블로그 서비스를 확장한 형태이다. 특히 미디어의 성격이 강해 소셜미디어로 불린다. 온라인 카페보다는 개인적이고 미니홈피보다는 확장성이 좋다는 것이 강점인 이 서비스는 새로운 형태의 소통 채널이 되어 인간관계 전반을 바꿔 놓고 있다. 가히 커뮤니케이션 혁명으로 불리는 이 서비스는 기존의 PC 중심의 커뮤니티 영역에서 태블릿PC, 스마트폰, 나아가 스마트 텔레비전까지 영역을 넓히며 소통의 역사를 다시 쓰고 있는 것이다.

시장조사기관인 이마케트에 따르면 전 세계 SNS 이용자 수는 2011년 9억 4백만 명을 넘어섰다고 한다. 국내도 마찬가지다. 2011년 말 트위터 이용자가 약 500만 명, 페이스북은 약 400만 명을 기록했다. 2012년 들어서 페이스북은 전 세계에 9억 명 이상의 사용자를 확보하고 있다. 그 기반인 초고속 통신망도 시시각각 속도와 범위를 넓혀가고 있다. 특히 급신장세를 보이고 있는 스마트폰 보급율은 소셜미디어 등장과 확산의 촉매제가 되었다. 블로그에 이어 또 하나의 개인 미디어가 되고 있는 트위터, 페이스북 덕분에 저변에서 일어나는 다양한 사건들까지 실시간으로 알 수 있게 된 것이다.

상당수 기업은 자체 확보된 다양한 데이터를 분석해 소비자의 트렌드를 읽고 있다. 고객들이 원하는 점을 보다 명확히 파악하여 서비스를 제공하며 성과를 독려하기 위한 것이다. 따라서 이러한 추세 속에 기업들은 디지털 마케팅이 고객 이해의 도구인 동시에 수익원 확대 수단으로 유용하다고 판단한다. 결국 기업은 홍보와 위기관리를 넘어 보다 전략적인 차원에서 SNS 운영이 필요하게 됨을 인식하고 그간 소극적인 자세에서 적극적으로 소셜미디어에 관심을 갖기 시작했다. 그렇다면 기업의 활동과 이 소셜네트워크서비스는 어떻게 결합되고 있는가. 최근 기업 현장에서 가장 두드러지게 나타나고 있는 형태는 바로 소셜커머스(Social Commerce)이다. SNS에서 이뤄지는 전자상거래로서 공동구매 기반의 소셜 중계 서비스로 불리는데 신개념의 전자상거래로 부각되어 쇼핑의 '스마트화'를 선도하고 있다. 일정 수 이상의 구매자가 모일 경우 파격적인 할인가로 상품을 제공하는 방식인 소셜커머스는 여러 사람이 함께 모여 상품을 구입하기 때문에 '소셜 쇼핑'이라고도 한다. 예컨대, 레스토랑에서 3만 원짜리 스테이크를 먹을 수 있는 쿠폰을 2만 원에 팔 경우, '300명 이상이 구입해야 할인'이라는 식으로 조건을 건다. 이 경우 쿠폰을 구매하고 싶은 소비자는 트위터나 페이스북 등을 통해 소문을 내고 지인들에게 함께 구입하자고 권유한다. 이로써 판매자는 대량 판매와 홍보 효과를 얻을 수 있고, 구매자는 정가보다 싼 값에 제품을 구매할 수 있는 장점을 가지고 있다. 결과적으로 소비자에게 비용절감 효과를 주고 기업은 구전을 통한 홍보비용 절감 및 고객 확보라는 이점이 있다. 뿐만 아니라 소비자에게 접근이 어려웠던 1인 기업이나 소상공인, 농어촌 판매자에게 새로운 비즈니스 기회를 제공한다. 또한 제품과 서비스 개발에 있어서도 외부 전문가와 일반 대중의 참여를 유도하고 수익을 공유하는 크라우드소싱을 채택하고 있다.

SNS 이용 인구 10억 시대가 눈앞에 다가온 지금 2011년 50억 달러이던 소셜커머스 세계시장 규모는 올해 90억 달러로 확대될 전망이다. 성장률만 80%에 달하는 무서운 기세다. 티켓몬스터, 쿠팡 같은 한국시장의 거래액도 2011년 1조 원에서 올해는 2조 원의 돌파를 눈앞에 두고 있다.

한편 이러한 SNS의 확산과 관련해 기업의 이미지에 타격이 생긴 경우도 있었다. 지난 해 한복을 입었다는 이유로 어떤 특급호텔의 뷔페 입장을 거부당한 일이 알려지면서 해당 호텔이 여론의 뭇매를 맞은 사건이 있었는데 소셜미디어에 대한 대응이 미숙했던 대표적인 사례다. 당시 관련 내용이 트위터에서 삽시간에 200회 넘게 리트윗되었고 150만 개가 넘는 트윗 계정에 올랐다. 그러나 호텔 측은 계정조차 없어 허둥댔고 며칠이 지난 뒤에야 개설해 사과 글을 올렸지만 이미 여론이 악화된 뒤였다. 이처럼 새로운 뉴미디어 상황에서 기업이 직면할 수 있는 위기 상황을 삼성경제연구소는 '소통 리스크'라고 설명했다. 미디어 환경이 급변하고 있는데 '기업이 의사소통의 주도권을 상실함으로써 악의적인 루머나 공격에 노출되는 위기'를 맞은 것이다.

반면 SNS에 의해 호황을 누린 경우도 있다. 재미교포 로이 최의 예가 그것인데, 그는 미국 LA지역에서 트럭을 통해 테이크아웃(Take-Out) 방식으로 음식을 판매하였다. 상호명 KOGI의 주 메뉴는 멕시코식 타코에 한국식 불고기를 접목한 퓨전 음식으로 지역주민들의 호응이 대단했으나 점포없이 트럭에서 판매하는 노점과 같은 개념이어서 경찰의 단속을 피해 위치를 계속 옮겨 다녀야 했다. 이 같은 이유 때문에 로이 최는 고객들에게 언제 어디로 가야 KOGI 타코를 살 수 있는

광고의 진화

지 알리는 것에 어려움을 느꼈고, 이를 해결하기 위해 2008년부터 소셜미디어인 트위터를 이용해 트럭의 위치를 알리는 서비스를 시작했다. 그러자 팔로우하는 고객들이 트럭 도착 전에 이미 판매지점을 알아내 줄지어 기다리는 현상이 벌어졌다. 트위터 활용 3개월 만에 팔로어 숫자가 3만 명을 넘었고, 그해 매출은 200만 달러를 돌파했으며, 2009년에는 권위 있는 레스토랑 상(賞)인 '본 아페티(The Bon Appetit Award)'를 받기도 했다.

『뉴스위크』는 'KOGI는 SNS를 적극 활용해 입소문으로 성공하고, 이동식 트럭 판매라는 한계점을 극복한 첫 번째 음식점이다'라고 평가했다. KOGI의 트위터 팔로어 수는 10만 명이며 지난 해 매출은 1,000만 달러를 넘어선 것으로 알려지고 있다. 현재는 트럭을 통해 판매하는 고유한 특성을 유지하면서 계열사 레스토랑을 추가 오픈하는 방식으로 사업을 확장하고 있다. 트럭의 경우 오후와 저녁에 하루 두 번씩 옮기는데 한 장소에서 평균 600개씩 판매하고 있다고 한다.

이 뿐만이 아니다. 트위터를 적극 활용하고 있는 국내 기업도 몇 군데가 있다. 특히 IT나 모바일 업계는 트위터, 미투데이 등 SNS을 통해 고객 및 직원들과 소통할 수 있는 자리를 만든다. 빠르게 변화하는 기술을 신속하게 반영하기 위해서는 대내외 의견 수렴이 필수적이기 때문이다. 이때 기업은 여러 수단을 통해 커뮤니케이션 기회를 늘려 대외 홍보에 나서며, 고객들의 의견을 빠르게 반영한 소통 서비스를 직원의 실적으로 평가한다.

SNS을 통한 소통은 스피드 경영으로 이어지는 특징이 있다. 페이스북이나 트위터를 통해 올라온 제안을 즉각 반영하고 불만이나 잘못된 정보는 신속하게 불식시킬 수 있다. 무엇보다도 고객의 불만이 24시간 내에 해결되는 사례가 크게 늘었다. 실제 예로 국내 최대 인터넷서비스 네이버를 제공하는 NHN은 SNS인 미투데이를 대내외 창구로 활용하고 있다. 폭설이 내리면 '오늘은 지각처리 없도록 조치했으니 안심들 하시고 조심조심 출근하십시오'라는 포스팅을 남기기도 한다. 한편 현대자동차는 채용과정에서 트위터를 가장 적극적으로 활용하는 것으로 조사됐다. 트위터를 통해 공고를 할 뿐 아니라 면접관 수나 내용, 시간 등의 세세한 정보까지 구직자들에게 알려준다.

이처럼 SNS는 블로그보다 전달 범위가 넓고 확산 속도가 빨라 이를 활용하는 기업들이 늘고 있는 추세다. 트위터를 잘 활용하는 기업은 의외로 다른 미디어로부터의 취재도 많아 트위터상에서 좋은 인상을 남기는 경우가 많다.

하지만 이러한 사례들을 보고 철저한 준비 없이 성급하게 서두르는 기업들은 어느 정도 주의가 필요하다. 기업의 이미지가 트위터에 오른 몇 자의 글을 때문에 부정적으로 변하는 것은 순간일 수 있기 때문이다.

4 ▶▶▶ 소셜미디어의 미디어 유통과 디지털 마케팅

과거 텔레비전 광고는 한 번 방영되면 끝이었지만 트위터와 페이스북, 유튜브 등 다양한 미디어 채널이 등장한 지금은 광고

   광고의 진화

콘텐츠에 작품성과 화제성만 있다면 전 세계 어디서나 수없이 재생될 수 있게 되었다. 대표적인 것이 세계적인 자동차 회사들의 슈퍼볼 광고인데 업체들은 이러한 홍보효과를 노리고 이 광고에 엄청난 공을 들인다.

소셜미디어의 보급으로 인해 전 세계에 유통되는 정보량은 매년 엄청나게 증가하고 있다. 그렇다면 사람들은 왜 소셜네트워크서비스에 열광하는 것일까. 지금까지는 직접 만나 마주보고 대화를 나누는 것이 소통의 유일한 방법이었다. 그러나 지식산업사회로 가면서 지구촌 어느 누구와도 자유로운 커뮤니케이션이 가능해져 언제 어디서든지 인터넷을 통해 수많은 정보를 공유할 수 있게 되었다. 인터넷 대중화와 맞물려 새로운 소통문화가 만들어진 것이다.

유튜브는 영상을 통해 누구나 쉽게 전 세계와 메시지의 공유가 가능한 플랫폼이다. 언제라도 개인의 개성이 담긴 영상을 인터넷상에서 새로운 브랜드로 만들어준다. 2011년 한국 아이돌 그룹의 컴백 앨범 타이틀곡이 발표 열흘 만에 빌보드 차트 3위에 오른 것도 유튜브 때문이었다. 미국에 프로모션을 한 적도 없이 그저 타이틀곡의 뮤직비디오 일부를 유튜브에, 노래를 아이튠스에 올렸을 뿐이다. 그러나 곡 다운로드 횟수가 폭발적으로 늘면서 빌보드 차트에 재킷사진조차 없이 3위에 올랐던 것이다. 사실 이러한 측면에서 볼 때 소셜미디어는 우리 문화콘텐츠 산업의 지형을 바꾼 공신이기도 하다.

유튜브는 매월 전 세계에서 8억 명이 찾아와 30억 시간의 동영상을 보며, 60초마다 72시간 분량의 동영상이 올라오는 세계적인 동영상 사이트다. 세계 최대 검색엔진인 구글에 이어 검색순위도 2위다. 2011년

한 해에만 140개국의 사용자들이 1조(兆) 회 넘게 유튜브의 동영상을 시청했는데 이는 전 세계에서 유일하면서도 가장 신뢰할 만한 '글로벌 인터넷 방송국'이란 방증이다.

IDC[5]는 최근 EMC의 후원으로 전 세계 디지털 정보 생산 및 유통을 분석, 『2010년 전 세계 디지털 정보 성장 전망 보고서』를 발표했다. 내용에 따르면 향후 수년간 전 세계 디지털 정보량이 높은 연평균 성장률을 기록하면서 오는 2010년에는 전 세계에 걸쳐 연간 생산, 유통 및 복제되는 디지털 정보가 988엑사바이트에 달할 것으로 예측했다. 지금보다 513% 늘어난 분량이다. 이를 기가바이트로 환산하면 9,880억 기가바이트로 세계 인구 1인당 평균적으로 책 6톤 분량(약 150기가바이트)의 디지털 정보를 생산하게 되는 것이다. 또한 지난 한 해에 전 세계에서 생산, 유통된 디지털 정보량은 161엑사바이트로 추정됐다. 인류 역사상 현재까지 저술된 모든 책에 담긴 정보량의 약 300만 배, 지구에서 태양까지 약 1억 5000만 킬로미터의 거리를 책으로 쌓아 6번 왕복할 수 있는 분량이다.

이번 IDC 보고서는 디지털 정보의 양적인 분석과 함께 기하급수적인 성장을 이끌고 있는 정보 유형과 지역적 특성을 규명함으로써 개인이나 기업, 나아가 사회 전반에 미치는 영향과 의미를 제시했다. IDC는 디지털 카메라, 카메라 휴대폰, 의학 스캐너 등 디지털 장비를 통

---

5 인터넷데이터센터(Internet Data Center). 기업의 전산시설을 위탁·관리하는 곳이다. 보안시설과 관리 인력을 갖추고 매달 일정한 비용을 받고 기업의 서버를 관리해 준다. 이 서비스를 이용하게 되면 독자적으로 서버를 구입해 관리하는 비용을 줄일 수 있다는 장점이 있다.

 광고의 진화

해 기록되는 영상 이미지가 디지털 정보 생산에 크게 기여하고 있다고 밝혔다. 지난 해 디지털 카메라와 휴대폰으로 촬영한 사진은 전 세계에 걸쳐 각각 1500억 장과 1000억 장에 달했다. 2010년에는 그 2배인 5000억 장에 달할 전망이라고 예측하기도 했다.

특히 이번 보고서는 일본을 제외한 아시아―태평양 지역과 북미, 서유럽을 제외한 신흥경제국들이 현재 세계 디지털 정보 생산량의 10%만을 차지하고 있으나 향후 선진국보다 30~40% 더 높은 성장세를 보이며 정보 생산국이 될 것으로 예측했다.

한편 일부 기업들은 디지털 마케팅에 대한 막연한 기대를 갖고 초기에 많은 비용을 투자했다가 미숙한 기획과 운영으로 목표를 제대로 달성하지 못하고 있다. 대부분의 기업들은 디지털 마케팅을 통해 고객에게 제공하려는 가치와 채널과의 관계에 대한 정의를 명확하게 하지 않고 오로지 구축과 운영에만 맞춘 결과다. 그렇게 되면 긍정적인 효과는커녕 역효과가 나기 십상이다.

전통적인 오프라인 채널이 있는 회사의 경우 디지털 마케팅 도입시 채널 간 잠식을 우려해 온ㆍ오프라인 조직 간 협력이 어려워지는 상황이 빈발한다. 일례로 몇몇 신생 화장품업체는 여전히 방문판매의 영향력이 높지만 백화점과 전문 판매점도 나름의 중요 영업채널이다 보니 온라인 판매에 대한 조직 간 이견이 발생한다. 한마디로 역할관계 및 적정성 성과 체계가 명확하게 설정되지 못한 탓이다. 그렇지만 점차 백화점에서 화장품 매출이 급증하는 점을 고려하면 이런 내부의 부조화로 인한 기회 손실을 최소화할 필요가 있다.

디지털이라고 하면 기존 비즈니스와 동떨어진 새로운 사업 분야로
인식하는 경우가 많다. 그래서 온라인 부분의 영업 목표를 별도 설정
하거나 디지털 마케팅을 모두 온라인 조직에서 관장하는 사례가 잦다.
온라인이 전통 채널의 보조적 마케팅 수단이 아니라 독립 채널로 이용
함으로써 기존 채널과의 시너지가 확보되지 않은 탓이다. 또한 신규
사업 분야로 인식하여 별도 조직으로 구성했다가 단기간에 성과가 나
타나지 않으면 없애거나 특정 조직 하부에 두어 역할을 못하게 되는
경우도 있다. 어느 기업이든 디지털 마케팅을 활용해 온·오프라인 간
의 시너지 창출을 목표로 하지만, 실제 운영하다 보면 하나의 부서나
사업 분야만 늘리는 결과에 그칠 수 있다.

디지털 마케팅을 통해 매출을 늘리고 기회를 창출하려면 먼저 고객
의 필요(needs)를 충분히 이해해야 한다. 결국 고객에게 제공할 가치
와 전달방식을 혁신하면서 기회를 찾지 않으면 안 되는 것이다. 한편
SNS, 모바일, 웹, 매장 등 다양한 채널을 포괄해 고객 중심의 통합적
접근이 필요하다. 덧붙여 매출 증가, 비용 절감, 고객만족도 같은 측정
가능한 과학적인 결과물을 바탕으로 목표를 재설정하여 시너지 효과
를 높여야 한다.

5 ▶▶ 사회를 변화시키는 소셜미디어

한국에서도 트위터나 페이스북 등 소셜네트워크서비

스로 소통하는 정치인이 늘고 있고, 정보화 바람으로 기업이나 공공기관도 전자결제가 자리 잡은 지 오래다. 급기야 SNS가 시민의 정치 참여를 확대시키는 역할을 하기에 이르렀다. 이런 모바일 바람을 일각에서는 정당과 국민 사이의 거리를 좁히고 특히 젊은 층의 참여를 확산시켜 정당 정치를 새롭게 변화시킬 것이라고 말한다. 지금은 광고와 마케팅을 통해 많은 부분 선거 결과까지 예측하고 있다.

서구 정당들도 당과 국민의 거리를 좁히기 위해 여러 가지 시도했지만 기본적으로 그들이 가지고 있던 토대는 수백 년간 계승, 발전시켜 온 자신들의 이념에 동조하는 지지층을 지키고 확대하는 것이었다. 특히 모바일 투표제는 시민의 정치참여 기회를 넓혀가는 보완 수단으로 활용되고 있다. 얼마 전 미국의 대선을 앞두고 처음 치뤄진 아이오와주 선거는 다양한 마케팅의 수법이 활개치는 일종의 실험장이 되었다.

미국의 오바마 대통령은 과거 유튜브나 페이스북 등 인터넷상의 새로운 미디어를 구사하여 성공적인 선거를 이끌었다. 사실 2008년 미국 대통령 선거에서 무명의 상원의원이었던 버락 오바마가 당선하게 된 결정적인 요인은 블로그나 페이스북, 유튜브 등의 소셜미디어가 큰 공헌을 했다. 오바마 진영이 모은 자금 7억 5천만 달러 중 5억 달러가 소액의 인터넷 헌금을 통해 모금된 것들이다. 오바마는 지금도 트위터상에서 전 세계 260만 명으로부터 팔로우되고 있다.

한국도 급기야 2011년 트위터 등 소셜네트워크서비스와 사용자제작콘텐츠(UCC) 등 각종 인터넷 매체를 통한 정치적 의사표현을 처벌하는 것은 위헌이라는 헌법재판소 결정이 나왔다. 사실 그동안 선거일

180일 전부터 트위터, UCC, 인터넷 게시판 등을 통한 정치적 의사표현은 공직선거법 위반이라며 형사처벌되어 왔다. 한마디로 각종 인터넷을 이용한 정치적 의사 표현과 선거운동을 금지하는 것으로 공직선거법 93조 1항을 해석하는 것은 위헌이라는 것이다. 이에 따라 2012년 4월 19대 총선부터 사실상 트위터를 통한 선거운동을 규제할 수단이 사라졌으며, 정당이나 특정 후보에 대한 지지·반대 등 자유로운 의사 표현이 가능해졌다.

바야흐로 소셜네트워크서비스 시대다. 트위터와 페이스북 등 다양한 플랫폼에 의해 정치나 사회적 영역에서 폭넓게 영향력을 발휘하고 있다. '파워 블로거', '파워 트위터리안'이라는 신조어가 생겼고, 그들의 말 한 마디에 따라 대중이 이합집산하는 시대가 되었다. SNS를 통해 사회적인 이슈에 대한 자신의 의견을 피력하고 공론화하는 현상이 곳곳에서 일어나고 있다. 일반인들이 정치에 대해 자신의 견해나 아이디어를 표명하는 수단으로써 SNS를 사용하는 것은 지극히 당연한 일이 되었다. 임기 동안의 권한을 인정하겠지만 잘못된 점이 있다면 가차 없이 지적하겠다는 심리가 당연한 것이 되었다. 예를 들어 정치인의 비리를 풍자한 MAD영상[6]은 그 어떤 것도 따라오지 못할 특별함과 설득력이 있다.

지자체도 SNS를 통해 접수된 의견을 정책에 반영하고, 때때로 행

---

6 인기 있는 애니메이션들의 몇몇 장면을 캡쳐해서 재편집하고, 음악을 입혀서 하나의 뮤직비디오 같은 동영상으로 만든 작품.

광고의 진화

정의 일원으로 끌어들이려는 시도를 늘리고 있다. 이는 제레미 벤담이 말한 절대 다수의 행복까지는 미치지 못할지라도, 지방자치제의 취지를 반영해 민주주의의 한계를 일정 부분 극복할 수단이라 평가받는다. '국민신문고'는 사용이 간편하고, 누구나 어디서든 접근할 수 있는 21세기형 신문고라고 할만하다. 누구라도 트위터를 통해 간편하게 실생활 곳곳에서 일어나는 민원을 제기하고, 리트윗을 통해 확인할 수 있기 때문이다.

인터넷 민원 시스템인 '국민신문고'를 운영하는 국민권익위원회의 2012년 초 신년 업무보고에서 앞으로 국민의 권리의식 신장과 경제위기 등에 따라 권익구제 수요가 증가할 것이 예상됨에 따라 '국민신문고 전자공공토론'을 활용해 의견을 적시에 반영하고, 이동 신문고, 현장조정 등 찾아가는 서비스로 국민 불편을 사전에 예방하겠다고 밝혔다. 한편 주요 국정과제와 권익정책에 대해 사이버 공간에서 국민들이 참여하는 쌍방향 토론의 장을 운영할 계획이라고 한다.

아무리 좋은 정책도 인위적으로 어느 한 방향으로 이끌려는 시도는 불가능한 시대다. 그들을 지켜보는 국민들의 시선이 있기 때문이다. 그러나 그들의 이야기를 듣기 위해 트위터를 사용한다는 자세는 마케터에게 있어서도 참고할 만한 포인트다. 기업이나 브랜드가 소비자로부터의 지지를 모색해야하는 요즈음 소비자의 목소리를 듣고 반영하는 것은 모든 마케터나 비즈니스맨이 깨달아야 하는 커뮤니케이션의 원칙이다.

　　인터넷으로 인해 유통되는 정보량이 아무리 많이 늘었다고 해도 기존의 언론이 만들어낸 1차 정보를 가공하여 논평한 것에 지나지 않는다는 견해가 많다. 사실 소셜미디어는 뉴스를 만들어낼 능력이 없다. 그런데도 최근 들어 전문기자의 손을 거치지 않고 개인이 발신한 정보가 소셜미디어를 통해 뉴스 소스로 유통되는 현상이 생기고 있다. 상징적인 사건이 2009년 6월에 있었던 이란의 대통령 선거다. 선거 결과를 둘러싸고 대규모 데모가 확산되어 외국인 저널리스트의 취재활동이 정부에 의해 제한되었다. 그러나 이란 시민들의 손에 의해 트위터나 페이스북, 유튜브 같은 소셜미디어 플랫폼을 통해 현지에서 일어난 일들이 실시간으로 CNN과 BBC 등에 전달되었다.

　　또 2011년 중국 원촨(汶川) 대지진을 세계에 알리는 데 시민기자(Citizen journalist)[7]들이 큰 활약을 했다. 대지진을 처음 전 세계에 알린 매체는 휴대전화 문자메시지를 통해 실시간 뉴스를 전하는 미국의 웹 사이트 '트위터닷컴'이었다. 중국 현지의 네티즌들이 지진 발생 사실을 이 웹 사이트를 통해 알린 것이다. 베이징(北京), 상하이(上海), 청두(成都)에 거주하는 트위터 사용자들은 진앙을 보여주는 지도, 흔들리는 건물과 직원들이 대피한 텅 빈 사무실 등의 사진들을 인터넷을 통

7　새로운 형태의 온라인 미디어에 자발적으로 참여하는 기자를 일컫는다. 예를 들어 오마이뉴스는 시민기자들의 참여로 운영되는 온라인 미디어.

해 빠르게 전파했다. 상하이의 '아나'는 '지금은 다시 정상적으로 숨을 쉬고 있지만, 건물 31층에서 지진을 느끼는 것은 결코 즐겁지 않다'는 글을 실었다. 지진 직후 학생들이 책상 밑으로 숨고 수천 명의 직원들이 건물 밖으로 몰려나오는 긴박했던 상황들은 동영상 사이트 '유튜브'에 올라왔다.

한국도 방송사마다 일반인들이 스마트폰이나 캠코더로 찍은 동영상을 뉴스로 제공받기도 한다. 실제로 다양한 사건사고 현장에 대한 관심을 한층 고조시켜준다. 그렇다고 그들이 기자의 지위를 부여받았다고 말할 수 없다. 시민기자에게는 취재력이 없다. 여기서 취재력이라 함은 개인의 능력을 가리키는 것이 아니라 기량이 높은 사람일지라도 조직이나 자금이 없는 개인으로서는 한계가 있다는 것이다. 설령 큰 사건이 발생했어도 기초적인 정보는커녕 현장에 가깝게 다가갈 수도 없다. 결과적으로 매스미디어가 보도하는 1차 정보에 대항하는 의견이나 감상의 한계에서 벗어나지 못하는 것이다.

그러나 요즘 소셜미디어에서 나오는 뉴스가 시민 저널리즘과 다른 점은 제공자가 우연찮게 나온 사람이라는 점이다. 대부분의 사람들은 시민기자가 될 것이라는 생각을 갖고 있지 않았다. 다만 어쩌다 눈앞에서 일어난 사건의 생생한 현장을 제공하여 시민기자적인 역할을 수행한 경우다.

휴대전화나 트위터와 같은 툴이 대중화된 것으로 인해 취재라는 행위가 무척 간단하게 되었다. 누구라도 시민기자의 한계를 뛰어넘어 어느 순간 1차 정보의 담당자 즉 저널리스트가 될 수 있게 된 것이다. 그렇다면 매스미디어를 소셜미디어가 대체할 수 있는가. 결론부터 말한다면 그것은 2009년 6월 이란 대통령 선거 후의 혼란을 소셜미디어 상에서 바라보면 더욱 명확하게 알 수 있다.

트위터에서는 통상 팔로우하는 사람의 글을 보게 된다. 특정 해시태그를 클릭하는 것으로 팔로우하든 그렇지 않든 간에 토픽에 관련된 글을 읽을 수 있다. 예를 들어 '#iranelection'을 클릭하면 이란의 수도 테헤란 아자디 광장에서 야권 대선 후보 호세인 무사비 전 총리의 지지자 수만 명이 부정 선거를 규탄한 글이 올라있다. 아자디 광장에 시위대가 몰려나온 것은 1979년 이란 혁명 이후 처음이다. 이 사건으로 보도통제에 걸린 테헤란에서 무엇이 일어나고 있는지를 전문기자가 아닌 보통 시민들의 손에 의해 세계를 향해 실시간 생생한 정보가 발신된 것이다.

'여러분, 싸웁시다.' 이란 대통령 선거 불복 시위가 유혈사태로 확산되는 가운데 인터넷 단문 메시지 전송 서비스 트위터가 시위현장의 생생한 소식과 장면을 전하는 대안 언론으로 활용되고 있다고 프랑스의 AFP통신 등이 일제히 보도했다. 대선 이후 이란 정부는 불만을 잠재우기 위해 신문과 방송 등을 엄격히 통제했다. 시위대는 트위터 메시지를 통해 시위대와 경찰의 충돌 상황을 실시간으로 전했다. 시위 도중 진압경찰의 총에 맞아 죽거나 부상당한 사람들의 사진이 트위터나 사진 공유사이트 플리커, 유튜브 등을 통해 외부세계로 전파되었다. 이 과정에서 'Iranelection'이라는 ID는 트위터 최고의 스타가 됐고, 'Perisiankiwi'는 시위 현장을 실시간 중계해 유명해졌다. 트위터의 위력이 커지자 이란 정부는 페이스북 사이트를 차단한 데 이어 메시지를 올리는 것을 막기 위해 휴대폰의 문자메시지마저 중단시켰다. 하지만 트위터 사용자들은 정부의 통제가 미치지 못하는 서버 정보를 공유하며 정부의 조치를 무력화했다. 한마디로 트위터가 이란 정부의 언론 통제를 무너뜨린 것이다.

하지만 매 순간 끊임없이 쏟아내는 정보의 어디까지가 진실이고 허구인지 판단하기란 쉽지 않다. 정부에 의해 통제되어 테헤란에서는 볼 수가 없는 것이라는 글이 있는가 하면, 거짓이며 우리는 지금 테헤란 시내에서 직접 보고 있다고 전혀 다른 내용이 흘러나왔다. 저마다의 위치에서 만들어진 단편적인 정보라서 객관적인 판단은 애초부터 무리였다. 더욱이 포르노사이트 등으로 연결된 스팸 링크로 혼잡은 더해지고 있었다. 무엇을 믿고 무엇을 무시하면 되는지 망설이는 잠깐 사이에도 수십 건의 새로운 글이 올라왔다. 결국에 '#iranelection'을 잠시 지켜본 뒤에 BBC와 CNN, 트위터, 페이스북의 정보 그리고 국내 텔레비전의 뉴스와 비교해 나름의 실상을 파악할 수밖에 없었다.

'#iranelection'의 발신 가운데는 '지금부터 저널리즘은 매스미디어가 아니라 시민의 손에 의해 전달된다'는 글이 몇 번이나 반복되었다. 각국의 특파원들이 호텔의 객실에서 외출조차 하지 못하는 상황에서 시민들이 휴대전화 등으로 촬영한 영상을 유튜브에 업로드하고 트위터로 현재 상황에 대해 전달한 것에 의해 진실이 명확해진 부분도 분명 있다.

물론 텔레비전이나 신문에 보도된 것이 무조건 진실이라고 말할 수도 없다. 소셜미디어에서 반복되어 퍼져나가는 정보의 소용돌이 속에서 자신의 감각만으로 현재의 상황을 객관적으로 파악한다는 것은 사실상 어렵다. 하나의 정보로 판단하지 않고 복수의 소스를 접하는 것이 기본이지만 그 선택 안에는 매스미디어도 필수적이다.

소셜미디어의 발신자는 저마다 다른 포지션에서 정보를 발신한다. 그렇다고 전통 있는 언론이 공평하고 객관적인 입장에 서 있다고 말하기 어렵다. 중립이라기보다 나름의 포지션에 입각하여 자신들의 시각에서 발언하는 것이라고 생각하는 편이 오히려 자연스럽다. 미국의 FOX TV가 테러사건 당시 부시 정권의 네오콘 정책을 지지하면서 높은 시청률을 획득한 사례처럼 언론도 필요에 의해 전략을 취하는 경우가 적잖이 있다. 포지션은 일종의 광고적 메시지라고 바꿔 말할 수 있다. 누군가의 광고적 메시지에 의해 조종되는 위험을 조금이라도 줄이기 위해서 복수의 미디어를 대조하면서 받아들일 필요가 있다.

언론의 가치로서 소셜미디어와 대비되는 것을 꼽으라면 실명 보도라는 점이다. 방송에서는 ‘CNN 리포터였습니다’거나 ‘AP에 의하면’ 식으로 제공자의 실명성이 높다. 반드시 리포터나 기자의 이름은 아니더라도 저명 언론사라는 백그라운드가 있기에 시청자 쪽에서도 나름의 신뢰감을 제공받을 수 있다. 그렇다고 무조건 믿음이 가는 건 아니다. 논조에 약간의 편협한 시각이 있을지라도 과거의 경험상 저곳은 대체로 그런 입장이니까라고 생각하면 이해되는 부분도 없진 않다.

한편 소셜미디어의 내용 대부분은 익명이다. 이란에서의 정보 역시 복잡하게 얽혀 있었던 점도 있지만 발신된 기사의 내용 내지 발신자의 포지션을 어떻게 판단하면 좋을지 알 수 없어 더욱 혼란을 가져왔다. 물론 실명 정보만 가치 있고 익명의 정보는 무가치하다고 단정 지을 수는 없다. 정부가 보도통제를 한 가운데 위험을 감수하고 사실을 전달하기 위해서는 익명으로 할 수밖에 없었을 것이다. 어쨌든 소셜미디어와 매스미디어는 어느 한쪽을 구축해주는 대립 개념이 아니라 상호 보완해주는 또 다른 형태의 저널리즘을 만들어 낼 수 있을 것이다.

7 ▶▶ 혼잣말의 힘과 SNS의 미래

짧은 문자로 소통하는 트위터를 향한 관심이 날로 늘어가는 가운데 근래 인터넷상의 화제를 넘어 전통적인 미디어인 텔레비전도 IT정보와 관련된 여러 프로그램을 진행하기도 했다. 한동안 신문이나 잡지도 SNS 현상과 사용법을 소개했다. 하지만 사회자나 아나운서 같은 방송 진행자가 트위터를 하지 않으면서 "트위터로 사람을 만나는 것이 전혀 새로울 것이 없습니다"라거나 가십거리 정도로 취급하려는 경향이 아직도 있다. 뿐만 아니라 전통적인 미디어에 익숙한 장년층도 한가한 장난이라고 매도하려 한다. 그 이유는 트위터에 올라오는 글은 혼잣말이라는 데 있다. 물론 외국 영화의 우리말 제목을 보노라면 원제가 그런 뜻이 아닌데라고 생각되는 일이 간혹 있긴 하지만 트위터를 단순히 '혼잣말'이라고 번역한 것은 큰 오류가 있다. 140글자에 한정된 말을 팔로워에게만 전달된다는 방식으로 그것을 판단한다면 결국 닫힌 공간의 자기만족적인 툴로 밖에 보이지 않는다.

무엇보다도 트위터가 지닌 커뮤니케이션의 가치는 혼잣말인 것보다는 시간축의 공유에 있다. 텔레비전을 보며 이야기를 하거나, 세미나의 중계를 보면서 의견을 나누는 행위와 같다. 광화문 근처 어느 출판기념회에서 "트위터로 백 명을 팔로우해 보십시오. 인생이 변합니다"라는 취지의 문구를 본 기억이 있다. 인생이 변할지는 둘째치고, 최소 백 명 정도만 팔로우해도 '충분히 붐을 조성할 수 있다'는 만족감을 타임라인(Time line)[8]을 보며 실감할 수 있다.

뉴스에 의한 시청자의 반응이나 일상에서 일어난 다양한 감정, 불현듯 생각난 아이디어 등 불특정 다수가 제공하는 '언어'는 독립된 것이 아니라 공유된 시간축에서 보다 나은 형태로 발전해 나간다. 그런 현상은 트위터에서 시시각각 일어난다. 자발적이면서 동시 다발적인 커뮤니케이션의 숨결이 느껴지는 독특한 공간인 트위터. 그 안에서 친구나 지인만으로 트위터를 하는 사람이 100명이나 된다는 것은 인터넷 관련 종사자가 아니면 이해하기 어려울지 모른다. 일반적으로 30명 정도의 친구나 지인, 70명 정도는 언론기관 내지 유명인이라면 가능할 수도 있다. 필자는 트위터 내에서 '정보는 즉시거래다'라고 기술한 사람을 만난 적이 있다. 데이 트레이드는커녕 주식을 하진 않지만 발언의 뉘앙스를 충분히 공감할 수는 있었다. 정보의 공유가 시간과 관계없이 가능하다는 것에서 새로운 형태의 정보 소비가 전개되고 있는 것이다.

---

8 시간표. 자신과 팔로우하는 사람들에 의해 쓰여진 글의 일람.

또 설날 아침 방송의 인기 이벤트 중 하나인 '윷놀이'는 대부분의 사람들이 편견 없이 본다. 친지나 가족들이 아닌 연예인들의 소란스런 놀이임에도 거부감을 갖지 않는다. 그러나 텔레비전에서 놀이를 보는 것은 시각적인 즐거움은 가능하지만, 마당의 관전과 같이 참가자와 감정을 함께 체감할 순 없다. 하지만 트위터의 경우 '공유'를 매개로 동시 체험을 이끌어낼 수 있다. 다른 놀이나 스포츠도 마찬가지다. 드라마나 다큐멘터리도 같은 역할을 할 수 있다. 트위터는 사람들의 관심이나 행동 양식이 확산되는 가운데 하나의 콘텐츠를 동시에 즐기는 일이 가능한, 시간과 공간을 넘어선 역할을 한다. 그래서 '지금 출근합니다'거나 '점심은 카레로 하려고요' 같은 혼잣말을 가치 없다고 쉽사리 단정할 수 없다. 오히려 140자로도 충분히 정보를 발신하는 일이 가능하다는 식으로 인정하면 좋을 것이다.

한편 CNN의 여자 특파원 크리스티언 아만푸르가 트위터상에서 전한 보도는 혼잣말 정도의 가벼운 문장이 아니다. 그녀가 황량한 아프가니스탄에서 전한 전황 보도는 안방의 시청자를 전율시켰다. 국제정세의 최전선에서의 리포트는 비록 단편적일지라도 트위터를 통해 중요한 역할을 수행한다. 그리고 이란의 대통령 선거 후 혼란스런 정국은 트위터와 언론이 상호 보완하면서 심층적인 보도가 가능했다. 2010년 1월에 발생한 아이티 대지진 정보도 트위터와 페이스북 같은 소셜미디어와 CNN을 비롯한 ABC, CBS, NBC 같은 매스미디어가 연계하면서 상황을 좀 더 자세하게 알 수 있었다. 그로 인해 국제사회의 개인이나 기업으로부터 갖가지 형태의 지원이 가능했다. 소셜미디어가 지닌 힘과 가치를 잘 보여준 사례다.

물론 우리의 신문이나 텔레비전도 간혹 페이스북과 트위터를 활용하는 경우가 있다. 최근에 급속도로 영향력이 저하되고 있는 기존의 언론이 소비자에게 가치와 의미를 지닌 존재가 되기 위한 절호의 기회를 페이스북과 트위터 같은 SNS가 쥐고 있다해도 과언이 아니다.

일각에선 한때 유행했지만 금방 무용지물이 된 과거 몇 개의 서비스처럼 페이스북이나 트위터도 지금뿐일 것이란 비판적인 시각도 있다. 물론 그런 가능성을 완전히 배제할 수는 없다. 실제로 최근 기세가 한풀 꺾였다. 미국시장 조사업체 컴스코어도 페이스북 서비스에 접속한 사람이 연속적으로 감소하고 있다고 밝혔다.

이와 달리 한국의 인기 있는 카카오톡이라는 모바일 메시지 서비스는 문자나 사진뿐 아니라 동영상도 손쉽게 수신할 수 있어 매년 이용자가 늘고 있다. 외국인 가입자도 100만 명을 넘고 있다. 전 세계 9억 명이 넘는 가입자를 보유한 페이스북을 떠나 '핀터레스트', '인스타그램' 같은 새로운 형태의 SNS를 이용하는 사람들도 늘고 있다. 미국은 페이스북 매출의 절반 이상을 차지하는 가장 중요한 시장이어서 위기감이 커지고 있다. 페이스북의 인기가 시들해진 이유는 무엇일까.

첫째, 인터넷에 익숙한 10대 청소년들이 '페이스북은 어른들의 공간'으로 보고 자신들 성향과 맞지 않는다고 느끼기 때문이다. 현재 페이스북 이용자의 평균 연령은 38세이다. 10대들은 페이스북 친구로 등록된 부모나 어른들이 자신들의 활동을 지켜보는 것을 불편하게 여기는 성향이 짙다. 『USA투데이』는 시장조사업체 Y펄즈의 조사를 인용해, 10대의

18%가 페이스북 대신 위치기반 SNS인 '포스퀘어'를 선호한다고 보도했다. 이 때문에 페이스북은 미래의 고객을 붙잡기 위해, 지금까지 금기해왔던 '13세 이하 어린이'의 가입을 허용하는 방안을 검토하고 있다.

둘째, 새로운 SNS의 출현이다. 텍스트 위주의 SNS에 지루함을 느낀 이용자들은 핀터레스트 같은 SNS로 눈을 돌리고 있다. 핀터레스트는 간편하게 사진을 올리고 친구들에게 보여줄 수 있는 서비스이다. 2012년 들어 방문자가 지난 해보다 4300%가 늘어날 정도로 폭발적인 성장세를 보이고 있다. 이러한 성장세에 의해 페이스북 초기와 같은 성장 잠재력을 가진 것으로 평가된다.

셋째는 페이스북 광고효과나 비즈니스 모델에 대해 시장의 의구심이 여전하다는 것이다. 자동차업체 GM은 '광고 효과가 의심스럽다'며 올해 책정한 1,000만 달러 규모의 광고 집행을 중단했다. 주가도 연일 바닥을 치면서 투자자들로부터 심한 압박을 받고 있다. 매출의 85%가 '온라인 광고'인 페이스북은 현재 광고를 늘리기 위해 사력을 다하고 있다. 경제전문지 『포브스』도 "페이스북은 5년 내에 완전히 사라질 수 있다"고 보도했다. 지속적인 기술혁신과 확실한 수익모델이 뒤따르지 않으면 문을 닫을 수 있다는 경고다.

이처럼 트위터나 페이스북이 5년이나 10년 후에 어떤 다른 서비스에 의해 변화할 가능성도 충분히 있다. 하지만 지금의 언론 같은 거대 조직이나 개인도 하나의 플랫폼으로 정보를 발신하는 구조는 이후로도 계속될 것이라는 데에 부정할 수 없다. 소셜미디어는 침범자가 아니라 파트너라는 관점이 필요하다. 그래서 혼잣말로 단정 짓는 오류를

범해서는 안 된다. 서로가 가진 엄청난 정보가 하나로 연결되어 업무 기반으로서의 공동 작업 등의 가능성을 모색해야 할 것이다.

8 ▶▶▶ **변화의 시대, 매스미디어 위기와 광고**

인터넷에 접속할 수 있는 퍼스널 컴퓨터나 휴대전화만 있다면 무료로 다종다양한 정보를 입수할 수 있는 시대. 그로 인해 신문이나 잡지와 같은 출판 미디어의 부수가 현저히 줄고, 텔레비전이나 라디오 같은 매스미디어는 광고매체로서 영향력이 저하되었다. 인터넷 등 다양한 매체들이 나타나면서 종래의 광고 방식보다 소비자와의 접촉이 용이하고, 효과도 측정 가능한 인터넷 광고가 중심을 잡을 수밖에 없는 분위기이다. 이런 변화로 인해 언론사의 광고 수익이 현저하게 감소하고 있다. 침체 원인을 단순하게 인터넷의 출현으로 귀결시키는 것은 무리지만 커다란 요인의 하나인 것만은 부정할 수 없다.

2012년 초까지 미디어렙(Media rep)[9], 즉 방송광고판매대행사 선정을 둘러싸고 한동안 시끄러웠다. 그러나 종편에 이은 지상파 계열 방송사의 광고 연계 판매를 허용키로 하면서 그밖에 미디어 업계는 어려움에 처할 전망이다. 법안심사소위에 통과된 내용은 1공영(KBS, EBS,

---

9 각종 매체를 대신하여 광고주들로부터 광고를 수주하고, 광고주와 광고회사에 광고분석, 광고기법 등 과학적인 자료를 제공해주는 업체로서 방송사나 포털 사이트 등 기업의 위탁을 받아 광고를 수주하고, 대행 수수료를 받는 회사이다.

　　　　　　　　　　　　　　　　　　　　　　　　광고의 진화

MBC) 다 민영(SBS, 종편)제를 원칙으로 하고 있다. 또한 1사 1렙과 종편 미디어렙 의무위탁 시기를 2014년 초까지 3년간 유예하고, SBS는 법이 시행되기 전까지 미디어렙을 제정하고 그 전까지는 현재 결합 판매 형태를 유지키로 합의했다.

특히 이종매체 간 크로스미디어 판매는 금지하되, 지상파와 계열 방송채널사용사업자(PP)는 허용하는 방안도 통과됐다. 방송계에서는 이번 합의안이 원안대로 통과될 경우, 미디어 업계 전반에 후폭풍이 일 것으로 우려하고 있다. 종편, SBS 등 거대 미디어 그룹의 광고 독과점을 허용하면서, 사실상 중소 미디어업계가 고사위기에 처하는 등 어려운 상황이 불가피해졌기 때문이다. 광고 의존도가 전체 수익의 80%를 차지하고 있는 비지상파 및 비종편 방송사나 신문사가 힘들게 될 것은 뻔하다. 지난 9월 광고주협회는 종편의 광고 직접 영업으로 올해 종이신문은 17%, 중소PP는 17% 가량 광고비가 감소할 것으로 내다봤다.

매스미디어의 광고수입은 전 세계에 걸쳐 쇠락 움직임이 있다. 이러한 기류는 이미 예견된 일로『파이낸셜 타임스』에 의하면 미국에서도 2009년도 신문의 광고수입이 29% 줄었고,『뉴욕타임스』가 2009년 말까지 편집 부문에서 전체의 80%에 해당하는 약 100명을 감원하는 등 광고수입의 하락에 따른 정리해고도 빈번히 일어나고 있다.『워싱턴포스트』의 부사장이 '이대로는 신문의 미래는 없다. 비영리조직(NPO)화해서 공적지원을 받아야 한다'고 주장한 논문이 화제가 되었던 적이 있다. 이런 가운데『뉴스코퍼레이션』의 루퍼트 머독 회장은 "자사의 뉴스 콘텐츠를 한 푼도 지불하지 않고 마음대로 사용할 권리가 있다고 생각하는 사람"이 있으며, "이건 공정한 이용이 아니라 도둑이다"라고 구글로 대표되는 인터넷 기업을 비판하는 성명을 발표하기도 했다. 머독뿐만 아니라 매스미디어 경영진을 향한 분노의 일갈은 결국 인터넷을 향한 것이었다. 하지만 유감스럽게도 매스미디어 광고의 수요가 공급을 웃돌던 시대는 과거가 되어버렸다. 지면이나 방송시간 등의 고정된 틀을 넘어 다양한 정보가 넘쳐흐르고, 아무리 많아도 받아낼 수 있는 사이버 스페이스가 약진하는 흐름을 되돌릴 방법은 없다.

크리스 앤더슨은 『프리(Free)』에서 "'공짜라면 양잿물도 마신다'는 말이 있듯 노력하지 않고도 뭔가를 거저 받는다는 건 좋은 일이다. 하지만 이것도 시간이 지나면서 달라지는데 결론은 공짜 점심은 없다는 것이다"라고 말한다. 이에 따르면 공짜로 준다면 거기엔 상당한 이유가 있고, 거저 주는 사람은 분명 뭔가를 얻고자 할 것이다. 앤더슨이 말하는 '공짜' 논지의 바탕은 디지털 시대를 지탱하는 '비트 경제'이다. 자기 복제가 무한대로 가능한 세상은 현재보다 훨씬 풍요로워서 무료 교환시장이 부상하게 된다는 설명이다. 이는 그의 이전 저서인 『롱테일 경제학(The Long Tail)』에서 펼쳤던 이론과 비슷하다. 이 저서에서 그는 인터넷 서점은 진열 공간의 제한이 없기에 '롱테일 제품'[10]의 무한 판매가 가능하다고 주장했다. 한편 정보처리와 저장, 그리고 전송기술에 주

---

10 롱테일 제품은 흔히 유명 음반처럼 인기 있는 제품만이 높은 가치를 지니는 것이 아니고 홍보부족으로 사장되었거나 재고처리된 다양한 제품을 적은 비용으로 거래할 수 있게 한다. 그러한 효과로 인해 소비자는 소수의 유명제품만을 선택했던 과거에 비해 선택의 폭이 증가되어 자신의 취향에 맞는 제품을 구입할 수 있게 됨으로써 결과적으로 꼬리를 물고 매출을 증대시킨다.

  광고의 진화

목한 『프리』에서는 보다 빠르고 저렴한 복합적인 공짜가 이루어지고 있음을 이야기한다. 디지털화할 수 있는 제품의 한계 생산 비용은 제로에 가까워지기에 유튜브 같은 무료 서비스가 가능하게 되었다.

소비자가 콘텐츠를 무료로 얻기 위해 제삼자인 광고주가 비용을 지불하는 삼자간 시장이 이뤄지면서 결과적으로 거액의 광고 수익에 의해 소비자에게 무료 내지는 할인된 가격으로 콘텐츠를 제공해온 미디어가 갑자기 등장한 무한대의 무료 서비스에 의해 곤경에 처하게 된 것이다.

이러한 분위기 속에서 필자는 인터넷의 포털 사이트에 올라오는, 매스미디어의 침몰 내지 몇몇 언론이 주도해 만든 의미없는 소문 같은 것은 더 이상 필요 없다는 몇몇 글들을 목격해왔다. 지금껏 무소불위의 권력을 누려왔던 존재가 어느 날 갑자기 나약함을 보이는 것에 의해 카타르시스를 느끼는 것인가.

한편 매스미디어의 무력함은 부정할 수 없는 현실이긴 하지만 언론의 향방과 광고의 미래를 정확히 읽으려면 그러한 감정은 접어두고 냉정한 판단이 필요하다. 신문과 방송 시간의 가치가 사라질 수는 없기 때문이다. 현재의 수익 감소가 자유 낙하하는 것처럼 보지만 분명 어딘가에서 밸런스가 잡힐 것이다. 불황의 원인은 매체력 저하와 경기순환 모두에 있다고 볼 수 있기 때문이다. 개별 웹 사이트가 매스미디어에 비견될 영향력을 갖는 경우는 있을 수 없기에, 경기가 회복하면 광고 수입은 저절로 개선될 것이다. 매스미디어는 오랜 시간에 걸쳐 발전하면서 갖춘 여러 강점들이 있다. 그것들을 지렛대로 활용해 새로운 시대로의 전망도 가능하다.

하나의 예로 미디어 비즈니스가 갖고 있는 최대 강점 중 하나는 콘텐츠 제작 능력이라는 데 초점을 맞춰 레버리지(leverage)를 거는 방법을 생각해볼 수 있다. 텔레비전 프로그램은 광고수익이란 비즈니스 모델이 있다. 또는 자회사가 드라마나 오락 프로의 제작과 DVD화에 따른 판매 수익 등 사업의 다각화를 모색해볼 수 있다. 무료라는 단어로 빌리자면 삼자 간의 시장으로부터 '프리미엄(Freemium)'[11]으로 전환하는 구조다. 일각에서 공영 방송이 오로지 수익을 위해 독과점 행위를 한다는 비판의 목소리를 들을 수 있다. 그렇더라도 특기 분야가 콘텐츠 제작이기에 그것에 초점을 맞추는 것이 지금으로선 최선의 선택이다.

오늘날의 콘텐츠 수용자들은 수준 높은 활용 자세로 자신들에게 더 높은 가치를 부여하는 능동적 소비자들로 변화했다. 따라서 특정미디어에 치우치지 않고 미디어의 경계를 넘나드는 새로운 크로스 미디어가 요구된다. 애초부터 크로스 미디어를 표방하고 나선 곳이 바로 영국의 BBC이다. 시대의 환경에 맞게 미디어도 변해야 한다는 생각 아래 다양한 콘텐츠를 모든 미디어와 기기를 통해 언제 어디서나 제공할 수 있게 변화하고 있다. 즉 하나의 콘텐츠를 신문, 잡지, 방송, 인터넷, 모바일 등 다양한 미디어의 특성에 맞게 제작해 보도하는 것으로 하나

---

11 벤처 캐피탈리스트 프레드 윌슨의 조어로 '무료'+'유료', 즉 무료 서비스를 통해 이용자를 끌어들인 후 부가기능을 유료화하여 수익을 창출하는 비즈니스 모델로 특히 모바일 게임에서 대세로 자리 잡고 있다. 2011년 6월 기준 앱스토어 상위 애플리케이션시장 매출의 65%가 프리미엄 게임에서 발생한다.

  광고의 진화

의 뉴스에 대해 신문과 잡지에서는 심층성을, 방송에서는 라이브성을, 인터넷에서는 속보성을 확보한다. 같은 콘텐츠를 각각의 미디어가 가지고 있는 특성에 맞추어 멀티하게 활용하도록 제작하는 것이다. 이러한 노력은 매스미디어의 위기라 칭해지는 최근의 추세에서 그들에게 하나의 돌파구가 될 수 있을 것이다. 바로 새로운 미디어를 적극적으로 수용해 또 하나의 강점으로 이용하는 것이다.

한편 광고시장에서의 변화추이도 눈에 띈다. 방송프로그램이나 영화에서 특정 제품이나 브랜드를 노출시키는 PPL(Place in Placement)[12] 광고가 그 예인데, 지금은 법이 개정되어 브랜드를 노출하는 것은 문제가 안 되지만, 얼마 전까지만 해도 직접적인 노출은 할 수가 없기에 심지어 이를 소재로 한 개그 프로그램이 있었을 정도였다.

간혹 간접 광고와 PPL을 구분 짓지 않고 혼용하는 경우가 많지만 둘은 엄연히 다르다. PPL은 브랜드를 노출시키지 않고 제품이나 장소를 화면 안에 배치하는 것을 일컫는다. 그간 음성적으로 이뤄지던 PPL을 법적으로 양성화시킨 것이 간접 광고[13]이다. 미디어랩에 정당한 금액을 내기 때문에 화면에 브랜드나 로고를 노출시킬 수 있다. 이럴 경우 '본 프로그램은 간접 광고를 포함하고 있습니다.'라는 자막이 나간다. 하지만 비용을 지불했다고 지속적으로 특정 브랜드를 내보낼 수

---

12 PPL로 불리며 영화나 드라마 화면에 기업의 상품을 배치해 관객들의 무의식 속에 그 이미지를 자연스럽게 심는 간접 광고를 통한 마케팅 기법이다. 일반적으로 드라마나 영화의 주인공들이 사용하는 휴대폰, 운전하는 자동차 등을 들 수 있으며 해당 기업은 이에 대한 홍보비용을 제작사 측에 지불한다.

13 기존 간접 광고는 제품에 한정된 경우를 많이 볼 수 있었다. 하지만 최근에는 커피숍 등 특정 장소가 간접 광고의 대상이 되기도 한다.

있는 것은 아니다. 총 방송시간의 5% 이내만 가능하며, 한 브랜드를 연속해서 30초 이상 보여줄 수 없다. 또한 제품의 크기가 화면의 4분의 1 이상을 넘으면 안 된다. 간접 광고와 헷갈리기 쉬운 협찬은 드라마 마지막에 바 모양으로 브랜드가 고지된다. 협찬 제품이나 장소는 드라마에 등장하지 않아도 된다.

인기리에 방송된 〈최고의 사랑〉은 주인공인 '독고진'이라는 캐릭터로도 유명했지만 PPL 광고가 유독 많이 나온 드라마로도 화제가 됐다. 남자 주인공인 독고진의 얼굴이 새겨진 음료수는 코카콜라사의 '비타민 워터'이며, 자동차는 닛산의 '인피니티', 데이트할 때 고른 영화는 그 드라마에서 한의사 역을 한 배우가 출연한 〈풍산개〉이다.

PPL 광고는 따로 광고를 제작하고 집행하는 것보다 저렴한 비용으로 더 큰 효과를 볼 수 있을 거란 기대감에 광고주로부터 관심을 끈다. 반면 시청자의 입장에선 달갑지 않다. 보다 효과적인 PPL 광고를 위해서는 무조건적인 노출이 아니라 제품이나 브랜드 자체가 스토리 안에서 나름의 역할을 해야 한다. 주인공의 얼굴이 그려진 음료수병은 남녀의 감정변화를 드러내는 역할이다. 처음엔 자신의 얼굴이 새겨진 쪽으로 마시지 말라며 구박하다가 사랑에 빠진 뒤에는 자기 얼굴이 있는 쪽으로만 마셔야 한다고 말하는 식이다. 거만하지만 미워할 수 없는 캐릭터를 자기 얼굴이 새겨진 음료수를 마시는 설정 안에 담았다. 이처럼 스토리의 맥락 안에 위치한 브랜드는 거부감을 주지 않으면서 긍정적인 인상을 남길 수 있다.

콘텐츠 제작이라는 강점을 통해 미디어 산업을 되살릴 수 있는 방법은 이외에도 얼마든지 있다. 인터넷이 대세인 시대라도 비즈니스로 다시금 성장해 나가는 일은 결코 허황된 꿈이 아니다. 다만 지금과 같은 진부한 방식의 답습에서 벗어나면 된다. 소비자에게 제공할 수 있는 최대치를 확인하고 그것을 살릴 수 있는 새로운 사업 모델을 모색하는 것이 불가능하지 않다. 사고의 과감한 발상과 체제의 재정비를 실시하면 분명 새로운 미래가 열릴 것이다.

1 ▶▶ 개인 미디어의 시대

필자가 어느 날 우연히 신문의 출판 광고란을 펼쳤더니 한 제목이 눈에 띄어 내용을 궁금해 한 적이 있다. 그 기사의 내용에 실제로 많은 부분 공감케 했다.

웹 제작과 블로그에 관련된 내용이었는데, 블로그[1]에 '얼굴 없는 천사가 또 기부했다'고 글을 쓰면 '헐, 천사가 왜 나에게는' 이라며 댓글이 달린다는 사례를 들면서 인터넷에는 욕구를 참고 있는 사람이 잔뜩 있다는 말을 하고 있는 것 같았다. 한편 이러한 현상은 모두들 지금껏 존재하지 않았던 웹이라는 새로운 툴을 손에 쥐고 어떻게 마주하면 좋

---

1 웹(Web)과 로그(log)의 합성어로, '인터넷 항해일지'로 번역되는 블로그는 1997년 뉴욕에 거주하는 데이브 와이너가 처음 만들었다고 한다.

을지 모른 채 무작정 쫓아가기 때문이 아닐까 생각하기도 했다.

우리는 인터넷상에서 떠도는 대화가 이런 종류의 것만은 아님을 안다. 그러나 이따금 공격적인 글쓰기를 하는 사람들의 목소리가 크게 이슈화된다. 이슈를 점화하면 양식 있는 사람도 그런 종류의 스파이럴에 휘말려들지 않겠다고 다짐하면서 자신도 모르게 어느 한쪽으로 치우친 대화가 되는 경우도 흔하다. 결과적으로 웹은 바보 같은 사람의 몫이라는 발언에도 그렇지 않다고 대꾸하지 못한다. 오히려 듣고 보니 맞는 것 같다고 인정하게 된다. 생트집에 가까운 인터넷상의 의견에 반론하는 것은 오히려 상대방이 파고들 틈을 제공하기에 가능하면 무시하는 방법이 필요하기도 하다. 한편 간혹 귀 기울일만한 것도 있으니 무작정 무시하는 것은 곤란하다. 그렇다고 무조건적인 자세는 지양해야 할 것이다. 사실 웹상의 정보가 때때로 편향된 경향을 보이는 것을 인정해야 한다는 것이다.

이는 비록 웹에 한정된 것만은 아니다. 미디어라는 장치에는 텔레비전이든 신문이든 간에 뭔가 모를 그로테스크한 측면이 있다. 텔레비전도 최초에는 전 국민이 백치가 되는 것이 아닐까 하는 우려를 낳았다. 가능성 있는 미래형 미디어가 갖춰야 할 또 다른 측면을 지적한 것이다. 그런 점에서 웹도 예전의 텔레비전이 그랬던 것처럼 얼마 되지 않은 미숙한 미디어에 불과하다. 그래도 전 세계인의 정보를 실시간으로 모니터를 통해 거침없이 보여주기에 상당한 힘을 지닌 미디어라고 할 수 있다. 따라서 미리 부정하고 포기하면 중요한 것을 잃어버릴 수 있다. 미숙해보이는 미디어를 포기한다는 것은 더 이상의 미디어는 있

　　　　　　　　　　　　　　　　　　광고의 진화

을 수 없다는 말과 다르지 않다. 다른 미디어까지 포함한 의미의 포기라면 이론(異論)은 없다. 다만 웹이 완전치 않다는 것을 인정해야 어떻게 상대해 나갈지 논의가 된다. 물론 현실적으로 블로그는 이미 상당한 대중화가 되었고 일반인은 물론 탤런트나 가수 같은 연예인의 대부분도 자신의 블로그를 갖고 있다. 방송 프로그램도 그들의 블로그를 소개하는 경우도 적지 않다.

블로그가 미디어화되고 있다는 증거는 최근 2011년 최고의 개인 블로거로 선정된 '무브온21'에서 찾아볼 수 있다. '무브온21'은 개인이 운영하는 블로그가 아닌 여러 명이 함께 운영하는 이른바 '팀블로그(Team blog)'이다. 팀블로그는 그 자체로 이미 조직화된 미디어로 볼 수 있다. 이는 비슷한 주제의 블로거들이 연합해 공동의 브랜드를 운영한다는 점에서 좀 더 미디어의 성격에 가깝고, 이런 약진은 미디어화가 체계적으로 진전되고 있다는 반증으로 해석된다.

미국에 있는 블로그 전문 검색서비스업체 테크노라티에 따르면, 세계적으로 매일 12만 개의 블로그가 새로 생긴다고 한다. 1초에 1개 이상씩 새로운 블로그가 만들어진다는 얘기다. 언뜻 감히 잡히지는 않지만 엄청나게 빠른 속도다. 우리나라만 놓고 보면 어떨까. 한국도 이미 1천만 블로그 시대다. 네이버에 따르면 자사 회원 2300만 명 가운데 700만 명 정도가 블로그를 운영하고 있다고 한다. 다음이나 엠파스 등 다른 포털 사이트의 블로그 서비스까지 포함하면 1천만 블로그 시대라는 말이 결코 틀린 말은 아닐 듯 싶다.

블로고스피어(Blogosphere)의 확산은 이제 대세를 넘어 현실이 됐다. 그러나 눈길을 끌기 위한 의도적인 제목이나 태그 달기, 특정 이슈에 지나치게 매몰되는 성향과 예의 없는 커뮤니케이션, 그리고 지나친 검색 광고 부착 등이 문제로 지적된다. 자성의 목소리가 크다는 것은 그만큼 영향력이 커지고 있다는 얘기일 것이다. 이런 시류에는 기자 등 현직 언론인들도 참가하고 있다. 왜 바쁜 스케줄에서 업무도 아닌 일에 함께하는 것일까. 개인마다 나름의 이유가 있겠지만 공통적인 점은 분명 있다. 누구로부터 편집당하는 철저한 개인의 미디어라는 점이다. 즉 다수의 전문가들이 블로그에 자신의 글을 열심히 게재하는 가장 큰 이유는 타인에 의해 편집당하지 일이 없다는 점이다. 역으로 통상적인 미디어에서의 노출은 어떤 미디어일지라도 방송에 의해 어느 정도 편집된 모습이다. 자신의 견해니까 있는 그대로 소개해 달라고 요청해봤자 미디어는 시청자나 독자가 원하는 콘텐츠를 만드는 것이 목적이지 진짜 모습은 중요하지 않다고 일축한다. 그렇기에 특정 미디어에 의해 요구되는 이미지 내에서 소비된다.

반대로 블로그는 텔레비전과 같은 불특정 다수라는 압도적인 시청자는 없지만 있는 그대로의 자신을 마음껏 표현할 수 있다. 물론 불편해 하는 시선도 있겠지만 무엇을 어떻게 쓰던 블로그에서는 가능하다. 연예인의 경우 이성과의 교제 발표나 결혼이나 이혼 등 주목을 받는 사건의 경우, 자신의 언어로 만든 블로그 기사를 직접 세간에 보내는 일도 가능하다. 편집되지 않은 살아 있는 언어가 세상 속으로 날아오른다는 메리트는 편집을 일상적으로 체험하는 연예인에게는 꽤나 매력적인 부분일 것이다. 가령 기자회견할 때 한 시간을 이야기해도 편

   광고의 진화

집자가 그 가운데 30초를 픽업해서 다른 영상이나 음악을 함께 편집할지 모른다. 스스로의 생각을 죄다 말할 수 있는 블로그와의 커다란 차이다. 필자가 알고 있는 주변의 꽤나 잘 알려진 블로거는 이구동성으로 자신의 생각을 있는 그대로 가감 없이 들려줄 수 있다는 것에 만족한다고 했다. 편집된 이미지로 인해 속상해하던 사람들까지 독자로 만든 사례를 흔히 볼 수 있다.

방송사 관계자도 유명 블로그를 주시한다. 어떤 탤런트가 인기를 누리고 있으며 조만간 활동을 중단할 것 같은 연예인이 누구인지를 판단하고 경우에 따라 출연이나 취재 지시를 내리는 일이 빈번하다. 그렇기 때문인지 지명도를 높이고 싶어 하는 연예인 사이에서는 블로그 내에서 다양한 논의가 이뤄지면 좋은 일이 일어날 것으로 예감한다.

때에 따라 방송에 소개된 블로그에 갑자기 접속이 쇄도한 경우 서버가 다운되는 일도 생긴다.[2] 하지만 네이버나 다음을 비롯한 대규모 액세스를 전제로 설계된 블로그를 이용하면 유사시에도 정보발신 장치로써의 기능이 가능하다. 그렇다고 이런 엄청난 시스템을 개인적으로 운영하는 것은 비효율적이다.

연예인에게 있어서 블로그를 통해 정보를 보내는 것이 기회가 되면서도 리스크가 될 수도 있다. 그러나 일정한 규모로 운영되고 있는 경우 상시 체재로 사생활 침해적인 글쓰기가 행해지고 있지는 않나 체크

---

2 과잉 접속으로 인해 블로그가 다운된다면 커다란 손실이 아닐 수 없다. 여기서 착안해 나온 것이 기업형 블로그다.

하는 체제가 존재한다. 그렇지만 이러한 위험에 따른 대비과 대응이 대규모 블로그를 이용하는 메리트이기도 하다. 유명 블로거의 댓글 자체만으로도 재미를 느껴 애초 다른 목적으로 온 사람조차 자연스럽게 등록해 팬이 되기도 하는데 이러한 파급효과를 간과할 수는 없는 것이다. 검색을 목적으로 사이트에 접근했지만 우연한 기회에 잠재성을 가진 대중이 팬이 되는 경우다.

그렇다면 유명인이라고 일컬어지는 사람이면 누구라도 개인 블로그를 사용하는 것이 필요할까. 반드시 그렇다고 생각하지는 않는다. 쓰지 말아야 할 경우와 쓴다 해도 신중히 해야 할 경우가 있다. 중요한 것을 오픈하여 다 보여주는 것이 자신의 인기와 팬으로부터의 지지를 이끌어 낼 수 있는지에 대한 판단이다. 예전의 배우들은 신비화된 존재 자체만으로도 가치가 있었고 인기가 유지될 수 있었다. 오늘 점심은 이러한 것을 먹었고, 실수를 많이 해서 너무나 피곤하다 따위의 기사는 누구라도 읽고 싶지 않을 것이다. 물론 팬의 입장에서는 그에 관한 매일의 일상을 읽는다는 것으로 엑세스를 늘릴 수는 있다. 그러나 긴 안목으로 봐서 본인이나 팬에게 있어서 그다지 좋은 일이라 생각되지 않는다. 차라리 버라이어티 쇼에 출연한 탤런트처럼 맨얼굴을 보이는 것으로 승부하는 쪽이 훨씬 더 효과적이지 않을까.

인기 스타들의 스캔들은 그 자체만으로도 뉴스로서 대단한 가치가 있다. 그래서 없는 것도 부추겨 만드는, 일명 '카드'라는 파파라치와 유사한 집단도 있다. 취재라는 공격에 수동적인 자세만으로는 역부족인 힘을 개인 미디어로 대응하는 일이 가능하다. 미국에는 활발하게 트위터를 구사하는 유명인[3]이 다수 존재한다. 미디어로부터의 취재에 무방비로 노출될 수밖에 없는 상황에서 개인 미디어로 발신하는 것만으로 팬들의 공감을 얻는 한편 항의하고 저항할 수 있다.

그렇다고 완벽한 대항 수단이 되어주지는 못한다. 보도하는 측에 대해 감시하고 일방적으로 당하지만 않겠다는 의사 표시 정도의 억제 효과는 있다. 갑자기 카메라와 마이크를 들이댄 호기심에 기분 좋을 사람은 없다. 반면 앤디 워홀이 "미래에는 누구든 15분 내에 세계적인 사람이 될 수 있다"고 예언한 것처럼 평범한 사람도 어느 날 갑자기 유명인이 될지도 모른다.

2 ▶▶　　커뮤니케이션의 혁명

조종되지 않는 소비자의 행동은 기업에 있어서 소셜미디어 시대의 최대 관심인 것만은 틀림없다. 그렇다면 이 같은 환경을 두려워하지 않고 소비자를 만나기 위해 무엇이 필요할까. 테크놀로지의 진화에 의한 편리와 악용은 아이러니하게도 함께 공존해 왔다. 인터넷의 보급에 의해 개인이 손쉽게 전 세계를 향해 정보를 발신할 수 있게 된 플러스의 이면에는 익명의 비판이 발생하는 염상(炎上)이라는 마이너스가

3　데미 무어의 전남편으로 잘 알려진 배우 애쉬튼 커쳐는 오바마 대통령의 후보시절 지원활동으로 트위터에서 주목을 받았고 현재까지도 400만 명의 팔로워를 갖고 있다. 이처럼 유명인이 미디어에 컨트롤 당하지 않고, 정보발신도 가능한 '개인 매스미디어'가 되고 있다.

존재한다. CGM(Consumer Generated Media)을 실시하는 것에 주저하는 이유 중 하나가 바로 염상이라는 리스크에 대한 두려움 때문이다.

외국 어떤 기업의 블로그는 인터넷상의 목소리를 자신들에게 호의적인 내용으로 컨트롤 하려다가 거짓말까지 한 예가 있다. 미국 최대의 할인매장 월마트의 경우이다. 평범한 미국인 짐과 로라는 캠핑카를 타고 여행길에 올랐다. 밤에는 월마트 주차장에다 자동차를 두고 쉬면서 전국을 여행했다. 한마디로 '전 미국 월마트 여행기(Wal-Marting Across America)' 같은 블로그여야 했다. 그런데 로라는 프리랜서 작가였고, 짐은 워싱턴 포스트 소속의 카메라맨이었다. 이 모든 것은 세계적인 광고대행사 '에델만 월드와이드'의 기획에 의한 것이었다.

미국의 'WOM 마케팅 협회'도 '자신이 누구인지 거짓말을 해서는 안 된다'고 지적하지만, 기본을 준수하지 못하는 이유는 무조건 소비자에게 맡겨서는 안 된다는 발상에서다. 이 광고는 애초 의도를 숨긴 것을 빼면, 기획 자체는 나쁘지 않은 아이디어였다. 자유로운 여행을 통해 지역민들의 삶의 모습, 그리고 월마트라는 조화는 포지티브한 방향으로 발전할 여지가 충분히 있었다. 월마트 사례의 핵심은 대형 홍보회사에 의한 작가와 카메라맨의 문제였지만, 블로그에는 염상을 일으키는 기사가 여러 차례 있었다. 소위 특권적 갑의 입장에서 썼기에 우연이 아니다. 누구보다 자신들만이 객관적인 입장에서 바라볼 수 있다는 자만심과 소비자에게 맡겨서는 안 된다는 불안이 겹쳐 나타난 결과였다. 이러한 현상은 커뮤니케이션의 주역이 언론으로부터 소비자에게로 이전되는 가히 혁명적인 것이라고 말할 수 있다. 그렇다고 매스미디

         광고의 진화

어가 소멸해 버릴 것이라는 말이 아니다. 텔레비전이나 신문 같은 흔히 말하는 전통적인 매스미디어는 계속해 존속하되, 소비자들 역시 자신이 하나의 미디어로서의 역할을 하게 될 것이라는 말이다.

이제 정보의 제공처가 언론이라는 지극히 한정된 몫이었던 시대는 분명히 막을 내리고 있다. 정보의 주역이 소비자 개인에게 이동하고 있는 것이다. 어쩌면 현상이 아니라 미디어의 출현 이전으로 되돌아간 원상복귀인 셈이다. 그러나 일각에서는 새로운 흐름 때문에 자신들의 기득권이 침해받게 되었다는 생각을 갖는 경향이 있다. 더 나아가 블로그 따위는 그냥 개인의 노트라는 견해도 있다. 물론 블로그 기사의 내용은 단순한 개인의 기록일지도 모른다. 그런 의미에서 블로그에 담긴 내용의 대부분이 사실 별 쓸모없는 잡담 같은 것일 수 있다. 하지만 과거 텔레비전의 출현 당시 많은 학자나 저널리스트들이 별것 아니라고 단정 짓던 것처럼 블로그 역시 아무리 그 존재를 무시한다 해도 영향력은 결코 가볍게 볼 수 없다. 블로그의 글이 유치하다면 텔레비전 방송이나 신문기사, 잡지, 라디오는 모두가 별 볼 일 없는 것과 같다. 언젠가는 커뮤니케이션의 주역으로서 소비자가 돌아올 것이고, 그 흐름을 바꾼다는 것은 불가능하다. 따라서 최고의 위험은 소비자와 대화하지 않는 것이다.

어려움에 처한 기업을 분석해보면 대부분 소비자와 커뮤니케이션의 통로가 잘못되어 생긴 때문임을 알 수 있다. 자신들이 무엇을 생각하고 어디로 향할 것이며 앞으로 어떤 제품을 만들겠다는 것을 포함해 소비자와 깊은 대화가 필요하다. 어쩌면 '광고' 정도로 적합하지 않을 수 있다. 물론 제품의 정보를 알린다는 좁은 의미의 광고 역시 필요

하다. 하지만 보다 중요한 광고 혹은 마케팅의 역할은 '어떻게 팔 것인
가'를 넘어 소비자와 소통하면서 함께 제품을 만들어 시장을 늘려가야
하는 점이다. 광고는 다양한 행위에 끌어들여 하천에서 상류로 물길을
끌어 올리는 작업이다.

요즘은 인터넷이 텔레비전과 라디오처럼 대중매체와 같은 역할도
겸하고 있다. 더불어 미디어의 역할까지 분담하게 되었는데 그 중 하
나가 제품 마케팅이다. 지금까지는 텔레비전 광고를 많이 선호했지만,
요즘은 인터넷을 통한 마케팅이 각광을 받고 있다. 이른바 '입소문 마
케팅'이라 불리는 '블로그 마케팅'에 기업들이 주목한다. '블로그 마
케팅'이란 개인의 사적 공간에 해당하는 블로그에 제품이나 기업에 관
한 글을 포스팅하여 태그를 단 후, 사용자가 해당하는 키워드를 검색
했을 때 나오는 마케팅 기법이다. '블로그 마케팅'은 대부분 블로거들
의 후기로 이루어지는데, 소비자의 소비 형태를 파악할 수 있는 중요
한 마케팅이다. 소비자가 제품을 구매할 때 가장 많은 영향을 끼치는
것은 다른 소비자의 추천일 경우다. 블로그는 소비자들이 접근하기에
편하다. 스마트폰의 보급으로 누구라도 실시간 접근할 수 있고, 그로
인한 영향력이 날로 커지고 있다.

예를 들어 '파워 블로거'가 있는데 대부분은 '뷰티 블로거'가 차지
하고 있다. 기업들은 신제품이 출시되었을 때 샘플을 나눠준 후 포스
팅하도록 하는데 후기가 구매에 커다란 영향력을 행사한다. 누구라도
접근할 수 있다는 장점과 기업 홍보용이 아니기에 소비자도 상당한 신

뢰감을 갖게 된다. 흥미롭게 꾸며진 기사가 포털에 오르면 순식간에 증폭돼 퍼져나간다. 기사에 선정적인 제목을 달아 몇 사람이 집중적으로 클릭하는 방법으로 조회 수와 추천 수를 조작하면 주요 기사로 유포시킬 수도 있다. 그렇지만 '블로그 마케팅'은 마케팅까지 상당한 시간이 걸린다는 단점이 있다. 검색 순위의 상위 랭크에 진입하는 일도 어렵다. 그래서 요즘은 '블로그 마케팅'을 위한 회사들도 생겨났다.[4]

'비스킷'은 소셜미디어 분야의 최신 트렌드를 알려주는 '팀블로그'다. 한 개의 블로그를 4명이 공동으로 운영한다. 이들이 블로그에 글을 쓰면 하이퍼링크를 트위터에 올리는 방식으로 팔로워에게 배달한다. 2000년대 초 포털 사이트와 결합하면서 대중화한 블로그는 상대적으로 약한 전파력 때문에 그간 인기가 주춤했지만 SNS의 인기 상승이 날개를 달아주었다. 올린 정보를 공유하는 게 과거보다 많이 용이해진 것이다. 비슷한 관심사를 공유하는 사람들이 함께 운영하는 팀블로그가 활성화하면서 점차 붐이 확산되고 있다. '티스토리(Tistory)'를 운영하는 다음커뮤니케이션에 가입된 팀블로그는 전체의 3% 가량인 약 2만 개 정도라고 한다. 차지하는 비율이 그리 높진 않지만 SNS가 일상화되면서 2010년 이후 연평균 3,000여 개의 팀블로그가 새롭게 생성되는 등 가파른 증가세를 보이고 있다. 팀블로그의 급증은 대다수 국내 포털 사이트들이 올린 정보를 SNS로 손쉽게 유통시킬 수 있도록 배너를 단

---

4 '파워 블로거'라 칭하는 블로거들도 일부 있지만, 대형회사들이 '블로그 마케팅'을 독점한다면 개인의 사적 공간이 아닌 기업 홍보의 장으로 전락할 우려도 있다.

것이 큰 역할을 했다. 자칫 블로그라는 닫힌 공간의 고인 물이 될 뻔했던 콘텐츠들이 배너 덕분에 흐르는 물이 되었다. 의견의 게재나 정보축적 기능이 가능한 SNS라는 엔진을 장착하게 된 것이다.

최근에는 기업 자체가 미디어가 되기도 한다. 홈페이지를 갖는다는 단순한 방식이 아니라 객관적 관점에서 비평 가능한 역할도 겸하고 있다. 사실 소비자의 입장에서 볼 때 기업은 사회적인 기여를 도모하는 사업이나 이념 같은 것들을 먼저 전달하는데 그런 활동을 여러 방법으로 포장하여 알린다. 나아가 소비자도 미디어가 되는 그런 시대이다. 그렇다면 소통을 위해 무엇이 필요할까. 상대를 존중하며 투명한 정보를 제공해야 진정성 있게 받아들여진다. 그것이야말로 새로운 커뮤니케이션이고 미디어이며 브랜드의 구축일 것이다.

3 ▶▶ 광고로 활용되는 '자기 이야기'

블로그나 SNS로 소비자에게 기업과 제품의 정보를 제공하는 것은 지극히 당연한 일이 되었다. 그런 변화가 기업의 광고 커뮤니케이션에도 상당한 영향을 주었다. 이런 변화에 의해 종래 존재하지 않았던 다양한 마케팅 방법이 나왔다. 인터넷으로 정보를 제공하는 소비자의 출현에 의해 탄생된 것이다. 종래 기법과는 전혀 다른 이른바 패러다임의 전환이다.

광고의 구조는 'to C', 즉 소비자를 향해 광고 메시지를 제공하거나 전달하는 것이다. 이에 반해 소셜미디어에 있어서의 마케팅은 'with C'이다. 메시지 내지 브랜드에 관련된 정보나 마케팅 프로세스를 소비자와 함께 나누는 것이다. 다만 이것을 일시적인 유행으로 치부해 일과성에 그치지 말아야 한다. 지금껏 광고는 항상 화려한 무대 위에 있고, 광고주가 고용한 연기자에 의해 만들어진 내용을 소비자는 수동적인 자세로 받아들여야 하는 구조였다. 보고 마음에 들면 우리 기업의 제품을 구입해 달라는 식이었다. 그러나 지금은 소비자가 직접 무대 위에 올라와 제품이 전개하는 파티를 함께 즐기는 시대이다.

기업도 나름의 마케팅 프로세스가 있겠지만 이제는 전혀 다른 방식으로 소비자에게 접근할 필요가 있다. 간혹 소비자가 저절로 모여드는 것에 만족해 마케팅이 슬며시 사라지는 경우도 있다. 대부분은 기업의 마케팅에 대한 완고함이 지나쳐 소비자가 불만을 터트린 탓이다. 이로 인해 노이즈가 커져 소셜미디어 캠페인이 잘못되는 경우를 많이 보았다. 중요한 점은 마케팅 담당자가 소비자에게 정보를 제공하는 이유를 충분히 이해해야 한다는 데에 있다.

블로그라는 생태계의 커다란 특징은 오로지 자신의 생각을 말하는 곳이라는 점이다. 그러한 이유 때문에 블로그와 관련된 유행을 한때의 것이라고 보기는 힘들다.

블로그는 어떤 것보다도 편리하고 강력한 링크형 서비스며, 네트워크의 원리와 역동성이 담겨있다. 초고속 인터넷이 대중화되면서 개인 홈페이지가 유행했듯, '한 사람이 하나의 블로그'라는 개념이 가능해졌다. 한국에서 유행하는 블로그의 대부분은 누구라도 간편하게 치

장할 수 있는 홈페이지로 보는 것이 현실인데 이것 역시 활성화의 장
점이다. 실제로 까다로운 홈페이지를 만들기보다 아무런 기술이나 프
로그램 없이도 손쉽게 개인용으로 만들 수 있다. 우리의 정서를 감안
할 때 입맛에 잘 맞는 도구라고 생각한다. 간단하면서도 화려한 인터
페이스가 제격이다. 또한 남의 신변잡기를 좋아하는 사람들이 보다 활
성화시키는 데 한몫하고 있다. 소수의 블로그를 제외한 대부분은 친구
와 지인들 그리고 자주 방문하는 사람들과 온갖 신변잡기를 꺼내놓는
소통의 장이다. 따라서 외국의 경우처럼 시사적인 내용을 다루는 것보
다는 여행을 비롯한 육아일기, 애완동물 등 다채롭다. 이 점이 블로그
의 개념이 되는 인터넷 일기장이다. 따라서 자신의 일기장을 포기하기
란 쉽지 않은 일이다. 가까운 장래에 블로그보다 더 좋은 서비스가 나
오더라도 지금 같은 명맥은 유지될 것이다.

블로그의 개설 동기는 자유로운 표현을 위한 방편으로 자신의 견해를
가감 없이 드러내고자 하는 욕구에서 출발한다. 기업의 마케터도 정보를
제공하는 소비자의 심리를 이해하고 존중할 필요가 있다. 일방적으로 받
아들이길 요구하는 오케스트라의 지휘자 식이 아니라, 제품에 담긴 견해
를 한 번쯤 써 보면 어떨까라는 생각을 갖도록 하게 하는 것이다.

한편 영화를 비롯 만화나 애니메이션을 소개하는 블로그를 보면 다
양한 블로그 메타 서비스를 볼 수 있다. 블로그 메타 서비스는 블로그
를 시작은 했지만 무엇을 쓰면 좋을지 망설이다가 단념해 버리는 사람
이 나오지 않도록 미리 내용 가운데 재미있는 '제목'을 찾아 제안해주
는 서비스다. 이는 제품의 광고에 있어서도 활용도가 매우 높다. 이 서

   광고의 진화

비스를 한 번이라도 이용한 광고주의 재이용률도 상당하며 의류나 영화배급사 그리고 자동차업계 등 다양한 광고주들이 활용하고 있다.

광고를 싣는 미디어 쪽에서도 방식과 수법이 다양화하고 있다. 제품과 관련 없는 곳에 들어갈 광고도 흥미를 끌 재주가 필요하다는 생각과 다른 종류다. 그 하나가 콘텐츠 연동형 광고다. 뉴스 사이트와 같이 기업이 운영하는 사이트나 개인 블로그도 이런 광고를 게재하는 경우가 늘고 있다. 기사와 블로그에 쓰여 있는 문장과 문맥 키워드를 시스템이 자동적으로 분석해 내용과 관련성 높은 광고가 표시되는 구조다.

사이트와 블로그의 운영자는 광고 클릭에 따라 보수를 받기에 광고라고 의식하지 않아도 문장을 쓰는 사이에 광고 수입이 들어오게 된다. 이런 종류의 서비스로는 구글이 제공하는 '애드센스'가 대표적이다. 그렇다면 어째서 콘텐츠 연동형 광고는 흥미를 끌기 위한 재주에 구애되지 않게 되는 것일까. 콘텐츠의 연동 정도가 높아질수록 광고는 갑자기 튀어나온 침입자가 아니라 기사에 덧붙여진 관련 정보가 되기 때문이다. 가령 개인 블로그에 다음과 같은 글이 있다고 하자. '뒤늦게나마 올해의 보졸레 누보를 마시면서 블로그를 쓰고 있다. 올해는 하늘로부터의 축복인지 더없이 좋은 날씨와 기온으로 완성도 높은 와인이 탄생되었다고 한다. 신비한 이 한 잔의 와인을 가져다준 보졸레는 프랑스의 어디쯤 일까. 궁금하지만 오르는 취기로 그만 쉬어야겠다.'

만약 이 개인 블로그에 콘텐츠 연동형 광고가 연결되어 있다면 시스템이 블로그 기사를 해석하자마자 '올해의 보졸레, 그 완성도를 직접 확인해보지 않겠습니까. 배송료 무료 캠페인 중'이라는 광고가 표시될 것

이다. 독자가 '그러면 속는 셈 치고 완성도 높다는 녀석을 한 잔 해볼까'
라는 생각을 갖게 되면 이 광고는 관련정보 내지 추가정보가 된다. 결과
적으로 기사를 읽는 데 방해물이었던 광고가 일종의 정보가 된 셈이다.
여기에 주의할 점은 '멋진 커플이 즐거운 하루를 좀 더 특별하게 보내기
위한 마실 것이라면 역시 와인입니다. 그리고 가을의 와인이라면 역시
보졸레 누보'라는 식의 개인적 흥미가 담긴 기술은 피해야 한다는 점이
다. 때로 소비자의 기분을 망칠 수 있기 때문이다. 온갖 개인과 단체까지
미디어가 된 시대에도 광고의 역할은 제품과 기업의 매력을 전달한다는
측면에서 변함이 없다. 다만 어떤 식으로 전달하는가 하는 방법에서 다
를 뿐이다. 무엇인가를 포장하여 일상에 가져다 전달하는 것이 광고다.
기업이나 제품 등 온갖 것이 유기적으로 연결되어 떨어지거나 결합되는
반복을 통해 탄생한 것은 커뮤니케이션이다. 이들은 커다란 힘이 축적되
어 모이거나 확산되면서 소비자와 호흡해 나간다.

　광고인들은 직선적이고 일방적인 의미의 광고로부터 시각을 달리
해보자. 기업이라는 생명체가 갑자기 등장해 소비자에게 커뮤니케이
션을 요구한다. 이때 광고는 무엇을 생각하고 가져다줄 것인지를 전달
하면 된다. 오늘날의 소비자는 기업으로부터 발신된 다양한 메시지가
단순한 광고인지 아니면 새로운 뭔가의 태동인지 쉽게 알아차린다. 기
업의 메시지를 잘 구현해야 하는 이유다.

　마케팅 담당자들과 대화할 기회가 있을 때마다 곧잘 화제에 오르는
것이 소비자를 끌어들이는 방법에 관해서다. 약간의 위험은 따르지만
그것을 하지 않음으로써 자신들의 브랜드가 시대에 뒤쳐질 위험이 크

다는 점을 누구라도 잘 알고 있다. 따라서 CGM 내지 소셜미디어 마케팅 같은 것을 적극적으로 하게 된다. 블로그가 전부 매스미디어와 같은 영향력을 갖고 있진 않지만 멸치가 떼를 지어 다닐 때 때때로 고래보다도 커다랗게 보이는 것처럼, 많은 사람들이 동시에 블로그에 기사를 쓰면 그 파급 효과가 상당해진다. 소비자도 자신들이 직접 소셜미디어에 참여하는 것을 싫어하지 않는다. 오히려 자신들의 이야기를 거리낌 없이 쓸 수만 있다면 기꺼이 동참해준다.

한편으로 요즘은 여기저기 다양한 사회공헌 캠페인이 행해진다. 몇 년 전 서울 압구정동의 A극장에서 열린 출판기념회 및 '아프리카 우물파기' 캠페인 협약식이 인상적이었다. 캠페인은 모 방송 프로듀서가 쓴 책의 판매 수익금을 '사회복지공동모금회' 사랑의 열매에 기탁하는 행사였다. 이 캠페인은 세계적으로도 수질환경이 열악한 대륙인 아프리카에 식수를 제공하는 우물을 조성해줌으로써 식수난 해결과 수질환경 개선이 절대적으로 필요하다는 취지의 캠페인이다. 이 행사에 참여한 유명 연예인들은 자신들의 블로그를 통해 사실을 알려주어 공감을 불러 일으켰다. 뿐만 아니라 웹을 이용한 프로모션을 사이버 에이전트가 돕고 있었다.

문제는 블로그의 제목이 '아프리카 우물파기 캠페인 실시'로 지극히 단조롭고 마치 기사의 머리글처럼 재미가 없었다는 점이다. 만약에 '한 컵의 물로 마다가스카르를 구할 수 있다는 걸 알아?'라는 의문문으로 했다면 어땠을까. 조금이나마 더 눈에 띌 수 있는 글귀는 여러 반응을 담은 댓글로 이어질 수 있다. 즉 'to C'의 발상 정도는 그저 캠페인을 알아달라는 표현이 되고 만다. 이 점을 주목해야 한다. 누구라도 자유롭게 쓸 수 있게 해 공식 사이트에 링크가 되는 형태로 전개했다면 공감을 더욱 확산시켰을 수 있다. 블로거들의 글이 하나의 멋진 장신구로서 로고와 화상으로 변신할 수 있어야 했다.

블로그를 통해 무언가를 제공하는 것은 자신의 생각을 드러내는 행위다. 글들은 지극히 개인적인, 맛있는 것을 저렴하게 먹을 수 있는 식당과 개성 있는 멋 내기 등 모두 경험에 의한 이야기다. 다시 말해 무언가를 위한 소비활동이다. 다양한 물건이나 서비스가 넘쳐나는 요즘에 무언가를 선택해 구입하는 행위도 자기표현의 하나다. 만약 손목시계가 마음에 들어 구입했다고 하자. 제품을 선택한 감정에는 기능이나 가격뿐만이 아니라, 그것에 무언가 자기 자신을 투영하고 싶다는 감정이 실려 있었기 때문이다.

대부분의 블로거는 자신이 제공하는 정보에 자신과 관계있는 제품이나 브랜드가 실리는 것을 좋아한다. 필자의 경험을 빌리자면 자신이 광고에 직접 참여한 제품은 왠지 모르게 좋아지게 된다. 광고의 아이디어를 얻기 위해 제품을 두고 궁리하는 과정에서 무의식적으로 장점에 젖게 되는 것이다. 그래서 촬영이나 편집과 같은 궂은 일을 하며 싫다고 생각하면서도 어느새 매력에 빠져들게 되는 것이다. 제품에 대해 고민하며 블로그 기사를 쓴다는 프로세스 역시 최고의 체험이다. 필요한 것은 블로거 자신만의 글이라는 점을 인식하고 제품이나 브랜드를 표현해야 한다. 제품이 지닌 스토리나, 개인이 가질 만한 의문이기에 감정의 버튼의 살짝 누르는 정도가 좋다. 이것이 블로그 등의 유저 참가형 광고 프로모션을 설계할 때 갖춰야 할 기본이다.

 광고의 진화

04 광고제작과 성공법칙

    광고의 영향력이 과거에 비해 많이 저하되었다는 말이 나온 지 오래지만 광고가 제공하는 메시지까지 사라져버린 것은 아니다.

1960년대 뉴욕 광고계의 직장 내 권력다툼을 다룬 드라마 〈매드맨(Mad Men)〉이 있다. 제목처럼 광고맨들(Ad Men)의 광란적인(Mad) 생활을 그린 이야기다. 이는 미국 케이블 채널인 ABC에서 2007년 첫 방영되어 2010년 시즌 4가 끝난 시리즈물로 각 시즌은 13개의 에피소드로 구성되어 있다. 방송계의 아카데미 에미상인 '최고 드라마 시리즈상'을 4년 연속 수상하기도 했다.

이 드라마에서 광고인이 주목할 대사 한 가지를 소개하며 본 장을 시작하고자 한다. "광고의 원칙은 단 한 가지/ 그것은 행복이다/ 그러면 행복이 무엇인가/ 그것은 새 자동차의 내음/ 두려움으로부터의 해방/ 도로의 광고 간판이 "당신의 행동은 틀리지 않았다"고 안심시켜

준다/ 당신은 아무 걱정 없다.”

인간에게 있어서 삶의 궁극적인 목표는 행복이다. 우리의 헌법에도 ‘모든 국민은 인간으로서의 존엄과 가치를 가지며, 행복을 추구할 권리를 가진다’고 한 것처럼 ‘행복의 추구’는 삶에서 빠트릴 수 없는 가치다. 넓은 집으로 이사하거나 멋진 쇼핑과 맛있는 식당을 찾아 식사를 하는 것도 나름의 행복 추구를 위한 욕구에서 비롯된 것이다. 지금이라도 ‘다른 제품에는 이런 기능이 없다’거나, ‘성능이 작년의 모델에 비해 20%나 향상되었다’와 같은 단순한 사고에서 벗어나야 한다. 광고가 진정으로 소비자가 느끼는 ‘행복’으로 연결되는지 생각해야 할 시대다.

1 ▸▸▸　　과거로부터의 경험

캐나다의 미디어 이론가인 마샬 맥루한이 “미디어는 메시지다”라고 말한 것처럼 광고는 메신저로서의 역할을 줄곧 담당해 왔다. 이것은 지금도 바뀌지 않은 광고의 역할이다. 그러나 메시지의 내용과 제품은 시대에 따라서 바뀐다. 가령 담배의 텔레비전 광고는 미국이나 한국에서 사라지고 대신 환경이나 공익성에 부응하는 광고로 대체되었다. 그런 역할을 사회가 요구한다. 돈 드레이프가 갈파했던 대로 사람은 누구나 행복을 추구하며 무엇보다도 자신이 원하는 메시지를 필요로 하기 때문이다.

　　　　　　　　　　　　　　　　　　　　　　　　광고의 진화

요즘은 많은 사람들이 유튜브에 실린 동영상과 트위터를 통해 오르내린 제품을 아마존을 통해 구입한다. 디지털 디바이스에 의해 흥미를 갖고 구입까지의 행동이 완결되는 일도 적지 않다. 그래서 소비자를 어떻게 이끌어나갈 것인가에 대해 갖가지 방법론을 인터넷 혹은 서적에서 안내해준다. 그런데 최신 테크놀로지를 담은 서적들을 읽으면 의아한 점이 생긴다. 아무리 새로운 입문서라도 만족할 만한 수준의 아이디어가 하나라도 있어야 할 텐데 그런 내용이 부족하다는 점이다. 대부분 최신 기술을 구사하면 그것으로 소비자의 마음까지 움직일 수 있다고 예측해 버리는 글이 적지 않다. 아무리 IT가 발전했어도 받아들이는 인간까지 진화했다고 볼 수는 없다. 따라서 예전부터 전해진 전통적인 교훈에서 소비자의 마음에 가닿을 수 있는 커뮤니케이션을 만들 필요가 있다.

경험에서 얻어진 교훈은 업무의 기본이며 실로 소중한 것이다. 인터넷 광고의 캠페인과 비교하면 전통적인 방식은 화려하거나 별난 내용이 아닐 수 있다. 대충 들어도 알만한 것들이다. 그래서 적극적으로 응용하는 사람이 그다지 많지 않다. 그렇지만 아이디어를 형상화하는 데 있어 이보다 더 좋은 방법이 없다. 다른 사람이 흉내낼 수 없는 방법을 지녔다는 것은 자신의 가치를 높이는 데 있어 꼭 필요하다. 그러나 아이디어를 창출하고 목적을 달성하기 위해선 갖춰야 할 기본이 있다. 원칙을 알아두는 편이 자신만의 독창적인 기법을 창출하는 데 도움이 된다는 것이다.

창의적인 아이디어를 형상화한 작업을 해본 적이 없다면 새로운 방법이라고 생각하기 쉽다. 하지만 광고인이라면 이미 존재하고 있는 것을 재구성한 작업이란 것을 금세 안다. 짜깁기도 누구나 할 수 있는 것이 아니다. 전혀 다른 것이라고 느낄 정도가 아니면 좋은 평가를 받지 못하는 것이다. 과거의 것을 새롭게 재창조하는 작업은 지금도 대부분의 크리에이터가 하고 있다.

다음은 미국의 전설적인 광고인 제임스 W. 양이 1940년에 강연한 내용을 모은 『아이디어를 내는 방법』과 이후 방법론에 관한 책에 실린 것이다. 좀 더 새로운 걸 원한다면 어쩔 수 없지만, 지금 가장 필요한 교훈이다.

첫 단계에선 먼저 과제와 관련된 자료의 수집과 분석을 하는 것이다. 가능하면 관련 자료를 많이 모으자. 멋진 아이디어를 만들기 위한 준비로 일종의 워밍업 단계이다. 철저하게 모아진 자료를 기초해 떠오르는 아이디어를 순도에 구애받지 말고 정리해보자. 여기서 갑자기 멋진 아이디어가 나오기를 기대해선 안 된다. 어디까지나 준비 단계로 최종적인 목표에서 조금은 부족해도 상관없다. 예비조사는 책이나 인터넷을 통해 자료화되어 있는 것을 찾는 것도 필요하다. 제품을 파는 현장이나 사용하는 곳을 직접 방문해 인터뷰와 조사를 병행하는 방법도 있다. 이것을 적당히 한 채로 자신의 경험이나 지식에 의존해 다음 단계로 넘어가면 독선에 빠질 위험이 있다. 수많은 실마리를 처음부터 확보해 두는 편이 결론의 수준을 한층 높일 수 있다는 점을 명심해야 한다.

다음은 지금껏 해온 모든 작업을 모두 잊어버리고 신체활동을 해보는 것이다. 치밀한 예비 조사를 바탕으로 해서 처음 느낀 '아이디어의 씨앗’을 하나 둘 메모하고 나서 다음 단계로 옮겨가자. 한때 미국의 광고계는 크리에이터들에게 경비를 줘서 한 달쯤 해외여행을 하고 돌아와 아이디어 회의를 했다는 일화를 책에서 읽은 적이 있다. 그러나 현실은 그렇지 못하니까 지금껏 해왔던 과제를 잠시나마 잊어버리고 신체활동을 하는 것이다. 아무 생각 없이 하룻밤 푹 잔다거나 인근 공원에 나가 산책이라도 하자. 시간이 없는 경우에는 회의실을 빠져나와 계단을 걷거나 차가운 물로 세수하는 정도도 좋다. 이런 행동이 왜 필요한가. 좌뇌에 가득 찬 정보를 무의식 아래에 있는 우뇌의 감각과 화학작용시키기 위해서다. 이른바 우뇌의 안에 있는 무의식적인 파워를 사용하기 위해 정보를 가득 채운 좌뇌의 발효 시간을 벌려는 행위이다. 광고인 외에도 창의적인 작업을 하는 사람들이 즐겨 사용하는 방법이다. 광고계에 잘 알려진 어떤 사람은 욕조에서 샤워를 할 때 아이디어가 가장 잘 떠오른다고 했다. 그렇지만 대부분은 보다 창의적인 아이디어를 얻기 위해 여행을 택하는 경우가 많다.

　마지막 단계에선 떠오른 아이디어는 확실하게 붙잡아야 한다. 아마도 지금까지 해온 두 단계를 밟는 것만으로 머릿속에 멋진 아이디어란 느낌으로 짜깁기한 무엇이 떠오를 것이다. 이는 자신의 무의식 속에 숨어있는 감각이라고도 말할 수 있다. 우뇌를 한껏 활용해 생겨난, 새롭게 구성한 것들과 조우하는 특별한 순간이다. 그러나 세 번째 단계에서 겨우 떠오르는 시작한 아이디어를 붙잡는 작업에는 상당한 경험이 필요하다. 경험이 없으면 아무런 생각이 나지 않거나, 초조하고 쫓기는 기분이 들고 갑갑해진다. 결과적으로 모처럼 떠오르기 시작한 가능성이 있는 것들을 망쳐 버리기도 한다. 지금까지는 뚜렷하게 생각나지 않았지만 이번에는 어떻게든 될 거라는 담대한 마음을 가진다면 분명 아이디어는 얻게 되어있다.

다시 말해 최초의 단계인 정보만 가지고, 고뇌할 시간도 없이 단순히 우뇌만 활용해서는 안 된다. 우수한 크리에이터에게 공통되는 점은 첫 단계에서는 겸허하고 두 번째 단계에서는 천진난만하며 마지막 단계에서 담대하다는 것이다. 따라서 과제를 부여받고 해결책을 제시할 때까지의 시간적 여유가 없을수록 더더욱 기본 단계로 되돌아오는 편이 낫다. 클라이언트나 상사 역시 보다 좋은 아이디어를 원한다면 충분한 시간을 고려해 일정을 짜는 편이 효율적이란 사실을 이해할 필요가 있다. 시간이 없을수록 기본 단계가 한층 요구된다.

2 ▶▶ 잡담 속에 숨겨진 보물

혼자서 아무리 노력해도 쓸 만한 아이디어가 떠오르지 않거나, 뭔가 막혀있는 느낌이 들 때가 있다. 그런 사태를 미연에 방지하는 수단으로 팀워크라는 공동 작업이 있다. '둘의 머리는 하나보다 뛰어나다'는 말이 있듯 팀워크는 하나의 목적을 향해 창의적인 작업을 해야 하는 사람에게 꼭 필요하다. 하지만 공동 작업을 어떻게 하면 효과적인가에 대해선 이외로 잘 알려져 있지 않다. 팀워크는 서로의 단점이나 결함을 보완해주는 덧셈이나 뺄셈이 아니다. 자신의 장점을 드러내는 동시에 동료의 장점도 이끌어준다. 그야말로 화학반응과도 같은 곱셈의 형식이다.

회의 중에 조그마한 아이디어라도 "그 아이디어 괜찮네, 조금만 손보면 써먹을 수 있겠어"라든가 "그 방법으로 조금 더 생각해보면 어떨까"와 같은 곱셈 화법으로 분위기를 북돋아주면 어떨까. "그렇다면 이렇게 하면 어때요"라는 식의 실마리를 제공하게 되거나 "그것보다 좀 더 좋은 아이디어가 있을 거다. 혹시 이런 방향은 어때?"라는 식으로 이끌다 보면 점차 다양한 아이디어들로 화학반응이 일어날 가능성을 높다. 반대로 "그런 거 너무 진부하잖아"라거나 "뭔가 좀 빠진 것 같아"라는 부정적인 대화가 이어지면 골머리만 썩힐 뿐 성과 없는 회의가 되고 만다. 아이디어를 구축하는 경험치가 낮으면 무의식적으로 마이너스 식의 사고에 젖어 결과적으로 아무것도 내놓지 못하는 악순환에 빠져버린다.

광고회사 직원들은 틈만 나면 프로젝트와 관련된 대화를 자주 갖는다. 그럴 경우 "그거 참 재미있네, 좀 더 자세히 얘기해 봐"라는 식으로 가능하면 긍정적인 사고를 갖도록 건네 보자. 아무거나 마구 이야기하다 보면 줄기가 될 만한 것을 끌어낼 수 있다. 나아가 무엇이든 생각나는 대로 이야기해도 된다는 생각을 갖게 할 수 있다. 흥미로운 것은 아무런 경험이 없는 직원에게서 의외의 것을 발견할 경우가 있다는 것이다. 역사적인 인물이나 연호 같은 지식은, 옳거나 그렇지 않음 틀렸거나 답이 하나니까 솔직히 말하기 쉽다. 하지만 창의적인 아이디어는 정답이 없기에 말하기가 쉬진 않다. 그럼에도 불구하고 무엇이든 괜찮으니까 말하라고 해서 했는데, 그건 아니라고 무시한다면 어떻게 될까. 분위기를 네거티브한 것으로 하자면서 애초부터 잘라내는 방법 치고는 너무나 간단하다. 아이디어를 말하라고 하면 모두들 처음에는 부끄러워 망설이게 된다. 그러므로 무엇을 말해도 된다는 생각을 갖게 하는 일이 중요하다. 그런 생각을 갖게 한 다음 비로소 아이디어를 내는 방법과 기술을 습득하는 일이 가능하다. 간혹 "그걸 진심으로 말하는 거야?"라든지 "얼굴색 하나 안 바뀌고 그런 말이 나와?" 같은 심한 말을 내뱉게 될 경우도 있다. 어느 단계에 이르면 이런 도발적인 행동에 따른 긴장이 한층 좋은 아이디어를 이끌어내는 방법이 되기도 한다. 이 단계에 이르면 "이 아이디어를 이해하지 못하시겠다는 말씀입니까?"라는 식의 반발이 생길 수도 있다. 따라서 그 전에 반드시 "그러면 이런 아이디어는 어때?" 혹은 "그것보다 이쪽은 어때?" 같은 식으로 먼저 긍정적인 방향으로 이끌어가려는 노력이 필요하다.

한편 업무적인 잡담을 하다보면 하다보면 재미있는 일이 생긴다. "예전에 읽은 어떤 소설에서라든지 그 영화는 미지의 세계를 그린 판타지였는데……" 같은 식으로 갑자기 주제가 다른 곳으로 이탈하는 경우다. 놀이가 아니라 업무로써 잡담을 하는 이유는 갑자기 무릎을 칠만한 발상을 얻게 될 경우가 적잖이 있기 때문이다. 필사적인 말장난이 가능할 수 있는 분위기를 만드는 것이 곱셈을 낳기 위한 팀워크, 즉 상호 협력에서 꼭 필요하다.

이야기가 주제로부터 이탈된다고 남은 시간을 신경 쓴다거나 아이디어의 실행을 염두에 두어도 안 된다. 의도를 멤버들에게 설명하지 않아도 함께 하다보면 자연스럽게 전달되어 다른 프로젝트에도 긍정

 　　　　　　　　　　　　　　　　광고의 진화

적인 영향을 미친다. 중요한 것은 자신의 아이디어가 어디까지 갈 수 있는가 하는 자신감이다. 오로지 아이디어를 얻는 방법에 열정을 쏟고 저마다의 개성을 끌어내려는 이유는 단 하나이다. 인터넷시장이 시시각각 변하고 예년과 같은 기획으로는 하루아침에 침몰해버릴 수 있기 때문이다. 다행히 지금은 무리를 하지 않아도 각자가 습득한 지혜의 공유가 가능한 시대가 되었다. 이런 환경을 지키기 위해 팀워크와 협력의 촉진에 더욱 심혈을 기울여야 할 것이다.

3 ▶▶ 스토리라인의 중요성

알고 보면 광고란 것도 소비자에게는 이야기로밖에 전달되지 않는다. 그래서 성공한 광고 캠페인은 마치 핫뉴스처럼 갑자기 시중의 화제가 되어 전파된다. 이때 광고에는 반드시 하나의 문장으로 압축된 스토리라인이 존재한다. 훌륭한 기획안은 복도나 엘리베이터의 짧은 만남에도 메시지의 전달이 가능하다. 틈새 만남에 따른 성패도 받아들이는 쪽에 전달될 스토리에 유무에 달려 있다. 다음은 아이디어의 최종 플랜을 완성하는 데 필요한 체크리스트, 스토리라인을 만드는 데 필요한 세 가지 조건(SCC)이다.

조건 1: 심플(Simple) - 간단하고 명확한 표현

아이디어란 그것이 무엇이든 명확한 하나의 캐치프레이즈로 집약

될 수 있어야 한다. 예를 들어 'A는 B가 되고, B가 C로 됩니다. 그러나 결과는 D입니다'와 같은 복잡한 것은 윗사람은 물론 바쁜 소비자도 관심 있게 봐주지 않는다. 광고 캠페인의 캐치프레이즈는 수사(修辭)가 아니라 전략이다.

조건 2: 컨빈싱(Convincing) – 설득력 있는 내용

상대의 마음에 쉽게 다가갈 수 있는 설득력 있는 스토리인지 체크해보자. 첫 번째의 조건에서 나온 '간단할 것'과 유사한 내용이다. 복잡하고 어려운 것은 누구라도 회피한다. 문구가 명확하면서도 설득력과 리듬을 지녔다면 분명 빠르게 전달될 것이다.

조건 3: 컨베이어블(Conveyable) – 전달하고 싶어질 것

누구나 재미있는 이야기를 접하면 저절로 주변에 전하고 싶어진다. 어느 개그 프로그램에서 "소는 누가 키우냐", "난 그렇게 들었는데" 처럼 연기자가 뱉는 짧은 단문이 유행어가 되기도 한다. 시중에 널리 알려진 문장을 보면 하나같이 스토리라인의 특징을 갖추고 있다. 따라서 자신의 아이디어를 떠올리며 누군가에게 알려주고 싶은 매력이 있는지 객관적인 시각으로 체크해볼 필요가 있다.

롭 마샬이 감독한 뮤지컬 영화 〈시카고〉는 독특한 인상을 남긴다. 아름답고 매혹적인 시카고의 보드빌 배우였던 벨마 켈리(캐서린 제타 존스)는 어느 날 여동생과 남편이 한 침대에 누워있는 것을 목격하고

 광고의 진화

두 사람에게 총을 쏜다. 결국 일급 살인 혐의로 체포되어 감옥에 간다. 이미 언론에 의해 희대의 살인자로 낙인찍힌 벨마는 엄청난 비용으로 변호사 빌리 플린(리처드 기어)을 고용한다. 그는 한 번도 져본 적이 없는 최고의 변호사다.

빌리는 자극적인 사건에 불나방처럼 모여드는 언론의 속성을 이용해 무죄 석방을 시도한다. 바람피운 남편을 살해한 여자를 '죄를 뉘우치고 반성하며, 불우한 어린 시절을 보낸 여자'로 꾸민다는 전략이다. 이윽고 여러 미디어가 뛰어들어 사람들의 주목과 화제를 불러일으켜 재판은 계획대로 전개되어 나간다. 리처드 기어가 멋지게 연기한 변호사 역은 마치 능숙한 크리에이티브 디렉터와 같다.

재판에서 이기기 위한 스토리라인은 간단하며 설득력이 있고 누구라도 화제로 삼고 싶어 하는, 그야말로 세 가지 조건을 완벽하게 갖추고 있다. 한편 미디어의 동정을 산다는 발상을 했을 때 빌리의 대사는 "이런 방향으로 파고들어가 보자"였다. 여러 선택 가운데 "이 아이디어만으로 충분히 가능하다"거나 "이번 캠페인은 이런 각도에서 접근해 보자"라고 단언하며 판단할 수 있는 사람이 유능한 광고인이다.

4 ▶▶　스토리를 지닌 광고

"시속 100km로 달리는 롤스로이스에서 가장 큰 소음은 시계 초침 소리입니다"라는 카피를 쓴 데이비드 오길비는 "신형 롤스로이스는 엔진 소리를 크게 줄였습니다"라고 쓰지 않음으로써 '광고의 아버지'가 되었다.

멋진 광고는 제품이 아닌 이미지와 라이프 스타일을 판다. 스티브 잡스는 1984년 애플 광고에서 조지 오웰의 묵시록에 해머를 던졌다. 이 광고 역시 신제품 컴퓨터를 알리는 것이었으나, 사람들은 소설 『1984』의 암울한 예견이 조각나는 쾌감을 맛보았다. 그는 비틀즈가 노래를 녹음하면서 수없이 수정을 거듭한 것을 설명하며 "처음에는 그들도 그저 보통사람일 뿐이라는 생각이었다. 하지만 적당히 멈추지 않았다. 대단한 완벽주의자여서 끊임없이 고치고 또 고쳤다. 나는 거기서 깊은 감명을 받았다"라고 말했다. 자신의 평전은 마지막으로 남겨놓은 완결형 제품이기도 하다. 자기가 죽으면 다들 자기 이야기를 쓸 텐데, "너희가 뭘 안다고 나에 대해서 써?"라며 월터 아이작슨을 불렀다고 한다.

훌륭한 스토리라인을 가진 광고 캠페인도 간혹 실패로 끝나버리는 경우가 있다. 대부분의 원인은 브랜드에 적합하지 않은 것을 선택한 데 기인한다. 도회적이고 세련된 이미지를 갖는 브랜드는 아무리 훌륭하다 해도 진부한 스토리라인은 피해야 한다. 반대의 경우도 마찬가지다. 실로 당연하고 간단해보여도 무심코 지나치기 일쑤다.

세계 최대의 브랜드 컨설팅 그룹 인터브랜드는 '2010년 세계 100대 브랜드' 가치 평가 결과를 발표했다. 삼성전자는 브랜드 가치가 11% 상승하며 작년과 동일한 19위에 오른 것으로 평가되었다. 경제 불황에도 불구하고 모바일 제품 확장을 통해 비즈니스 포트폴리오를 효율적으로 운영하고, 디지털과 디자인 영역에서 인지도를 향상시켰다고 평

광고의 진화

했다. 코카콜라는 11년 연속 1위를 차지하는 저력을 과시했으며, IBM이 2위, 마이크로소프트가 3위를 차지했고 구글이 4위, GE가 5위로 뒤를 이었다. 이들 기업들의 브랜드 가치는 상상을 초월할 정도지만, 저마다 잘 어울리는 적합한 스토리라인을 가지고 있다. 청량음료와 컴퓨터 같이 장르가 다른 제품은 물론이겠지만, 같은 마켓에 있는 브랜드일지라도 제각각이다. IBM과 애플과 마이크로소프트가 가진 스토리라인이 모두 다른 것처럼 말이다.

광고인은 가끔 클라이언트로부터 경쟁회사와 같은 식으로 해주었으면 좋겠다는 요구를 받는다. 하지만 그런 흉내내기 전략은 경쟁회사의 어드밴티지로 이어지는 일은 있어도 브랜드에 플러스가 되진 않는다. 브랜드는 이야기를 내포하지만 사람은 그 이야기를 필요로 한다. 그래서 브랜드나 제품이 지닌 스토리가 자신의 이야기라고 착각되어 자연스럽게 녹아들게 된다. 그 접점을 만드는 것이 광고의 역할이다. 브랜드란 것은 어떻게 보면 스토리의 유무이며 훌륭한 브랜드는 흥미로운 이야기를 내포하고 있다.

소비자가 브랜드에 매력을 느끼는 것은 제품의 성능이나 품질뿐만이 아니라 발신하는 이야기에 공감해서이다. 광고의 아이디어를 구축할 때 중요하게 생각해야 하는 것은 브랜드와 소비자를 충분히 이해하는 것이다. 기업은 물론 브랜드와 시대상황 그리고 소비자에 따라 다르다. 그것을 명확히 보고 귀를 기울여야 한다. 광고가 전달해야 하는 것은 어찌 보면 단순하다. 사람들은 이야기를 필요로 하기에 재미난 이야기를 제공하면 된다. 그렇다고 자기 마음대로 상상할 것이 아니라 눈앞에 놓여있는 재료를 독해하는 데서 시작해보자. 브랜드와 소비자라는 두 요소의 이야기가 합치되는 점을 발견하고 공통된 부분을 하나로 이끄는 방법이다. 그런 작업이 가능하다는 것이 기막힌 광고의 탄생으로 연결되는 순간이다.

5 ▶▶▶   답은 언제나 내 안에 있다

이야기가 중요한 것은 알겠지만 쓰려고 할 때 어떻게 하면 좋을지 난감한 경우가 많다. 학교나 인터넷에서도 글쓰기에 관련된 다양한 사례가 있긴 하다. 그런 것들도 참고할 필요가 있다. 짚고 넘어가야 할 것은 경쟁회사의 전략을 카피하는 것이 상책이 아니라는 점이다. 이는 단순한 표현상의 수사가 아니라, 자칫 최선은커녕 커다란 손실로 이어질지도 모르는 위험이 숨어 있다. 광고는 모두 오더메이드, 즉 주문 상품으로 만들어진다. 본인에게 잘 맞는 양복이 다른 사람에게는 소매길이가 길다든지 하는 일들이 곧잘 있다. 맞춤양복이 다른 사람에게도 잘 어울리는 것은 예외 중의 예외에 해당한다. 따라서 전통적인 방식의 광고라도 어디에서 이야기와 자료를 얻고, 구축해 나갈지 단계가 필요하다.

만약 학원을 운영하는 곳에서 광고를 의뢰받았다면 무엇부터 시작하게 될까. 아마도 여러 질문부터 시작할 것이다. 그러나 제공되는 자료는 규모와 장르를 알 수 있을 정도의 정보밖에 없다. 학원은 진입장벽이 낮아서 누구나 쉽게 개원할 수 있다는 특징이 있다. 타 학원의 시스템을 모방하는 데도 많은 시간이 걸리지 않기에, 다른 사람의 성공보다 실패담에서 교훈을 찾는 것이 좋다. 그리고 몇 가지 점을 유의하면 참고가 된다. 창업비용과 운영비용, 목표 수익률을 수치화하고 고정 비용을 최소화하는 것이다. 발품을 팔아 상권 분석이나 브랜드 분석에 확신이 들 때까지 충분한 시간을 들여 남들과는 차별화되는 강점을 확보해야 한다.

그렇다면 어떻게 차별화해야 할까. 학원 마케팅의 전략과 홍보는 경쟁력의 핵심임에도 의외로 방법을 몰라 신규원생 확보나 관리에 어려움을 겪는 경우가 많다. 결과적으로 자신들만의 특징을 만들어 학부모와 학생들의 뇌리에 강한 인상을 심어주어야 한다. 이것을 포지셔닝이라고 하며, '작지만 훌륭한 학원' 내지 '영어·수학을 잘 가르치며 아이들 관리가 특별한 학원'과 같은 이미지를 심어줄 수 있다. 어울리는 이야기를 짓기 위해선 가능한 현실을 직시할 필요가 있다. 다시 말해 알몸으로 거울 앞에 서서 스스로에게 질문을 던져보는 것이다.

'무엇 때문에 창업했고, 어떤 과정을 거쳤으며, 현재 위치한 지역의 수요, 직원 구성과 강사의 수, 학원수업과 인터넷 강의 두 가지의 중 강한 쪽, 어느 수준의 학생들이 배우고 있는지(연령과 학습목적), 경쟁 상대(인근학원과 수강료 등에서 차별화)'는 어디인지 되묻는 것이다.

마케팅에서 3C[1]는 단순한 비즈니스 용어가 아니라, 실전에 있어 수행

---

1 고객(Customer), 자사(Company), 경쟁사(Competitor)를 지칭한다.

하는 첫 번째 단계이다. 이런 작업을 혼자해서는 안 된다. 먼저 학원생들과 부모들의 다양한 요구를 듣고, 학교성적 등의 데이터를 통해 기준을 파악한다. 강사나 직원들의 목소리에도 귀를 기울일 필요가 있다. 학생들은 무엇에 흥미를 느끼고 어떤 일로 힘들어하며, 부모들의 소망이나 불만을 비롯해 직원들은 어떠한 동기부여로 종사하고 있는지 귀담아 들어보자. 혼자서 운영하는 경우라면 가족이나 가까운 친구 혹은 세무사 등에서 피드백을 받을 수 있다. 한 사람의 머릿속에서 상상하는 것만으로는 현실과의 괴리에 힘들 경우가 많다. 그 해결은 잡담의 효용에서 말한 팀워크다. 함께 하다보면 막연한 희망적 관측에서 조금씩 벗어나 거울에 비친 자신의 모습에 보다 가까운 실상이 드러날 것이다.

지금까지의 상황을 냉정히 분석하고 그래도 장점이 있다는 자신감을 얻었는지 아니면 이것이 현실인가 하고 놀랐는지, 어느 쪽이든 명확하게 파악하는 것에서 시장에 어울리는 이야기가 나올 수 있다. 현실이 명백해진 것에서 어떻게 하고 싶다거나 어디로 나아가고 싶은지를 자문해보자. 예측하고 계획하는 것은 사업자 자신밖에 할 수 없다. 광고인은 분석을 돕거나 구체화한 내용을 보다 잘 전달될 수 있도록 단순화하거나 매력적으로 만드는 데 도움을 줄 뿐이다. 깔끔하게 정리되어 있지 않아도 상관없다. 목표를 분명하게 설정해 운영하고 싶은 것이 어떤 학원이고, 결과가 어떤지 가능한 구체적으로 설명해주면 된다. 크게는 수능을 위한 종합반인지, 아니면 몇 개 과목만의 단과학원인지 명확히 하여 세부적인 현안을 파악해볼 필요가 있다. 하지만 온갖 데이터에 의해 탄생된 전략이라도 본인이 그렇게 하겠다고 결심하

   광고의 진화

지 못하면 성공하기 어렵다. 현실을 인식하고 단오하게 행동하면 성공에 다가갈 확률이 그만큼 높아진다.

누구라도 한동안 깊이 고민하면 머릿속으로 막연하지만 어떤 이미지가 그려질 것이다. 떠오른 것을 종이에 써 붙여놓고 매 순간 바라보자. 사실 거기에 담겨있는 내용이 광고로 전달할 아이디어다. 그것을 세 가지 조건인 간단(Simple)과 설득(Convincing) 그리고 전달하고 싶어질 것(Conveyable)을 대조하여 여러 번 수정을 거듭하며 함께할 직원들에게 보여줘 피드백을 받아보면 도움이 된다. 그쯤 되면 무언가 실효성이 있는 아이디어의 초안이 되어 있을 것이다. 광고제작자도 실제 업무에서 매번 행하지만 그렇다고 같은 수준의 이야기를 만들어 낼 수는 없다. 실제로는 경험 이상의 상당한 기술이 요구된다.

광고 마케팅에 이런 절차가 있다는 것을 이해했다면 수없이 접하는 광고 중에서 '이건 꽤 근사한 걸'이라고 느낀 것을 세심히 관찰해보자. 전단지나 카탈로그만이 아니라 인터넷 광고나 거리의 간판, 텔레비전 광고 등 무엇이든 상관없다. 광고의 뒤쪽에 숨어 있는 전략의 프로세스가 보일 것이다. 제품의 특징된 장점을 보이려 한다거나, 사회의 제 문제에 접근함으로써 기업의 이미지를 향상시키려는 등의 기법이 보인다. 그러면 자신의 광고 전략도 어떤 식으로 하면 좋을지 아이디어가 떠오를 것이다. 동종 업계가 하는 광고를 보고 흉내내는 것보다 훨씬 참고가 된다. 그렇다면 이제 어떻게 이야기와 전략을 짜야 할까. 광고는 주문 맞춤이지 매뉴얼이 아니다. 그래서 답은 항상 자신 안에 있다.

1 ▶▶   **광고의 시대착오적 발상**

　　　　　　필자는 어느 해 여름이 끝날 무렵 가족들과 여행을 떠났다. 가는 길에 우연히 어떤 화가가 만든 작은 찻집 겸 미술관에 들렀다. 기대하지 않은 의외의 장소에서 뜻밖의 독특한 맛의 커피와 풍경을 만날 수 있었다. 집에 돌아와 서점에 들러 주인 부부가 권한 에세이를 찾았다. 젊은 시절 남미에서 보낸 오랜 경험과, 지금의 산속 생활을 재미있게 싣고 있었다. 그런데 책을 읽던 중 우리의 텔레비전 광고가 여성을 함부로 대하는 시대착오적인 내용이 많다는 지적에 놀랐다.

　　박카스 광고 중의 한 장면이다. 회사 일을 마치고 집으로 돌아가는 남자가 있다. 한눈에 봐도 지쳤다는 것을 알 수 있을 정도로 힘들어 보인다. 집으로 돌아오니 예쁜 아내가 연신 뽀뽀를 해준다. "우리 그이는 제 뽀뽀 한 방이면 하루 피로가 싹 가신데요. 우리 그이 피로에는

제 뽀뽀가 약인가 봐요. 하하하. 진짜 피로회복제는 박카스.” 한때는
남녀가 평등한 사회라고 하면서도 여성은 남편이 돌아오기만을 기다
린다는 식의 메시지를 담은 비슷한 광고가 많이 있었다. 이런 광고를
볼 때마다 마치 남자가 여성을 특별한 대상으로 보는 것이 아닌가 하
는 기분이 들기까지 했다.

한편 이동통신회사가 광고를 넘어 소비자에게 좀 더 가깝게 다가가
기 위한 ‘생활의 중심’ 캠페인을 전개한 적이 있다. 이 캠페인은 기존
의 텔레비전이나 신문 등 매스미디어에 의존하는 관습적인 마케팅 툴
에서 탈피하여 책이라는 새로운 툴을 바탕으로 만들어졌다. 그럼 텔레
비전에서 방영된 ‘공주의 품위유지’ 편을 보자.

서울의 청담동에서 흔히 볼 수 있는 세련된 스타일의 20대 여성이
식사를 마치고 누군가를 기다리고 있는 사이에 휴대폰을 꺼내든다. 그
런데 휴대전화로 뭔가를 보는 듯하지만 문자를 보내거나 다른 서비스
를 이용하고 있는 것도 아니다. 그녀는 치아 사이에 낀 이물질을 신속
히 제거하고 있었던 것이다. 이처럼 여성을 병리적으로 비유하고 대
상화하기 시작한 광고는 어제 오늘이 아니다. 비키니 차림에 선정적인
자세의 여성을 워터파크의 옥외 광고에서 보는 것이 일상이 되었다.
특히 술 광고 포스터를 보면 자극의 극치다.

우리는 전통적으로 술에 익숙한 문화를 가지고 있음에도 불구하고
그간 여성은 큰 비중을 차지하지 못했다. 음주는 남성들만의 고유한
권리라고 여긴 것이 통념이었으며 여성은 음주를 즐기면 안 된다는 편
견을 가져온 것이 사실이다. 그러나 시대는 변했고 광고 역시 맛있게

  광고의 진화

표현한 '시즐 광고(Sizzle AD)'가 선보였다. 주로 먹을 때 나는 소리를 통해 제품의 감각을 자극해서 이미지를 연상시키는 기법으로 음주문화가 정착됨과 동시에 상쾌한 주류 광고도 더불어 발전했다. 시즐이란 원래 쇠고기를 구울 때 지글지글하는 소리를 지칭한 의성어로 병 따는 소리나 맥주를 컵에 따르거나 꿀꺽꿀꺽 마시는 소리를 넣음으로써 실제 체감이 들게 한다.

그런데 최근 주류업계에 관심을 끈 뉴스가 있었다. 어느 기업에서 모델로 남성을 등장시킨 것이다. 그간 여성모델의 전유물이었던 소주 광고에 남성모델을 기용한 것이다. 한마디로 광고의 대상이 변화하고 있다는 증거였다. 전통적으로 주류 광고는 남성을 대상으로 제작되었으나 여성으로 확대되었다는 뜻이다. 음주를 즐기는 여성이 늘어나고 그러한 환경이 사회적으로 비난받을 일이 아니게 된 것이다. 변화하는 주류 광고는 음주문화에서 억압되어온 여성의 역할을 남성과 대등한 위치로 만들어놓았다. 이는 어떻게 보면 자연스런 현상이기도 하다.

그렇지만 일각의 다른 견해나 논란이 있다고 광고에 사사건건 발목을 잡을 수는 없는 노릇이다. 시대에 역행하기에 용납할 수 없다거나 중지해야 한다는 식이면 표현의 자유는 쇠락하고 만다. 감상 역시도 표현의 자유이며 비평을 하지 말라는 것 자체가 표현의 규제가 된다. 광고를 비평하는 일도 필요하다. 다만 그런 비평으로 인해 광고를 제작하는 측이 과민해져서 점차 자체 규제를 남발할까 하는 염려다.

앞으로는 광고로 소비자를 속일 수 없고 거짓말은 더더욱 통용되지 않는다. 그렇지만 창작과 허구의 세계는 분명 다르다. 오히려 대담하고 도발적인 임팩트가 있는 아이디어도 허용되어야 하지 않을까. 2011년 상반기의 인기 광고 중 하나로 꼽혔던 것은 취업 포털의 광고다. 잔뜩 화가 난 여자가 고개를 흔들며 남자 얼굴에 쉴 새 없이 침방울을 쏘아대고 있다. 자막에는 "침 튀기며 설교만 하는 그대는 차장인가 세차장인가." 직급별 캐릭터의 특징을 절묘하게 포착한 일곱 편의 시리즈 중 유일한 여성은 차장이었다.

현재는 여성의 사회활동이 직분을 가리지 않고 남성들 수준에 이를 정도로 활발해진 시대다. 따라서 남자는 집 밖에서 자신이 좋아하는 일을 하지만, 여자는 그저 식사를 준비하며 기다린다는 내용은 개성도 없고 시대에 어울리지 않는다. 그럼에도 남편은 파김치가 될 만큼 가족을 위해서 일하고, 예쁜 아내는 집에서 그저 기다려준다는 이런 광고가 의외로 히트하는 경우가 많다.

2 ▶▶▶　　진화하는 광고

일전에 어느 방송 관계자가 광고의 개시 전에 촬영 현장에 얽힌 뒷이야기를 자신의 블로그에 쓴 것을 두고 정보누설인지 논란이 일었다는 얘기를 들었다. 일련의 일로 지금은 촬영 현장의 관리가 더욱 철저해졌고, 광고에 관련된 일체의 사실을 사전에 블로그나 SNS에 쓰지 못하도록 금지했다. 물론 이런 주의는 이전부터 있었다. 주변의 친구들과 특별한 의도 없이 가볍게 한 말과 인터넷에 남는 것과는

　　　　　　　　　　　　　　　　　　　　　　　　광고의 진화

별개의 문제다. 어떤 모델이 나오며 어떤 촬영 세트에서 진행되었는지 등의 사실이 방송 개시 전에 알려진다는 것 자체가 광고효과에 심대한 영향을 끼칠 가능성이 있다. 물론 홍보의 차원에서 광고 개시 전 미리 시청자들에게 언질을 주는 것도 관심을 끌 수 있는 방법이긴 하다.

매스미디어도 유명한 블로거를 기용해 광고의 상승효과를 이끌어 내는 경우가 있다. 블로그 기사를 이용한 기획은 내용에 따라 상당한 궁금증과 화제를 유발시키기 때문이다. 블로거의 글을 읽으면 '어제 광고에서 본 그거다'라는 식으로 텔레비전 광고의 영향력은 인지 매체로서 강한 부분이 있다. 더욱이 패스트푸드나 청량음료 등의 광고는 제품을 인지하는 즉시 내일 한번 사 먹어볼까라는 구매 행동을 이끌어 내는 제품이다. 이럴 때는 미디어와 함께하는 공동 마케팅인 콜라보레이션 같은 방식도 생각해볼 수 있다.

현재 블로그에 전개되는 광고 캠페인은 여러 가지가 있다. 다수는 특정 계층을 위한 도구로 기능하는 경우가 많다. 오디오 기기에 해박한 블로거를 초대해 신상품을 체험하게 해서 감상을 쓰게 하는 등의 수법이다. 설령 악플러라고 불리는 블로거라 할지라도 그들의 문장에 실린 영향력은 기존 매스미디어와는 차원이 다르다. 처음에는 주변의 한정된 독자에게 기능하지만 다시 입소문으로 퍼져 나가기 때문이다. 이윽고 인터넷상의 목소리가 하나의 선으로 연결되어 면이 되고 결국에는 커다란 영향력을 갖게 되는 일이 비일비재하다.

새롭게 눈에 띄는 광고형식은 다음의 예를 통해서도 알 수 있다. 조금 오래된 일이지만 10여 년 전쯤, 어느 날 갑자기 서울시내 곳곳에 붙여진 "선영아 사랑해"라는 포스터가 큰 화제가 된 적이 있었다. 벽보가 처음 길거리에 붙었을 때 이게 뭘까 혹은 선영이가 누구지 라며 관심을 불러 일으켰다. 그 후 광고는 텔레비전으로도 제작되었으며 "선영아 나였어, 마이클럽"이란 벽보가 다시 붙으면서 '티저 광고(Teaser AD)'라는 것을 알렸다. 티저란 장난하거나 놀리다라는 뜻을 가진 'tease'에서 비롯된 말로 처음부터 기업과 제품명을 밝히지 않고 궁금증을 유발한 뒤 일정 시점에 한꺼번에 보여줌으로서 주목을 모으게 하는 광고 방법이다. 인쇄 광고에서 소비자의 관심을 끌기 위해 쓰는 방법 중 하나로 유머 광고와 더불어 신제품을 출시할 때 소비자의 관심을 불러 모으기 위한 전략으로 자주 사용된다. 정식 제품 출시일 이전까지는 제품의 일부분만을 보여주거나 불완전한 정보를 제공해 소비자들의 호기심과 기대감을 높이는 것이다.

어쨌든 전국에 걸쳐 "선영아 사랑해"란 벽보 또는 광고에 관심을 가졌고 '마이클럽'의 티저 광고란 걸 안 후 사용자가 폭발적으로 늘어났다. 하지만 결과적으로 실패였다. 10년이 지난 지금도 "선영아 사랑해"를 기억하고 있지만 누구라도 그게 무슨 광고였는지는 기억하지 못하기 때문이다. 나아가 '마이클럽'이 무엇을 하는 곳인지도 모른다. 하지만 우리나라에 있어서 티저 광고의 효과를 잘 보여준 사례였음을 부인할 수 없다. 이런 실패에도 불구하고 계속해서 나오는 이유는 그만한 이점이 있어서다. 성공한다면 상당한 효과를 거둘 수 있어서다. 그밖에도 소비자가 수동적으로 받아들이는 것이 아니라 능동적으로 찾게 하는 효과도 있다.

한편 연예인의 일상을 궁금해하는 대중들의 심리를 이용한 광고형식도 최근 많은 부분 실행되고 있다. 한때 인기 절정의 아이돌 가수가 공항에서 들고 있는 백팩이 인터넷에 퍼지면서 3,500개 이상이 팔려 나갔다는 기사를 본 적이 있다. 유명 여배우가 공항에서 입고 나온 고가의 청바지도 이름을 알렸다. 스타들의 해외 입·출국 스타일인 소위 '공항패션'의 위력이다. 홍보대행사 직원이 공항에서 스타 사진을 찍어 블로그에 올려 분위기를 만들기도 한다. 상황이 이렇다보니 패션업체들의 공항패션 홍보 경쟁이 치열해지고 있다. 광고모델 계약을 할 때 해당 브랜드의 제품을 반드시 착용한다는 조건이 들어간 경우도 있다. 이들 옷의 일부를 제외하고 스타들이 입은 옷이나 액세서리 대부분이 업체들에서 협찬한 것들이다.

공항패션만 집중하여 홍보하는 브랜드도 있다. 업체들이 공항패션에 열을 올리는 이유는 자연스러움 때문이다. 드라마 속 패션은 비현실적으로 보이지만 공항에서 입은 옷은 자연스러운 평상복 같아 현실감 있어 실제 매출로 연결되는 효과가 크기 때문이다. 텔레비전 드라마와 영화의 주인공이 즐겨 마시는 캔 커피나 손목시계 그리고 해안선을 질주하는 멋진 자동차도 알고 보면 PPL 제품이라는 것쯤은 누구나 알고 있다.

수많은 정보가 날아다니는 오늘날 순간적으로 제품을 선택하는 소비자에게 브랜드를 전달하기 위한 수단으로 종래의 광고와는 다른 형태로 진화할 수밖에 없다. 전통적인 기법이든 기존과는 다른 광고이든 중요하지 않다. 그것에 반응하는 소비자가 제품이나 브랜드에 대해 흥미룹다거나 쓸 만하다 같은 긍정적인 감정을 끌어낼 수 있게 설계되어 있냐는 것이다. 새로운 기법을 차용해 소비자가 반응했다해도 왠지 한 방 먹은 것 같은 기분이 든다면 곤란하다. 긍정적인 감정을 창출시켜야 한다는 최종적인 목적을 달성하기 위해서는 그 방법이 무엇이든 상관없다. 결과적으로 블로그에 사전 노출을 유도하거나, 티저라는 기법 모두 하나의 목표를 향한 방법에의 차이뿐이다.

서울의 강남역 주변 대부분의 건물은 외부를 유리로 만들어 전달하고자 하는 메시지를 그 위에 담고 있다. 어느 의류 브랜드 가게는 특이하게도 유리 위에 가을 패션 동향을 적어놓아 소비자의 가독성을 높였다. 이런 디스플레이는 다른 매장에서도 여럿 찾아볼 수 있다. 층 안내를 유리 메시지로 전달한다든지, 광고메시지를 유리 위에 써놓는 등 유리를 이용한 인테리어가 유독 많다. 이러한 디스플레이는 현재 차세대 트렌드로 주목받고 있는 것으로 특히 유리는 그 투명한 속성 때문에 현재 차세대 디스플레이 소재로 주목받고 있다.

폴로 브랜드로 유명한 패션 기업인 랄프로렌은 2000년 창업주의 차남인 데이비드 랄프로렌의 주도로 인터랙티브 윈도라는, 행인들이 매장 밖에서 창문을 보며 터치스크린 방식으로 관련 정보를 얻을 수 있게 하고 있다. 온라인 전용 패션쇼에서 선보인 특정 패션 상품에 대해 매장 출시와 온라인 쇼 시점을 동일하게 잡아 온라인 패션쇼의 효과를 극대화했다. 뿐만 아니라 2009년부터 웹 사이트상에서 '글로벌 e-커머스' 시스템을 구축했는데 개발과 운영의 효율성을 각 국가의 시장

특성을 감안해 미국과 아시아 그리고 유럽으로 지역을 구분해 e-커머스 사이트의 전문적인 개발과 운영 파트너를 다르게 하고 있다. 이런 디지털 마케팅은 브랜드 이미지의 혁신으로 이어졌다는 평가이다.

요즘 출퇴근할 때마다 엘리베이터 내부에 설치된 디지털 모니터에서 나오는 광고와 그 아래 한 줄로 흘러가는 뉴스를 읽게 된다. 몇 십 초 동안 엘리베이터에 탄 사람들은 모두 모니터만 쳐다본다. 이런 디지털 전광판을 '디지털 사이니지(Digital Signage)'라고 부른다. 공공장소나 개인 사업장에 설치해 광고 및 각종 정보를 전용 스크린으로 제공하는 장치다. 네트워크로 통제가 가능하기에 지역이나 시기별 맞춤 정보를 제공할 수 있다.

디지털 사이니지가 노리는 것은 결국 소비자들의 '자투리 시간'이다. 버스나 지하철, 엘리베이터 등 소비자들이 무언가를 기다리는 몇 분 몇 초도 놓치지 않겠다는 것이다. 서울 시내 일부 식당에선 아이패드형 메뉴판을 만들어 주문 후 음식이 나올 때까지 광고를 보여주기도 한다. 기름 넣는 시간 동안 소비자들이 볼 수 있게 주유기 옆에 디지털 사이니지를 설치한 주유소도 등장했다. 일본에서는 모니터에 카메라를 탑재해 고객의 성별과 연령대를 인식해 맞춤형 쌍방향 광고를 내보내는 기술까지 개발되었다. 길거리의 모니터가 행인의 개인정보까지 알아낼 수 있는 것이다.

최근 구글은 '프로젝트 글라스'라는 안경 개발에 성공했다고 발표했다. 안경에는 카메라가 내장됐고 마이크와 스피커도 있으며, 블루투스와 와이파이 접속으로 인터넷에도 연결할 수 있다. 안경을 쓰면 작은 스크린에 목적지 방향이나 친구가 보낸 문자메시지가 글자 그대로 눈앞에 나타난다. 친구와 동영상 채팅을 하거나 사진을 찍고, 심지어 걸으면서 온라인 쇼핑까지도 가능하다. 이미지를 통해 소통하며 남보다 빨리 정보에 접근할 수 있게 된 것이다.

2054년 미국의 워싱턴 시를 배경으로 한 스티븐 스필버그 감독의 SF 영화 〈마이너리티 리포트(Minority Report)〉가 떠오른다. 영화 속에는 새로운 유형의 광고들이 많이 보인다. 쇼핑몰 안 벽면의 광고는 고객의 눈동자를 읽고 그의 이름을 부르며 제품을 소개하고 구매를 유도한다. 곳곳에 모니터와 디스플레이, 카메라가 넘쳐나고 모든 것이 네트워크로 연결된 영화 같은 세상이 현실로 점차 가까워지고 있는지도 모른다.

3 ▶▶ 브랜드 내부의 광고

20세기 마지막 10년 동안 매스미디어와 대중사회학, 심리학 사이의 반향실(反響室)에서 풍요와 인플루엔자라는 두 단어를 조합시켜 만든 소위 어플루엔자(Affluenza)라는 개념이 나온 지도 꽤 오래되었다. 반향실 효과란 폐쇄 공간에서 비슷한 정보와 아이디어가 돌면서 강화되는 현상을 말한다. 바이럴 마케팅은 이렇듯 흥미를 불러일으킬 수가 있는 특정 정보나 이슈를 인플루엔자처럼 널리 전파되는 효과를 목적으로 한다. 블로그에 개인 포스팅의 형식으로 작성되어 기존 온라인의 배너 광고에 비해 소비자의 높은 신뢰성을 얻을 수 있게 하는 것이다.

어플루엔자는 또한 가능한 대상을 좁혀 영향력이 있는 사람에게 메시지를 발신하여 그들을 통해 알리며, 미디어 관계자나 유명인 또는 파워 블로거를 지칭하기도 한다.

특히 기업과 제품 그리고 관련업계에도 갖가지 어플루엔자가 존재하지만, 무심코 간과하곤 하는 것은 바로 종사자들이다. 직원들을 어플루엔자로 하여 사외(社外)와 소통하는 다리로 만들면 의외의 특별한 효과를 얻을 수 있다. 많은 직원들이 블로그나 SNS를 통해 친지들과 활발하게 발언하는 과정에서 제품과 서비스를 알리는 통로가 되어주는 것이다. 온라인에서의 발언뿐 아니라 거래처의 사람들과 가족 그리고 친구나 선후배들과의 리얼한 대화에서 자신도 모르게 회사에 대한 정보와 서비스에 대한 이야기가 전달된다. 자칫하면 회사의 비밀이 유출될 위험도 있어 신중할 필요가 있지만 무시할 수도 없는 중요한 소통 라인인 것만은 분명하다.

기업의 이미지를 변화시키는 데 심볼인 로고를 새로 만드는 것도 도움이 된다. 각오와 자세를 통해 지명도를 높이는 데 있어서 상징적인 언어가 될 수 있다. 이럴 경우에 가능한 직원들이 모두 참여해 자연스러운 커뮤니케이션의 동기가 되어야 한다. 아이디어를 사내에서 공모하고, 애초부터 멋있거나 튀는 이름을 찾을 필요는 없다. 회사 문화와 동떨어지지 않은 스토리를 지니면 충분하다. 그렇게 하다보면 이미지가 함축된 마크로, 신뢰성과 함께 미래 지향적인 방향의 콘셉트가 만들어질 것이다.

브랜드에 이름을 붙이는 방법도 기업마다 제각각이다. 손쉽게 광고회사에 맡기면 되겠지만 달리 생각해보자. 사람들이 모여 회사라는 집단을 만들면 사람과 사람 사이의 불가사의한 무언가 일어나 독특한 문화가 생겨난다. 그리고 점차 동료라는 어플루엔자를 통해 확대된다. 기업이란 생태계에서 자란 거짓 없는 메시지는 이야기로 포장된 재미에 끌려 소통의 장으로 성장한다. 따라서 직원들이 직접 브랜드에서 공유할 수 있는 내용이 무엇인지 생각하는 것에서 시작해서 토론과정을 거쳐 내부를 조금씩 보완해 가면 어느새 자연스럽게 기업과 어울리는 브랜드의 이름이 도출될 것이다.

직원의 명함 한 장도 커뮤니케이션 툴로써의 역할을 부여해보면 어떨까. 명함은 타인과 대면할 때 자신을 전달하는 빼놓을 수 없는 도구로 이름과 회사 전화번호 그리고 메일 주소 같은 정보가 기재되어 있다. 여기에 커뮤니케이션 브리지로서의 역할을 부여해보자. 업무상 연관이 있는 크리에이터의 작품 중에서 좋아하는 디자인을 한 가지씩 골라 싣는다면 직원들에게도 회사의 명함 한 장으로도 자신만의 창의적인 개성을 보여줄 수 있다는 생각을 갖게 함으로써 자신감을 느끼게 할 수 있다. 명함을 받은 사람들도 재미있는 회사로 느끼기에 멋진 커뮤니케이션 툴이 될 수 있다.

4 ▶▶▶　'평판'과『미슐랭 가이드』

점심을 먹기 위해 회사 인근의 식당을 찾았다. 그런

데 비슷한 식당의 한 쪽은 손님으로 가득 찼고 다른 곳은 썰렁했다. 만약 고객이 이전에 어디도 가보지 않았다면 어느 곳으로 들어갈까. 아마도 대부분의 사람들은 입구에 줄 선 식당에 갈 것이다. 이는 다름아닌 '평판' 때문이다.

영화 〈트루맛쇼〉는 MBC가 제기한 상영금지 가처분 소송을 법원이 기각하면서 상영이 가능해진 터라 당시 화제가 된 적이 있다. 영화가 주목을 받은 건 텔레비전의 '맛집' 프로그램에 의한 거짓정보 때문이었다. 다시 말해 그동안 제대로 된 맛집 프로그램이 없었다는 말이다. 식당 띄우기를 넘은 요리 비평이 몇몇 매체에서 시도되었지만 얼마 가지 못했다. 객관성과 전문가 부족, 그리고 식당 주인의 항의 탓이다. 한편 세계 여행 마니아와 미식가의 바이블인『미슐랭 가이드(Le guide Michelin)』가 1900년 창간호 이후 111년을 맞는 2011년 5월, 불어판 '한국편'을 프랑스에서 내놨다. 레스토랑 별점 평가로 이루어지는 '레드가이드'가 아닌 여행지 소개 위주의 '그린가이드'지만, 별점 없이 소개된 국내 식당으로 주목을 끌었다.[1] 성북동 돼지갈비, 청진동 해장국 등 107군데 식당이 소개되었다. 맛집 비평에 관한 인프라가 전무한 현실에서 가이드북은 무소불위의 '맛집 권력'으로 부상할 가능성도 있다. 그러나 좋은 재료로 정성스레 만든 음식을 알아보는 미각과 올바

---

1 미국 뉴욕의 한식당 '단지'가 2011년 '뉴욕편'에 별 하나짜리 식당에 올랐다. 한식당이 별 하나를 받은 것은 처음 있는 일이다. 그밖에도 2010년에 '홍콩·마카오편'에서도 홍콩에 위치한 '서라벌'이 등재됐고, 2011년에 일본 도쿄에 위치한 '센노하나', '마츠노미', '모란봉' 3개의 한식당이 각각 '도쿄편'에 선정되기도 했다.

른 음식 비평 문화가 자리 잡지 않는 한 논란이 나올 가능성은 배제할 수 없다.

『미슐랭 가이드』는 전 세계 미식가와 요리사, 관광 종사자들의 바이블로 불릴 만큼 권위 있는 가이드북이다. 유럽의 주요 레스토랑 종사자들은 여기에 등재되는 것이 꿈이라 일컬을 만큼 영광된 일로 생각한다. 전문가가 세 차례나 비밀리에 방문해 각종 항목을 평가하는 식으로 엄정한 선정 작업이 이뤄진다. 유럽 전역과 미국, 유럽 등 23개국에서 발간되어온 책에 한식당이 선정된 것은 2010년 이후에 나온 특이한 현상이다. 『미슐랭 가이드』는 1970년대 들어 그 권위를 도전받기도 했지만[2] 광고라는 견지에서 보면 참고가 될 만한 점이 적잖이 있다.

사실 먹는다는 행위에 대해 특별히 관심을 보이는 지인도 적지 않다. 그런 친구들의 블로그를 보고 있자면, 방문했던 식당이 『미슐랭 가이드』에 게재된 가게라는 점을 부각하고 있는 경우가 많다. 새롭고 첨단을 생각해야 하는 광고인이라는 무의식의 발로라고 여겨진다. 그들이 몇 년 후에도 '미슐랭에서…'라고 쓰고 있을지는 의문이다. 실제로 요

---

2 전통적 요리법에서 벗어난 '누벨 퀴진(Nouvelle cuisine)'이 등장하면서 미식 비평의 객관성을 거부하는 가이드북 『고미요(Gaultmilau)』가 권위를 흔들었다. 프랑스에 의해 주도되던 '미식문화'가 스페인으로 옮겨가면서 평가 기준이 혼란에 빠진 것이다. 유럽에서는 점점 약화된 권위를 회복할 수 있는 방법으로 브랜드의 글로벌화를 선택했다. 전 세계의 도시판을 만들었으며 최근 한국도 『미슐랭 가이드』의 글로벌화 대상에 들어갔다. 여행 안내서인 그린가이드가 지난 봄에 나왔고 레드가이드는 준비 중인 것으로 알려져 있다. 사람은 누구나 자신의 전통에 대한 자부심이 있다. 이는 특히 음식에서 더욱 심하기 때문에 상대방의 기호에 대해 단정하는 일은 조심스러울 수밖에 없다. 자국의 오랜 문화에 의해 형성된 경우 다른 지역민이 함부로 평가하는 것을 싫어하고 저절로 '너희가 우리 음식을 얼마나 안다고 그래'라는 거부감이 생긴다. 뉴요커들이 『미슐랭 가이드』보다 『뉴욕타임스』나 『뉴욕매거진』의 평가를 더 신뢰하는 것도 그런 까닭이다.

광고의 진화

즘 미식가의 블로그에서 『미슐랭 가이드』에 관한 글은 많이 줄었다. 그만큼 일반화되었다고 생각하지만 처음에는 누구라도 미슐랭이라는 단어를 인용하는 데서 시작했을 것이다. 그렇다면 어째서 그토록 어필할 수 있었던 것일까. 미식가의 나라인 프랑스의 전통 있는 가이드북이라는 신뢰, 아니면 별 한 개나 둘 혹은 세 개짜리 가게라는 랭크 분류가 심플했기 때문일까. 여러 이론이 있겠지만, 한마디로 '평판'이 바람을 불러일으켰다고 말할 수 있다.

음식점은 그야말로 별의 숫자만큼 많다. 그러나 가이드북이나 다양한 잡지의 음식점 특집에는 페이지라는 제약이 있다. 따라서 실려 있지 않은 가게가 게재된 가게보다 많다. 그럼에도 자신들이 실리지 않음에 그다지 불평을 하지 않는다. 그러나 『미슐랭 가이드』에 자신의 가게가 실리지 않은 것에는 큰 관심을 보인다. 단골고객 또한 마찬가지다. 그곳은 별이 두 개인데 왜 여기는 한 개밖에 안 되는 거냐며 궁금해 한다. 레스토랑 업계와 주변 미식가들의 이런저런 항의에 의해 그다지 관심을 갖지 않던 사람들조차도 대단하다는 인상을 주게 된 것은 사실이다. 『미슐랭 가이드』가 미식계라는 작은 커뮤니티를 넘어 대중적인 화제를 불러일으킨 것만은 분명하다. 프렌치나 이탈리안 등 이른바 양식 장르뿐만 아니라, 한류바람을 타고 김치나 갈비에도 별이라는 붓을 휘두른 것도 화제가 된 원인 중 하나이다.

이 가이드북으로부터 배운 교훈이 있다면 만인이 대상이 아니라는 점이다. 『미슐랭 가이드』는 미식가처럼 가능한 대상을 좁혀 썼다. 레스토랑의 등급 매김이나 날카로운 지적이 어떤 계기로 인해 사람들의 주목을 받게 된 것이다. 다시 말해 대상을 좁힌 것에 좋은 평판이 담긴 순간 강한 휘발성이 생긴 것이다. 처음부터 여러 아이디어로 대중적인 제품으로 설계해봤자 소용이 없다. 반면에 대상을 좁혀도 화제가 되지 않는다면 그것 역시 헛손질인 것처럼 실제로는 어려운 일이다. 그래도 가능한 대상을 좁혀 통찰력을 갖고 좋은 평판을 듣는 제품을 만들자. 결코 쉽진 않겠지만 그곳에서 도망쳐서는 성공과 손을 잡기 어렵다.

5 ▶▶ 광고와 축제

지금은 소셜미디어에 의해 누구든 손쉽게 정보를 보낼 수 있는 시대가 되었다. 소비자는 한정된 시간에 자신에게 관계있는 정보를 취합하여 선택해 즐기는 가운데 광고의 역할이 비일상에서 일상으로 이동하게 된다. 그래서 무심코 보던 광고가 비일상이며, 일상이 아니었다는 생각이 드는 것은 무리가 아니다.

텔레비전 광고로 대표되는 기존 매스미디어 광고 캠페인은 한마디로 말해 축제다. 신상품의 발매 기사와 잡지의 창간에 맞춘 이벤트에 빠질 수 없는 선물 고지를 통해 기존 제품과는 다름을 어필해 관심을 이끌고 소비자에게 재미나게 제품이 전달되도록 최적의 장소를 확보하여 이벤트를 한다. 탤런트는 호감도 최고인 여배우를 기용하고, 신문 역시 4주간에 걸쳐 조·석간에 전면 광고를 내겠다는 야심찬 기획

266 광고의 진화

이다. 그렇다고 이런 법석을 길게 떨어서는 아무리 제품이 많이 팔려도 손익 분기점에 이를 수 없다. 효과를 극대화하기 위해선 발매 개시와 리뉴얼 같은 중요한 타이밍에서 한꺼번에 터트려야 한다. 이런 비일상의 이벤트를 설계하는 것이 광고인의 아이디어다.

그런데 인터넷이 일반화되면서 기존의 방식이 바뀌고 있다. 아무리 언론을 이용해 첨단의 디자인 내지 최고의 맛이라고 떠들어도 인터넷에서는 조금은 부족하다는 목소리가 빠른 속도로 퍼져나간다. 결과적으로 많은 노력을 기울였지만 별 성과가 없다. 마케터는 무엇을 고민해야 할까. 이럴 때는 소비자의 일상을 참고하는 것에 주안점을 둬야 한다. 비일상에서 일상으로의 전환은 기존 광고인에게 있어서 서투른 일이다. 왜냐하면 시간이 많이 걸릴 뿐더러 효율성도 낮고 기존의 수익 모델을 버릴 수밖에 없기 때문이다.

축제는 행사가 끝나면 곧장 다음으로 이동하게 된다. 하나의 일이 끝나면 앞으로 스스로 해줬으면 좋겠다거나, 시차를 두고 전화 주시면 찾아뵙겠다는 심정이다. 줄줄이 계속되는 힘들고 복잡한 업무는 누구라도 원치 않는다. 소비자의 반응도 계획만큼 효과가 없다. 그리고 뒤처리나 안전 같은 기본적인 대책이 세워져 운영되지 않았다면 지역민의 호응조차 어렵다. 축제가 끝난 뒤의 마무리 역시 중요하다.

전국에 걸쳐 진행되는 지역축제 현장을 체험해보면 사람들이 무엇에 즐거워하며 열광하는지 그리고 지역마다의 특성을 직접 체감할 수 있다. 가치창조는 이미 존재하던 것에서 새 효용을 만들어낸다. 새로운 가치를 창조하려면 세상의 변화를 읽어내고 예측해야 하는데 변화의 흐름을 읽어낸다는 것은 말처럼 쉽지 않다. 워낙 빠른 문화적 흐름과 다양하고 금세 싫증을 내는 유행 탓에 특별한 사람이 아니고는 시대의 흐름을 따라가는 것조차 힘겹다.

현재 전국에는 1178개나 되는 지역 축제가 있다. 1995년 지방자치제 실시 전만 해도 280개쯤이었는데 그 후 890개가 새로 생겼다. 자치단체장들이 업적 과시용으로 저마다 축제를 만들었던 것이다. 그러다보니 한 지역에서 인기를 끌었다 싶으면 내용이 엇비슷한 축제가 우후죽순 생겼다. 그러나 축제도 내용만 충실하면 많은 관광객을 불러들일 수 있고 지역 경제에도 많은 도움을 준다. 안성의 바우덕이 축제는 전통문화의 아이콘으로 자리 잡았고, 전남 함평은 나비축제로 매년 50만 명 넘는 외지인이 찾는 명소가 됐다. 그러나 성공한 축제들은 모두 이야기가 담긴 축제들이다. 지역의 전통과 역사 속에서 근거를 찾을 수 있고, 풍물이나 자연과 조화가 어우러진 소재에 사람들은 흥미를 가진다.

이런 예는 기업의 경우도 마찬가지이다. 기업이 커뮤니케이션의 측면에서 이야기를 담는다면 소비자의 일상으로 접근하는 기회가 될 수 있다. 나아가 광고가 축제라는 것은 앞으로도 중요한 요소로 작용할 것이다. 그것만으로 충분한 시대가 아니다. 소비자의 일상 속으로 들어가는 것이 구체적으로 무엇이며, 어떤 중요한 원칙이 있는지 생각해보자.

설날 저녁에 무심코 텔레비전에서 혼자서 아이를 키우는 아버지에게 초점을 맞춘 가족 다큐멘터리를 보게 되었다. 대사 중에 진정으로 자식을 사랑한다면 먼저 손을 떼는 편이 좋은 방법이란 대목이 있었다. 맞는 말이다. 지금의 마케터는 소비자에게서 손을 뗄 과감한 용기가 필요하다. 소비자를 위해서가 아니라 자신을 위해서 떼야 한다. 기업이나 광고회사, 방송국, 인터넷 등이 지닌 소비자를 움직이는 힘도 소비자 측 목소리의 강도에 따라 점차 약해지고 있는 추세다. 따라서 손아귀의 힘을 더욱 강하게 하는 것보다 오히려 느슨하게 해보자. 소비자를 마케팅 타겟이 아니라 파트너로 생각한다. 그 후에 소비자의 일상 속으로 들어가는 것이다. 생각만으론 어느 정도 이해되겠지만 실제로 기업이나 광고회사도 상당한 각오가 필요하다.

마케터라면 누구라도 많은 소비자를 끌어들이기 위한 축제를 만들고 싶겠지만 실제로 소비자에게 모두 맡겨버리면 무엇을 어떻게 저지를지 몰라 불안하다는데 공감할 것이다. 그런 기분이야말로 커다란 리스크다. 부르지도 않았는데 제멋대로 남의 거실에 들어와 선전할 테니 봐달라는 뻔뻔스러운 짓을 하는 셈이니 온갖 방법을 동원해 재주를 드러내 즐겁게 해주는 수밖에 없다. 광고는 왜 재미있어야 하는지에 대한 명쾌한 답이다.

재미에도 여러 가지가 있기다. 개그맨만이 광고의 재미를 연출하는 것은 아니다. 아름다운 영상과 귀여운 동물, 인기 탤런트나 스포츠 선수 등 시청자의 주목 끌기에 충분한 소재가 널려있다. 제작자는 그 속에서 최대의 효과를 발휘할 수 있는 광고를 만들고자 노력한다. 그러나 무척 재미있는데 제품이 무엇이었는지 기억이 나지 않는다는 것은 왜일까. 재미있게 만들어 거실에 들어간 것까지의 미션은 성공했지만 제품을 전달하는 데 이르지 못한 경우다. 그것을 광고의 책임으로 돌리는 것은 가혹하지만, 제품 자체가 매력이 없으면 무엇을 만들어 보여줘도 마음에 가닿지 못한다. 소비자에게는 방송이나 광고가 무엇이든 재미있고 매력적인 것과, 지루하고 쓸데없는 두 가지만 존재한다.

6 ▶▶ 행복을 추구하는 기업

기업은 영어로 'private sector'라고 일컫지만, 모든 기업은 '개인적(private)'인 동시에 '공공적(public)'이다. 주식을 공개하거나 그렇지 않다거나 하는 협소한 관점이 아니라, 벤처기업이든 종업원이 1만 명이 넘는 기업이든 간에 사회라는 생태계의 구성원으로서 활동하고 있다는 사실을 인식해야 한다는 것이다. 수단과 방법을 가리지 않고 보다 많은 수익만 획득하면 된다는 사고가 아니라, 사회가 있기에 기업이 존재한다는 자세의 문제이다. 다단계로 학생들을 끌어 모아 물건을 강매하거나, 사채업으로 서민들에게 막대한 피해를 주는 따위의 상행위와는 근본적으로 달라야 한다. 누구라도 생태계의 성장과 풍족함에 공헌하며, 건전한 수익을 도모하여 종업원과 주주에게 환원을 해 나가는 건강한 조직을 원한다. 그런 의지가 소비자의 지지를 불러 모으고, 성장해 나가는 것이 기업의 바람직한 모습이다. 특별한 주제가 아니더라도 과거나 잎으로도 성실한 자세로 사회직 책임을 다하고, 항싱 소비자의 입징에서 제품을 만들어내는 기업은 성공률이 높을 수밖에 없다.

광고의 진화

미국의 자포스(Zappos)란 회사가 직장인이 근무하고 싶은 기업 15위로 선정된 적이 있다. 자포스는 신발을 판매하는 전자상거래로 본사는 네바다 라스베가스 인근의 도시인 헨더슨에 있다. 성공신화 자체도 재미있지만, 여러모로 참고할 것이 많은 회사다. 기업의 모토가 "행복을 전달한다"이다. 단어의 뜻에는 고객뿐만이 아니라 직원들에 대한 행복까지 포함되어 있다.

일반적으로 자포스라고 하면 최고의 온라인 쇼핑 서비스로 정평이 나 있다. 성공의 이면에는 단골 고객들이 많았다는 데 있다. 한 번이라도 쇼핑을 한 고객이 되돌아오는 비율이 다른 쇼핑몰에 비해 훨씬 높다. 전체의 75% 정도가 한 번 이상 구매를 한 고객에 의해 이뤄진다. 단골들은 자신들만 물건을 사는 것이 아니라, 입소문을 통해 주변 친구들이나 지인들에게 추천을 하는 마케팅 활동까지 뛰어들어 자포스를 놀라운 속도로 성장하게 하는 견인차 역할을 한다. 이런 단골을 만들 수 있었던 데는 다른 온라인 쇼핑몰에서는 볼 수 없는 서비스를 제공했기 때문이다. 주문 당일 밤에는 반드시 배송이 시작되는 시스템이 가장 큰 위력을 발휘했고 신속한 배달과 함께 마음에 들지 않아 반품하는 경우에도 비용을 받지 않는 파격적인 서비스를 통해 소비층을 넓혀갔다. 이런 서비스를 창출할 수 있게 된 데는 직원들이 열정을 가지고 즐겁게 일할 수 있었다는 것이 있었다.

특히 트위터를 적극적으로 활용해 회사의 가치를 외부에 알리고, 동시에 종사자들의 목소리까지 실시간으로 들을 수 있는 창구로 사용했다. 뿐만 아니라 신나는 사내문화를 위해 고객과 함께 할 많은 이벤트도 실행했다. 회사에 재미라는 요소를 도입해 임직원들이 자유롭게 떠들며 놀고, 나아가 고객들과 함께 누릴 수 있게 하여 열광적인 팬을 만들었다.

자포스의 '10대 핵심가치'는 ①저절로 감탄사가 나올 정도의 서비스를 한다. ②변화를 포용하고 추진한다. ③재미를 창조하고 특별한 행동을 하지 않는다. ④모험적이고 창조적이며 개방적인 마음을 가진다. ⑤성장과 학습을 추구한다. ⑥소통을 통해 개방된 정직함을 구축한다. ⑦긍정적인 팀으로 가족 같은 관계를 이룬다. ⑧적게 일하고 많은 것을 성취한다. ⑨열정적이고 결연한 의지를 가진다. ⑩겸손하자로 요약된다. 처음부터 이러한 기업 가치를 설정하고 지키기 위한 경영이었기에 가족적인 강한 회사를 만들 수 있었고 고객과 더불어 열정을 호흡할 수 있었기에 성공이 가능했다. 실제로 이 기업 이념의 핵심은 행복을 전달하는 것이었고 실천했다.

그러나 관점을 달리해보자. 물론 이러한 방식을 훌륭한 전략과 가치로 받아들일 수 있다. 그러나 바꿔 생각하면 가격만으로 고객을 모으는 방식에는 분명 한계가 있다. 그런 고객은 상대가 가격을 낮추면 뒤도 돌아보지 않고 떠난다. 싼 가격과 좋은 서비스로 획득한 고객과 서포터를 단골로 삼는 비용과 비교했을 때 어느 쪽이 나은지를 분석하면 자포스의 전략이 반드시 최선이라고 말하기는 조금 이르다.

기업이 스스로의 경영 철학을 사회에 널리 알리는 것이 PR(public relation)이다. 자포스는 인터넷에 의한 입소문으로 기업의 이념을 알리며 수익을 창출했다. 그렇지만 공적인 관계성이라는 의미의 약어인 홍보가 무료로 미디어의 취재를 도와주는 단어가 된 것은 기업이나 사회에 있어서 결코 바람직하지 않다. 훌륭한 경영 철학은 소비자를 포함한 이해 당사자들의 입을 통해 저절로 퍼져나간다. 상품 개발에 미디어의 취재를 집어넣고 방송을 통해 소개하는 것도 홍보의 일부분일 뿐이다. 이전에도 그랬지만 홍보의 기본이며, 매스미디어와의 연계는 부차적이다. 그리고 기업이 오로지 경제적 이익만을 추구하는 것은 월스트리트와 마찬가지로 위험한 발상이다. 그런 점에서 자포스는 매우 획기적이고 모범적인 기업으로 기억될 것이다.

7 ▸▸ 결정적인 메시지가 있는 명연설

대중을 잠시 눈속임하는 잔재주는 이제 통용되지 않는다. 하지만 소비자의 눈이 엄격해진 지금도 그런 방식으로 성공한 광고가 없는 것은 아니다. 그렇다면 자연스럽게 전달되고 받아들여지는 광고는 어떻게 만들어진 것일까.

LG유플러스의 광고에는 두 인물, 버락 오바마 미국 대통령과 마틴 루터 킹 목사가 등장한다. 광고는 두 사람을 비교하면서 흑인도 대통령이 될 수 있을 만큼 역사가 변한다는 메시지를 담고 있다. 특히 이들 두 인물은 연설을 잘 하는 것으로도 유명하다. 역사적으로도 손꼽힐 만하며, 이들의 스피치는 세기의 연설로 손꼽힌다.

2009년 초, 미국 제44대 오바마 대통령의 취임식은 전 세계의 방송국은 물론 인터넷의 라이브 스트리밍으로도 생중계되었다. 아폴로11호 달 착륙 같은 과거의 어떤 이벤트보다도 역사상 가장 많은 사람이 시청한 행사이기도 했고 선서에 이은 약 20분간에 걸친 연설에는 세계가 주목했다. 평준화된 세계에서 모처럼 명연설이라고 평가받는 이 연설의 포인트는 "예, 우리는 할 수 있습니다(Yes, We Can)"였다. 대통령이 되는데 있어서 이 한 마디보다 강력한 것이 있었을까. 오바마는 끊임없이 "Yes, We Can"의 세 단어를 반복했다. 이 하나의 메시지에 청중들은 매료되고 그들로 하여금 따라하고 퍼뜨리게 만들었다.

지금까지 명연설이라고 하면 마틴 루터 킹 목사의 "저는 꿈이 있습니다"가 있다. 그리고 조금 오래되었지만 링컨 대통령의 "국민에 의한 국민을 위한 국민의 정치"나 존 F. 케네디의 "국민여러분, 조국이 여러분을 위해 무엇을 할 수 있을지를 묻지 말고 여러분이 조국을 위해 무엇을 할 수 있을지를 물어 보라"는 애국심에 호소하는 연설도 있었다. 윈스턴 처칠 영국 총리는 2차 세계대전이 한창이던 1940년 "나는 피와 고생과 눈물과 땀 말고는 줄 수 있는 게 아무것도 없다"는 명연설로 풍전등화와 같은 조국의 운명 앞에서 절망했던 국민들에게 희망과 용기를 안겨줬다. 그밖에 패트릭 헨리는 "자유가 아니면 죽음을 달라"며 가슴에 불을 당기기도 했다.

명연설은 끝나서도 청중의 머릿속에 남을 수 있는 하나의 메시지가 필요하다. 이를 각인시키기 위해서 반복하는 것도 한 방법이다. 쉽게 기억되고, 잊혀지지 않도록 간결하면서도 매력적이어야 한다. "꿈을 이루기에 시간이 너무 부족하다. 오늘이 생의 마지막이라고 해도 오

 광고의 진화

늘 하려고 했던 일을 하겠는가? 다른 사람의 삶을 사느라 시간을 낭비하지 말라. 계속 갈망하고 우직하게 나아가라." 스티브 잡스가 2005년 스탠포드대학 졸업식의 축하 연설이다.

그렇다면 왜 결정적인 메시지가 필요할까. 미디어나 역사학자는 특별한 어떤 사건을 후세에 전하기 위해 수많은 정보 가운데서도 상징적인 에센스를 찾아 인용하고 기록하는 작업을 한다. 당시에 무슨 일이 있었느냐고 질문하면 이런 거라고 말해줄 수 있는 무언가가 필요하기 때문이다. 연예인들이 텔레비전 인터뷰에서 30분 넘게 출연한 영화에 관해 이야기했는데 실제로 방송에 나간 것은 사생활에 관한 1분뿐이었다고 불만을 토로하거나 기업의 홍보담당자가 자사 제품의 광고가 될 것이라고 여겨 취재에 응했지만, 실제로는 프로그램의 자문 정도로 취급당했다는 일들도 이런 것과 일맥상통한다. 사건 전체를 파악해 다룰 수 없어 분해하고 재편집해야 하는 미디어의 한계와 함께 이렇게 선택된 사건도 시청자의 흥미를 끌 수 있어야만 하는 현실을 이해해야 한다.

미디어나 역사학자 외에 일반 소비자에 의해서도 온갖 현상이 분해되고 재편집된다. 그런 행위에서 벗어나는 일은 말처럼 쉽지 않다. 유능한 정치가나 스피치라이터는 아예 처음부터 여기를 자르면 된다고, 미디어나 소비자가 자르고 싶어 하는 코멘트를 집어넣는다. 미국의 정치계에는 유난히 그런 경향이 강해 뉴스에서 잘라내는 것을 의식하여 '사운드바이트 폴리티스(soundbite politics)'[3]는 회의나 공청회에서 일

---

3 뉴스에서 회견이나 인터뷰를 할 때 인용되는 짧고 인상적인 발언.

상화되었다.

그런데 흥미로운 점은 대통령 취임연설에서는 "Yes We Can"이 등장하지 않았다는 것이다. 여기에는 두 가지 이유가 있었다. 먼저 눈앞에 펼쳐진 심각한 경제위기를 단순히 "예, 우리는 할 수 있습니다"라는 간단한 문장으로 정리될 문제가 아니라는 사실을 전하고 싶었던 것이다. 그것을 '새로운 책임의 시대'라는 말로 바꾸고 있지만, 사실은 선거 전부터 모두가 환호하며 기대하던 단락을 봉인함을 의미한다. 또 하나는 연설을 별 생각 없이 듣고 보거나 읽는 사람보다, 전부를 듣고 보거나 읽는 사람이 많다는 사실을 사전에 잘 알고 있었기 때문이다.

전체를 하나로 모아야 하는 동원장면에서는 사운드바이트 폴리티스가 필요치 않다. 전부를 보기에 인용의 중요성이 낮아지기 때문이다. 인류 역사상 누구도 손에 넣을 수 없는 20분의 중요성을 오바마 대통령은 확실히 이해하고 있었다. 그래서 불합리한 의료제도 개선과 인종 간의 융합은 물론 이스라엘의 가자 지구의 분쟁에 관한 견해와 테러리스트에 대해 단호한 자세를 드러내었다. 그리고 경제위기의 조속한 대응과 새로운 시대에 어울리는 산업 설명도 했다. 전 부분에 걸쳐 조목조목 지적하면서도 결점을 찾기 어려운 대단한 스피치였다.

인용의 달인이었던 미디어 역시 새로운 시대의 명연설을 앞에서는 다른 태도를 보이고 있다. 예를 들어 영국 『더 타임즈』의 웹 버전인 '타임즈 온라인'에서는 '오바마 대통령의 취임연설에서 가장 마음에 들었던 부분은?' 이라면서 모두가 보았다는 것을 전제로 묻지만, 페이지 위에는 아직까지도 보지 못한 사람이 볼 수 있도록 제시하면서 질문하고 있다.

오바마 대통령의 스피치는 역대 취임식의 연설 중에서 가장 인상적인 코멘트가 아닌, 전하고 싶은 이야기를 망라해 나아갈 진로를 설명한 대화형이었다. 전부를 자신의 눈으로 볼 수 있는 사람이 존재한다는 것은, 매스미디어에서 재편집되어 전달된 케이스와는 근본적으로 다르다. 그렇다면 무엇을 잘라내고 어떻게 만들어야 할까. 미디어가 편집하는 것이 아니라, 소비자가 좋아하는 것을 선택하게 해야 한다. 소비자를 향해 말하지만, 어떤 부분만을 선택할 것인지는 소비자에게 달려 있다. 그러한 플랫폼은 이미 존재한다. 마케터는 오바마 대통령으로부터 이런 점을 배워야 한다. 왜 매력적으로 보여야 하는 것이 지루하게 되는지 깨달아야 한다. 미디어의 취재나 15초 광고의 기획안과는 다르겠지만 참고할 부분이다. 미디어의 영향을 받은 인상적인 코멘트형의 구성을 말하는 것이 아니라 한마디로 필요한 것을 심플하게 정리해 상대에게 제시하고, 소비자로부터의 피드백을 받는 대화형 장치가 더욱 효과적일 수 있다는 것이다.

8 ▶▶　　현실과 이상 사이의 광고

요즘의 기업은 광고 예산에 관련해서도 다른 지출과 마찬가지로 ROI(Return on Investment), 즉 투자 회수율을 세밀히 분석하고 있다. 자금담당 임원의 지위가 마케팅 담당 임원보다 중시되는 것도 시대의 흐름에 비춰볼 때 이치에 맞지만 브랜드와 소비자를 잇는 커뮤니케이션 회로를 만드는 작업이 자금 조달과 동렬로 효율성만으로 판단해도 되는지 궁금하다.

광고의 가치는 운영 자금과는 달리 단순한 숫자만으로는 헤아릴 수 없는 무엇이다. 하지만 당장 눈에 보이는 숫자로 효율을 보여주지 않으면 예산의 획득은 어렵다. 아무리 좋은 아이디어나 의의를 설득해도 구체적인 근거를 요구한다. 폭발적인 호응이 있을만한 대단한 기획이라 설득해도 결국은 어떤 지표와 효과가 있는지 수치로 보여줄 것을 요구한다. 이런 난상토론의 결말은 예산축소다. 이것이 경제 침체기에 광고가 맞이할 모습이다.

참고할 만한 다른 예도 있다. 오바마 대통령 선거의 광고 캠페인에 있어서다. 본격적인 선거전으로 돌입하기 전 캘리포니아의 구글 본사에서 강연하며 "저는 감각에 기댄 대통령 선거를 하고 싶지 않습니다. 사실과 데이터에 근거한 선거전을 하고 싶습니다. 그러니까 엔지니어 여러분의 도움이 필요합니다"며 호소했다고 한다.

네트워크의 힘과 개인들의 자기 조직화의 힘을 잘 알고 있었던 오바마와 참모들은 페이스북 공동 설립자인 크리스 휴지를 영입하였는데, 그는 성공적으로 인터넷 공간을 정치적 도구로 변신시켰다. '롱테일 정치'와 '위키 정치'라는 신조어를 탄생시킨 인터넷 선거 전략은 크게 세 단계로 진행되었다. 첫째, 웹 사이트를 단순한 홍보용 사이트가 아닌 유권자들이 의견을 나누고 교감할 수 있는 소셜네트워크서비스로 운영한 것이다. 두 번째는 다양한 방법으로 유권자의 데이터베이

 광고의 진화

스를 확보한 후, 셋째 상세한 DB를 바탕으로 마이크로 선거운동을 전개한 것이다. 감각에 기대기보다는 사실과 데이터에 근거해서 하고 싶다는 것은 대부분의 광고주가 원하는 것이다. 그러면 구체적으로 어떻게 해서 감각에 기대지 않고 사실과 데이터에 근거한 선거 캠페인을 실시할 수 있었을까. 기업과 광고회사에 그 힌트가 숨겨져 있다.

대통령 선거의 궁극적인 목적은 당선이며, 지표는 선거에 승리하는 것이다. 하지만 그것만을 척도로 체크할 수는 없다. 도중의 프로세스를 예측할 수 없거나 실시하는 대책이 유효한지 어떤지도 알 수 없기 때문이다. 보통의 광고 캠페인에서도 제품이 잘 팔리는지 어떤지에 대한 방안을 미리 설정해두고 있다. 전략팀은 캠페인의 중간 체크 포인트를 웹 사이트의 방문자를 늘린다 → 메일 매거진의 등록자를 늘린다 → 기부금을 늘린다와 같은 여러 단계의 페이스로 나누어서 설정하고 이 같은 중간 체크 포인트를 매일 데이터로 확인하는 것에 의해 적절한 캠페인 대책을 실행할 수 있다.

광고는 최종적으로 카피나 비주얼을 결정하고 나면 안건과 함께 최선을 다한다는 각오가 있다. 하지만 디지털 세계에 있어서는 광고 크리에이티브를 바꿔 넣는 것도 비교적 용이하다. 복수의 패턴으로 웹페이지를 준비하고 실제로 유저가 사용한 효과를 비교하는 'A/B test'라고 불리는 수법이 광고에서도 유용하기 때문이다. 오바마 캠페인에서는 모금을 위해 "부탁합니다. 기부해주십시오" "당신이 기부해야 할 이유를 설명하겠습니다" "기부를 해서 선물을 받자" "공헌하자"라는 4가지 패턴을 준비했다. 또한 방문자를 '메일 매거진을 등록하지 않은 사람'과 '메일 매거진은 등록했지만 기부를 한 적이 없는 사람' 그리고 '과거에 기부를 한 적이 있는 사람' 세 그룹으로 나눠 네 가지의 기부를 호소하는 문구를 'A/B test'의 수법으로 제시했다.

그렇게 해서 '메일 매거진을 등록하지 않은 사람'에게는 "기부를 하고 선물을 받자"가 가장 유효했으며, "메일 매거진을 등록했지만, 기부는 한 적이 없는 사람"에게는 "부탁합니다. 기부해주십시오"라는 호소가, "과거에 기부를 한 적이 있는 사람"에게는 "공헌하자"가 가장 효과적이었다는 실로 흥미로운 결과가 나왔다. 그리고 이 분석에 따라 각 계층에게 최적의 카피를 집중적으로 제시했던 것이다.

나중에 하거나 과거에 기부를 했던 사람에게 "기부를 하고 선물을 받자"라는 카피가 무슨 의미가 있겠냐는 의견도 있지만, 감각에 기대기보다 사실과 데이터에 근거한다는 것이 바로 이런 것을 두고 한 말이다. 그렇지만 광고적인 관점의 판단이라기보다 데이터 해석팀의 책임자가 아니고서는 할 수 없는 결정이다. 이런 흐름은 일과성에 그치지 않고 앞으로도 지속될 것이다.

그렇다면 "혼신을 다한 주옥같은 카피를 A/B test 따위로 비교하는 것을 그냥 두고 봐야 한단 말이냐"는 불평보다 "그것도 재미있군. 그러나 이것도 그것과 비교해 보면 어떨까"라며 새로운 툴을 기회로 삼아 즐기면서 해나가는 것이 좋지 않을까. 중간 체크 포인트에서도 이제까지 블랙박스였던 것이 좀 더 명확해지는 것으로 새로운 창의성을 발휘할 수도 있다. "기부를 하고 선물을 받자"는 말을 선거에서 사용한 것 자체가 한편으로 생각하면 꽤 재미있다. 결과적으로 승리를 이끈 셈이

　　　　　　　　　　　　　　　광고의 진화

니 "기부를 하고 선물을 받자"가 그냥 웃어넘길 만한 일은 아니다.

9 ▶▶　구글과 자본주의

　　　　세계 최대 인터넷 기업 구글(Google)은 누가 올 여름 휴가 때 무엇을 하려는지 이미 알고 있다. 동해로 가족여행을 가려는 30대 직장인이 구글 사이트에 접속만 해도 화면 한쪽에 호텔과 펜션 광고가 쫙 나온다. 결코 허무맹랑한 이야기가 아니다. 당장 2012년부터 현실화될 수 있는 서비스다. 구글은 검색·이메일(G메일)·동영상(유튜브)·소셜네트워크서비스(구글 플러스) 등 자사(自社)가 운영하는 60여 가지 서비스에서 수집하는 개인 정보를 통합하여 관리한다고 발표했다. 특정 사용자가 어떤 서비스를 즐겨 쓰는지 이력(履歷)을 파악해 보다 정확한 맞춤형 서비스를 제공하겠다는 설명이다. 그런데도 사용자들로부터 정보통합에 대한 별도동의는 받지 않는다고 한다. 뿐만 아니라 가만히 앉아서도 외근중인 직원들의 위치를 실시간 확인할 수 있는 서비스도 내놨다. 구글이 내놓은 '구글 맵스 코디네이트(Google Maps Coordinate)'는 회사가 직원들의 위치와 이동경로를 실시간 파악하게 해준다. 직원의 스마트폰에 깔려있는 애플리케이션이 현재 위치를 5초마다 전송해주기 때문이다.

　몇 년 전 구글이 중국 정부에 의한 검색 서비스의 검열을 더 이상 받을 생각은 없다며 철수하는 것도 검토하겠다고 발표하면서, 커다란 논란에 휩싸인 적이 있다. 결과적으로 세계 최고를 자랑하는 검색엔진업체가 웹 검열을 들이대는 중국 정부에 무릎을 꿇었다. 그러나 구글 공동 설립자 래리 페이지와 서지 브린이 선택한 현실주의는 충분히 이해할 만하다. 언론의 자유가 기업의 수익을 보장하지 않는다는 사실을 잘 아는 사람들이기 때문이다. 브린은 세계경제포럼에서 "이러한 결론에 도달할 줄 스스로도 예상하지 못했다. 우리가 원한 일이 아닐지라도 더 많은 정보를 제공하는 편이 낫다는 결론에 도달했다"고 밝혔다. 반이라도 없는 것보다는 있는 게 낫다는 실용주의를 택해 수익을 창출하겠다는 논리다. 어쨌든 구글은 이번 협상으로 중국시장에서 검색 사이트를 계속 운영할 수 있게 됐다. 그러나 이메일, 채팅, 블로그 출판 서비스는 제공할 수 없고, 정치적으로 민감한 이슈에 대해서도 다루지 못한다는 제약이 있다.

당시 페이지와 브린이 서약했던 "악을 행하지 말자(Do No Evil)"라는 슬로건을 중국에의 정책과 영어 헬프센터 페이지에 나와 있는 "콘텐츠를 단속하거나 검열하지 않는 것이 구글의 정책입니다"라는 문구와 대비해보자. 문제는 구글이 단지 자신의 입으로 천명한 애매모호한 서약을 이행하지 않았다는 데 있는 것이 아니다. 더 큰 문제는 구글보다 더 거대한 규모를 자랑하는 실리콘밸리의 커뮤니티가 왜 침묵을 지키고 있는가이다.

구글은 공식 입장에서 부도덕한 일은 하지 않겠다고 천명하면서도 중국 정부에 의한 검열을 받아들였다는 점에서 스스로의 모토에 반하는 것이 아닌가라는 목소리가 있다. 결과적으로 그런 주장이 단순한 슬로건이었음이 증명된 것이다. 엄청난 속도로 성장을 이어가는 중국 시장에서의 철수는 창업 이래 발전을 계속한 구글에 있어서도 커다란 기회손실이 아닐 수 없다. 어차피 중국에서 검색 사이트로는 '바이두(百度)'나 '시나(新浪)' 등에게 밀릴 수밖에 없으니까 태도를 바꾼 거라는 견해도 있다. 하지만 이번 일로 전 세계의 정보를 정리하여 언제 어디서나 액세스할 수 있고 사용할 수 있는 것을 미션으로 한 구글의 "악을 행하지 말자"라는 자세를 전 세계인으로부터 공인받았다는 것은 대단히 가치가 있는 일이다.

구글이 가진 방대한 자료로 인해 편리하다는 목소리도 있지만 한편으로 프라이버시 침해라는 비판을 동시에 받고 있다. 스트리트 뷰처럼 인류의 모든 지식을 데이터베이스화하겠다는 야심찬 계획을 하고 있기 때문이다. 구글 북서치 등의 이면에는 저자나 출판사를 무시한 저작권 침해라는 부정적 요소가 도사리고 있으며, 동시에 조지 오웰이 그린 '빅 브라더'란 구글을 가리키는 말이라는 경계심도 적잖이 있다. 그런 반응은 전 세계에 걸쳐 있는 방대한 정보를 정리하여 누구라도 사용할 수 있도록 하는 과정에 있어서 어느 정도는 받아들여야 한다고 하더라도 이후 여러 계획을 추진하기 위해서는 사람들에게 구글은 어떠한 경우에도 악을 행하지 않겠다는 것을 보다 적극적으로 이해시킬 필요가 있다. 구글은 역시 기존 기업들과는 다른 가치관을 지니고 있다는 메시지를 명확하게 전달할 필요가 있다.

긍정적으로 보면 구글은 어디까지나 하나의 사기업이며, 제공하는 서비스가 미래까지 이어진다는 보장은 어디에도 없다. 국가에서 기획한 청사진도 미래까지 지속되지 못하는 경우가 허다하다. 오히려 하나의 사기업이 전 세계의 정보를 정리하여 누구나 사용할 수 있게 한다는 지극히 공공성 높은 미션을 향한 것이 21세기형 자본주의의 역할일 수도 있다.

오늘날 자본주의를 상징적으로 보여주는 다른 하나는 올리브 스톤 감독의 〈월 스트리트(Wall Street)〉에서 마이클 더글라스가 연기한 투자은행가 고든 게코의 "탐욕은 좋은 것"이라는 대사이다. 영화는 세계 금융의 중심가인 월가를 배경으로 자본주의의 추악한 비즈니스 전쟁을 적나라하게 파헤치고 있다. 산업 스파이와 내부거래 등 기업 윤리 따위는 아랑곳하지 않고 파멸의 길을 걷는 인간의 빗나간 야망을 보여준다.

월 스트리트에서 주식 중개인으로 일하는 청년 버드는 정상적인 방법으로는 평생 일해도 부자가 될 수 없다는 사실을 깨닫고 증권가의 큰손 게코를 찾아간다. 게코는 소액주주들의 지지를 이끌어내 기존 경영진을 쫓아냄으로써 회사를 차지한 뒤, 가치를 올려 되파는 기업 사냥꾼이다. 게코는 버드에게 월 스트리트의 생존법칙을 가르치고, 버드는 게코의 방식에 물들어 가면서 꿈꾸던 부자가 된다. 그러다 버드는 아버지가 근무하는 블루스타 항공사가 운영난에 허덕이고 있다는 것을 알게 된다. 버드가 그 회사를 살리자고 제안하자 게코는 이에 응하는 척하면서 자신의 방식대로 회사를 집어삼키려 한다. 이를 눈치 채고 고민하던 버드는 결국 게코와 원한이 있는 와일드맨을 찾아가 어떤 대가라도 치를 테니 블루스타를 구해달라고 부탁한다. 와일드맨은 버드를 앞세워 주가를 조작해 게코에게 막대한 손해를 입힌 끝에 위기를 벗

    광고의 진화

어나지만, 버드는 게코와 함께 주식거래법 위반으로 체포된다. 칼은 붙잡혀 가는 아들에게 죗값을 치르고 나오면 블루스타에서 함께 땀 흘려 정당하게 일하자는 말로 내일을 약속한다.

영화처럼 은행은 지금도 사업이란 명분으로 경쟁기업을 찍어 누르고 자사의 제품과 서비스를 판매하여 높은 이익을 올려 거액의 보수를 받고 있다. 최대화를 위해 매진하는 것 이외는 쓸데없는 행동이라는 태도야말로 금융가 월 스트리트가 보여주는 경향이다. 2011년 미국 뉴욕의 월가에서 촉발된 시위가 한동안 전 세계로 확산된 적이 있다. 시위는 아주 사소한 사건에서 비롯되었다. LA에 거주하는 한 20대 여성이 대형 은행들이 직불카드를 쓰는 사용자에게 월 5불씩 수수료를 부과하겠다고 한 조치에 반발해 계좌를 폐지하고 다른 금융회사로 계좌를 옮기자는 운동을 페이스북을 통해 시작한 것이다. 불과 수십 명의 청년들이 모여 시위를 시작했을 때 처음에는 모두들 그저 작은 미풍에 그칠 것이라고 생각했다. 그러나 미국 뉴욕의 '월가를 점령하라'를 모방한 시위는 지구촌 전체를 뒤흔들었다. 탐욕스러운 금융자본에 대한 비판을 넘어 일자리 창출 없이 양극화를 심화시키는 오늘날의 자본주의에 경종을 울렸다. 직장을 얻지 못한 청년들과 해가 갈수록 소득이 줄어드는 중산층이 국가와 사회를 향해 분노를 터뜨렸던 것이다. 경제적 불평등과 대형 금융회사들의 부패에 항의하는 반(反) 월스트리트 시위가 사회에 엄청난 영향력을 끼치게 된 것만은 분명하다. 은행은 이익을 얻기 위해 위험한 투자를 하다가도 부실화되면 금융시장 붕괴를 이유로 국가로부터 구제 금융을 받아왔다. 그러다가도 이익이 생기면 자신들만 높은 보너스를 챙기는 데에 대한 국민적 불만이 높았다.

한편으로 재정위기로 국가 신용등급이 강등된 스페인, 이탈리아, 그리스에서도 많은 시민이 거리로 쏟아져 나왔다. 오늘의 '점령 시위'는 이제 세계적 유행이 됐지만 시위를 촉발한 뿌리는 하나가 아니다. 유럽의 대부분 국가들은 얻은 것 이상을 소비하며 문제를 키워왔다. 월가의 금융위기가 유럽에서 심각한 재정위기로 이어진 원인도 알고 보면 복지정책의 남발로 국가 재정이 허약해졌기 때문이다. 독일, 영국, 프랑스도 이 점에서 예외는 아니지만 나름대로 균형예산을 달성하기 위해 노력했다. 그러나 남유럽 국가들은 지난 30년 동안 막대한 재정적자를 감수하며 포퓰리즘 복지정책을 계속해왔다. 이들의 대규모 반(反) 긴축 시위는 오랫동안 단맛에 길들여진 국민이 사탕을 뺏기자 분노하는 것과 다름없다. 물론 유럽 재정위기의 원인 역시 1% 소수에 이익이 집중되는 왜곡된 시스템에 있다. 따라서 시위는 일자리와 먹거리에 대한 요구, 불평등한 경제 현실에 대한 분노의 표출이었다. 이제는 불평등에 대한 항의를 넘어 세계를 지배하고 있는 자본주의와 민주주의 패러다임에 대한 근본적이고 새로운 검토가 필요하다는 주장이 설득력을 얻고 있다. 한마디로 현재 경제 상황과 정부 정책에 대한 불만이 많은 국민들에게 공감을 얻고 있는 것이다.

국내에서도 주택과 물가뿐만이 아니라 가계부채까지 급증하고 있다. 청년실업 또한 심각하다. 대학에 들어가서도 학자금 대출로 빚만 지며 졸업해도 정규직 일자리가 턱없이 부족한 현실이다. 우리도 미국의 상황과 너무나 유사하다. 정부 통계에 따르면 한국 청년실업률은

7.6%, 청년실업인구는 31만 명이다. 이는 비경제인구를 포함하지 않은 것으로, 일하지도 일할 준비도 하지 않는 청년 인구는 100만 명을 넘어섰고, 청년 고용률은 40.3%로 경제협력개발기구(OECD) 국가 최저 수준이다. 80년대는 그나마 대학교만 졸업하면 취업이 가능했다. 하지만 90년대 이후 소위 IMF 외환위기를 거치면서 학력 갈등이 일어났다. 더 이상 '개천에서 용 나기' 힘든 시대로 서민들이 명문대에 들어가기는 더욱 어려워지고 대학 졸업 후 취직도 힘들어졌다. 저축은행 사태처럼 금융자본이 탐욕을 부리는 동안 사회의 양극화가 심화되었던 것이다. 후순위 채권 같이 고도의 상품을 아무른 금융 지식이 없는 사람에게 마구 팔아 생긴 손실과 키코 사태 같은 경우로 피해를 본 중소기업도 있다.

　세상을 바꾸려 수레바퀴를 돌릴 때는 사회 전체가 요동을 치기 마련이다. 이때 발생하는 다양한 진동을 어떻게 대처해야 할까? 아무런 성과를 내지 못한 채 반 금융권 시위가 잦아든다 해도 자본주의에 본질적 의문을 제기한 시위라는 점에서 사람들의 인식에 미치는 영향은 상당할 것이다. 긍정적으로 보면 이번 시위를 계기로 우리 경제의 문제점을 해결하는 타산지석으로 삼을 수도 있다. 그러나 과잉복지의 결과로 벌이는 시위까지 모방해야 하는 것은 부적절하다. 미국의 월가 시위와 남유럽의 반 긴축 시위를 섣불리 하나로 묶으려는 시도를 경계해야 할 이유가 여기에 있다. 현재 미국을 비롯한 유럽의 많은 나라가 도를 넘은 복지를 비롯한 자본의 규제를 강화하는 방침을 재검토하는 움직임이다. 자본주의의 메인 스트림과 커다랗게 어긋나버린 것이다.

결과적으로 소비자를 외면하고 자신들만 거액의 보수를 받는 탐욕이 기업에 있어서도 마이너스라는 사실을 가르쳐주었다.

어떻던 오늘날 기업들은 변화와 개혁이란 절명의 환경에 직면해 있다. 세계는 빠르게 급변하며 '3B less' 사회로 이동하고 있다. 다시 말해 경계와 국경, 그리고 장벽도 없는 예측불허의 사회이다. 소셜미디어와 다양한 모바일 기기에 따른 신기술의 확산은 소비자들이 보다 다양한 주문을 촉발시킬 것이다. 실제로 데이터와 정보의 홍수로 요약되는 신기술이 기업 경영의 의사 결정에 영향을 미치는 중요한 요소가 되고 있다. 뿐만 아니라 소셜미디어가 고객과 직원은 물론 협력사나 투자자를 비롯한 전 세계 모든 사람 사이의 관계를 재설정하며, 광고 또한 새로운 환경이 요구하는 방식으로 끊임없는 진화를 거듭할 것이다. 직원들의 핵심 역량도 변화에 잘 적응할 수 있는, 커뮤니케이션에 능숙한 창조적이며 끊임없이 지식을 넓혀가는 유연한 인재이다. 이런 상황에서 기업도 개방수준을 단계적으로 높여 직원들이 자기 주도적으로 업무를 수행하고, 협업을 통해 스스로 혁신을 이룰 수 있는 환경이 요구된다.

공훈의·김행 지음, 『소셜로 정치하라』, 한스미디어, 2011.

김경호·김동규 외 지음, 『사라지는 신문독자』, 커뮤니케이션 북스, 2005.

김광수·우성택·권은아 지음, 『광고학』, 한나래출판사, 1999.

김병희 지음, 『카피의 스토리텔링』, 한경사, 2011.

김학천·김병길·김동규 지음, 『현대 미디어의 이해』, 건국대학교 출판부, 2001.

김홍규·최원주 지음, 『브랜드는 커뮤니케이션이다』, 커뮤니케이션 북스, 2005.

나오미 클라인 지음. 이은진 옮김, 『슈퍼 브랜드의 불편한 진실』, 살림Biz, 2010.

Nicholas Ind 지음, 박재관 옮김, 『세계 유명광고 캠페인』, 브레인코리아, 2003.

마이클 뉴먼 지음, 정상수 옮김, 『잘 나가는 광고 만들기』, 철학과현실사, 2004.

마틴 린드스트롬 지음, 박세연 옮김, 『누가 내 지갑을 조종하는가』, 웅진지식
　　　하우스, 2012.

소셜미디어연구포럼 지음, 『소셜미디어의 이해』, 미래인, 2011.

안토니 영 지음, 이진원 옮김, 『브랜드 미디어 전략』, 토네이도, 2011.

알 리스 지음, 이수정 옮김, 『마케팅 불변의 법칙』, 비즈니스맵, 2008.

앤디 서노비츠 지음, 조은경 옮김, 『고객을 떠들게 하라』, 국일미디어, 2010.

에드워드 버네이스 지음, 강미경 옮김, 『프로파간다』, 공존, 2009.

A. 알바란 외 지음, 정재민·서상호 옮김, 『미디어 경제 경영론』, 나남, 2009.

월터 아이작슨 지음, 안진환 옮김, 『스티브 잡스』, 민음사, 2011.

유일상 지음, 『선전과 여론설득』, 아침, 2001.

이수범 외 지음, 『디지털 미디어와 광고』, 한울아카데미, 2007.

장 보드리야르 지음, 이상률 옮김, 『소비의 사회』, 문예출판사, 1991.

재닛 로우 지음, 배현 옮김, 『구글파워』, 애플트리테일즈, 2010.

잭 트라우트·알 리스 지음, 안진환 옮김, 『마케팅 전쟁』, 비즈니스북스, 2006.

__________________, _________, 『포지셔닝』, 을유문화사, 2002.

제임스 R. 그레고리 지음, 최원주 옮김, 『브랜드 혁명』, 커뮤니케이션북스, 2006.

제임스 W. 양 지음, 신인섭 옮김, 『아이디어를 내는 방법』, 커뮤니케이션북스, 2005.

조셉 슈거맨 지음, 송기동 옮김, 『마음에 착 달라붙는 카피 한줄』, 북스넛, 2011.

존 스틸 지음, 오명열 옮김, 『진실, 거짓&광고』, 김앤김북스, 2006.

존 휘트필드 지음, 김수안 옮김, 『무엇이 우리의 관계를 조종하는가』, 생각연구소, 2012.

중앙SUNDAY 미래탐사팀·최재천 지음, 『10년 후 세상』, 중앙일보, 2012.

짐 에이치슨 지음, 이근형 옮김, 『커팅 엣지 애드버타이징』, 교보문고, 2010.

켄 벨슨·브라이언 브렘너 지음, 윤희기 옮김, 『감성마케팅 전략』, 문이당, 2006.

톰 모너헌 지음, 강미경 옮김, 『다르게 생각하라』, 마젤란, 2005.

프랭크 로즈 지음, 최완규 옮김, 『콘텐츠의 미래』, 책읽는수요일, 2011.

황용석 지음, 『한국의 인터넷 신문』, 한국언론재단, 2006.

광고의 진화

광고의 진화

ㅎ